MANUEL DE L'ÉLÈVE

LAISSEZ-passer

A Volume **1**

1er cycle FRANÇAIS du SECONDAIRE

Marie-Hélène Gosselin • Geneviève Bourbeau
Carl Diotte • Brigitte Vandal • Marie Sylvie Legault

Éditions Grand Duc • HRW
Groupe Éducalivres inc.
955, rue Bergar, Laval (Québec) H7L 4Z6
Téléphone : (514) 334-8466 • Télécopie : (514) 334-8387
InfoService : 1 800 567-3671

Depuis le 1er avril 2004, les Éditions HRW affichent
une nouvelle raison sociale, soit Éditions Grand Duc • HRW.

REMERCIEMENTS

Pour leurs suggestions et leurs judicieux commentaires à l'une ou l'autre des étapes du projet, l'Éditeur tient à remercier les personnes suivantes :

Mme Nadine Aitsalem, École l'Horizon, Commission scolaire des Affluents ;
Mme Josée Beaudoin, École secondaire La Camaradière, Commission scolaire de la Capitale ;
M. Yvan Bourgault, Collège du Sacré-Cœur, Sherbrooke ;
M. Éric Campbell, Séminaire de Sherbrooke, Sherbrooke ;
M. Benoit Chicoine, École du Triolet, Commission scolaire de la Région-de-Sherbrooke ;
Mme Paule Cholbi, École De Mortagne, Commission scolaire des Patriotes ;
Mme Nancy De Ladurantaye, enseignante, Commission scolaire de la Région-de-Sherbrooke ;
Mme Geneviève Gaucher, École d'éducation internationale de Laval, Commission scolaire de Laval ;
Mme Catherine-Ann George, Académie Sainte-Thérèse, Sainte-Thérèse ;
M. Denis Gosselin, Séminaire de Sherbrooke, Sherbrooke ;
Mme Gisèle Lacoste, École Pierre-Laporte, Commission scolaire Marguerite-Bourgeoys ;
Mme Maude Laniel, Académie Sainte-Thérèse, Sainte-Thérèse ;
Mme Nancy Marsan, École Félix-Leclerc, Commission scolaire des Affluents ;
Mme Danielle Mathieu, École secondaire Champagnat, Commission scolaire des Navigateurs ;
Mme Josée Mercier, Collège du Sacré-Cœur, Sherbrooke ;
Mme Annie Sarrazin, École secondaire Frenette, Commission scolaire de la Rivière-du-Nord ;
Mme Nadine Savaria, École Leblanc, Commission scolaire de Laval.
Mme Chantal St-Louis, École Pierre-Dupuy, Commission scolaire de Montréal ;

Pour son travail de vérification scientifique, l'Éditeur témoigne toute sa gratitude à M. Sylvio Richard.

Pour sa collaboration à la recherche de modèles pour les photographies d'enfants, l'Éditeur tient à remercier Mme Renée Lévesque de l'École secondaire des Patriotes-de-Beauharnois.

MANUEL DE L'ÉLÈVE
LAISSEZ-passer
Volume 1
A

Nous reconnaissons l'aide financière du gouvernement du Canada par l'entremise du Programme d'aide au développement de l'industrie de l'édition (PADIÉ) pour nos activités d'édition.

Ce livre est imprimé sur un papier Opaque nouvelle vie, au fini satin et de couleur blanc bleuté. Fabriqué par Rolland inc., Groupe Cascades Canada, ce papier contient 30 % de fibres recyclées de postconsommation et n'est pas blanchi au chlore atomique.

CODE PRODUIT 3375
ISBN 0-03-928750-5

Dépôt légal – 1er trimestre
Bibliothèque nationale du Québec, 2005
Bibliothèque nationale du Canada, 2005

Imprimé au Canada

1 2 3 4 5 6 7 8 9 0 II 4 3 2 1 0 9 8 7 6 5

Table des matières

Structure du manuel

Le Manuel de l'élève de *Laissez-passer*, 1re année du 1er cycle du secondaire, est composé de deux volumes. Dans chaque volume, tu feras six escales, chacune basée sur une thématique que tu pourras explorer en profondeur. À la fin de chacun des deux livres, un *Coffret* rassemble toutes les notions grammaticales dont tu dois te servir fréquemment. Enfin, un *Journal de bord* t'aidera à constituer ton répertoire personnalisé, c'est-à-dire qu'il te servira de guide dans tes expériences culturelles.

Dans le premier volume de ton manuel *Laissez-passer*, ton voyage au pays des mots te conduira tout d'abord *Ailleurs dans le monde* afin que tu te familiarises avec le mode de vie d'enfants étrangers. À la deuxième escale, intitulée *En forme?*, tu feras une incursion dans le monde de la nutrition et de l'alimentation. La troisième escale, *Mettre ses limites à l'épreuve*, te conduira, quant à elle, dans les hauteurs et les profondeurs grâce à l'exploration des sports extrêmes. La quatrième escale, *Une image vaut mille mots*, t'offre une pause culturelle bien méritée dans le petit musée de *Laissez-passer*, où tu découvriras ou redécouvriras plusieurs peintres marquants du 20e siècle. Puis, tu reprendras la route, coupée cependant par les tremblements de terre dans la cinquième escale, *La force de la nature*. Enfin, ce périple se termine par le voyage le plus extraordinaire qui soit, celui des mots, avec un guide québécois des plus intéressants, Sol, *Le fou des mots*.

Aimerais-tu vivre de nouvelles aventures? Un deuxième volume de *Laissez-passer* t'attend!

Les chemins de Laisser-passer

Au début de chaque escale, tu trouveras un regroupement de textes. Par les sujets qu'ils abordent, leurs photographies et leurs illustrations, ces textes te permettent d'entrer dans l'univers de la thématique.

Mais il est préférable de véritablement commencer ta lecture par la présentation du thème de l'escale, qui suit ces textes.

À la première page de l'escale, tu pourras lire une rubrique *L'aventure*. Elle est très importante, car elle t'explique la production que tu devras livrer à la fin de ton apprentissage grâce à tout ce que tu auras appris.

La section *Embarquement* te propose des activités ludiques qui te permettront d'aborder la thématique de l'escale sous un angle différent.

La section *Itinéraire* te présente tous les apprentissages que tu feras durant l'escale et dont tu te serviras pour mener à terme ta production finale.

La section *Lecture et appréciation des textes* sert d'amorce aux apprentissages liés aux différents textes. Chaque texte est rappelé par un renvoi à la page qui lui correspond. La section *Planification* t'indique la façon d'aborder ce texte.

Après avoir lu la première rubrique, qui explique la façon de lire le texte et les raisons de le lire, tu peux te plonger dans sa lecture à la page indiquée.

La collection *Laissez-passer* te propose, à chaque escale, une variété de textes courants et littéraires portant sur la thématique abordée. Tu peux ainsi mieux connaître, comprendre et apprécier l'univers qui est exploré. Chaque texte est présenté de manière particulière pour augmenter le plaisir de la découverte; tu remarqueras que les textes courants sont disposés en deux colonnes, comme dans un magazine, et les textes littéraires, en une seule colonne, comme dans un roman.

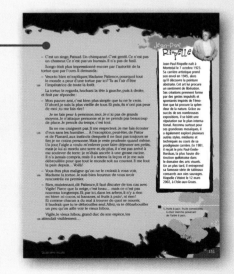

Tu peux découvrir un aspect du fonctionnement de la langue par toi-même de deux façons : soit en répondant aux questions de ton enseignant ou de ton enseignante après la lecture d'un des textes de l'escale, soit en répondant aux questions de la partie *Exploration* dans la section *Fonctionnement de la langue*. Le *Tour d'horizon* de la page suivante te permettra de condenser tous les éléments que tu auras compris en répondant aux questions. Dans la partie *Excursion*, tu exploiteras tes connaissances sur les trois notions que tu auras explorées dans l'escale.

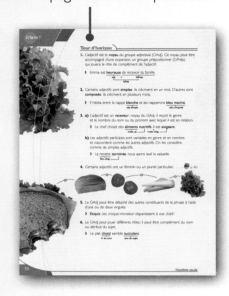

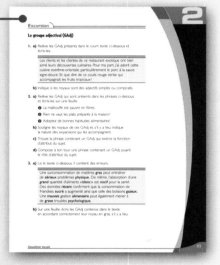

Tous les éléments que tu auras explorés dans cette escale te serviront maintenant à créer ta propre aventure. Pour ce faire, des consignes te sont d'abord données dans un tableau. Puis des fiches te rappellent la marche à suivre pour mener ton projet à bien. Parmi elles, une fiche te permettant de décrire ton ou ta destinataire est fournie.

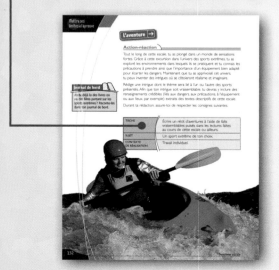

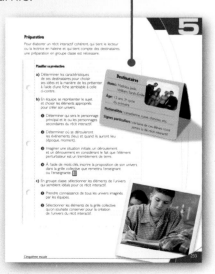

Le Coffret et le Journal de bord

À la suite des six escales de chaque volume, tu trouveras deux outils précieux. Le premier, le *Coffret*, rassemble les notions grammaticales et langagières essentielles à ta compréhension des textes. Tu pourras t'y référer pour obtenir des renseignements complémentaires ou pour revoir certaines notions. Tu y trouveras également toute une série de verbes conjugués.

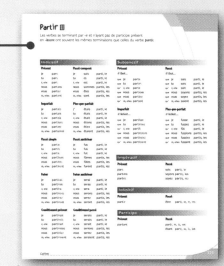

Le second instrument essentiel à toute personne qui voyage est le *Journal de bord*. Tu trouveras dans ton manuel les renseignements qui te permettront de confectionner ton propre journal de bord. Ainsi, tu auras sous la main des notes relatives au processus de réalisation de tes lectures et de tes expériences culturelles, des explications sur la manière de faire le compte rendu d'une expérience culturelle, un exemple de texte narratif annoté, ainsi que d'autres outils tout aussi indispensables.

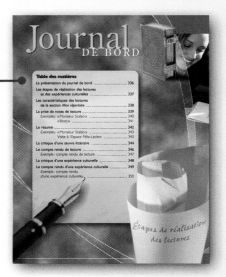

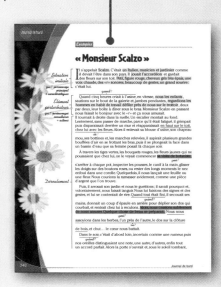

Les rubriques

Bagage de connaissances

Cette rubrique présente des notions et des concepts qui t'aideront à développer tes compétences en français. Ces éléments d'apprentissage sont principalement liés à la grammaire du texte, à la variété de langue et à la langue orale.

L'aventure →

Cette rubrique te rappelle l'importance et l'utilité d'une activité ou d'une notion pour la réalisation de ton projet de la section *L'aventure*.

Cap sur les mots

Cette rubrique présente des notions et des concepts liés au lexique. Tu élargiras tes connaissances sur la langue en t'interrogeant sur la formation des mots, le sens des mots, les relations entre les mots et l'orthographe d'usage.

Calepin

Cette rubrique présente des notions et des concepts liés à la langue orale et à l'orthographe d'usage. Tu la trouveras dans la section *L'aventure* où tu pourras appliquer dans ton projet les connaissances qu'elle présente.

Boussole

Cette rubrique te rappelle des choses importantes, te fournit des explications supplémentaires ou te donne des trucs afin de faciliter ta compréhension d'un élément d'apprentissage ou la réalisation d'une tâche.

Journal de bord

Cette rubrique te donne des idées inspirantes relatives aux différents thèmes. Ces idées te permettront d'enrichir ton journal de bord et de multiplier tes repères culturels.

Point de repère

Cette rubrique est un rappel de notions et de concepts associés à la grammaire de la phrase. Ces éléments grammaticaux que tu connais déjà te permettront de réactiver tes connaissances afin de mieux assimiler de nouveaux éléments d'apprentissage.

Les pictogrammes

 t'indique qu'une fiche reproductible est offerte pour faciliter la réalisation d'une tâche.

 te rappelle le texte qui est à l'étude ainsi que la page où il se trouve.

 te renvoie au *Coffret* pour que tu puisses résumer ou compléter une notion.

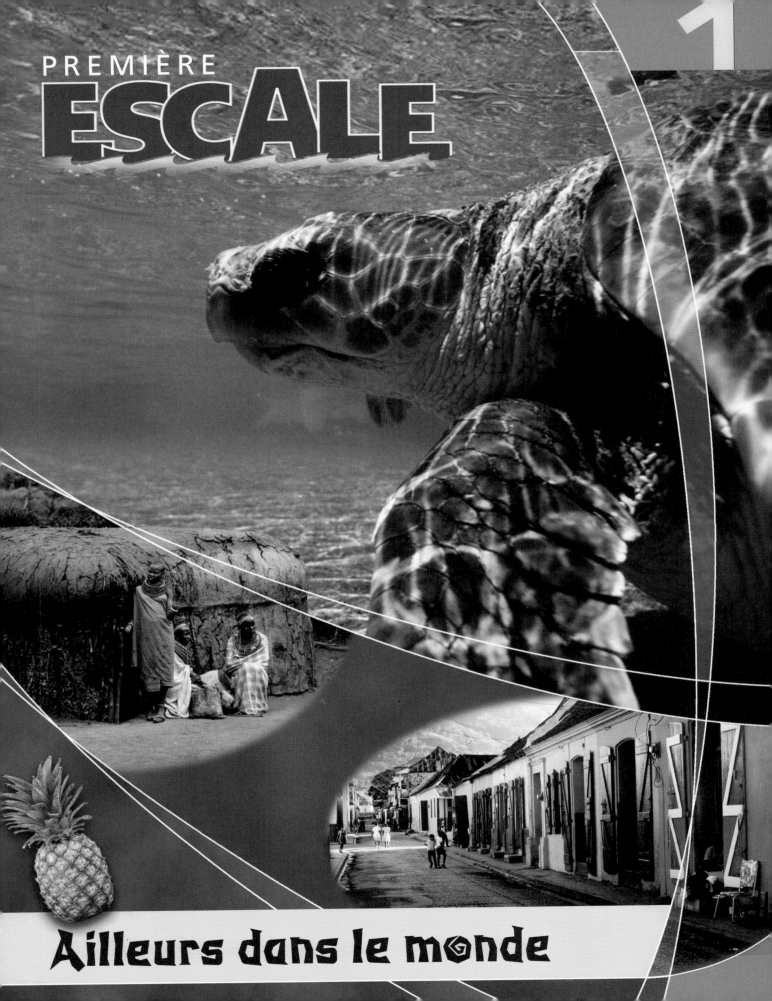

Kuntaï

La réserve de Masaï Mara

Kuntaï habite avec ses parents près de la réserve naturelle de Masaï Mara au Kenya. Ce parc national abrite plus de trois millions d'animaux : rhinocéros, lions, buffles, éléphants, girafes, gnous, gazelles, zèbres… C'est dans cette réserve que les Masaï font pâturer leurs troupeaux.

10 Les Masaï étaient de fiers guerriers redoutables. Ils ont dû livrer de nombreuses batailles avant de pouvoir s'installer dans les grandes plaines du Kenya et de la Tanzanie. On les reconnaît à leurs longues capes rouges et à leurs lances et à leurs boucliers.

La maison de Kuntaï

Kuntaï habite dans un *boma* : c'est ainsi qu'on appelle les villages 20 en langue masaï. Les maisons sont toutes construites de la même manière : une pièce où les invités peuvent discuter, une deuxième pour les animaux et la pièce principale où se trouvent les nattes et le feu pour cuire les aliments.

Dans la maison, pas de meubles : les adultes et les enfants dorment sur des nattes, à même le sol. Les 30 murs et le toit sont faits de branches entrecroisées. Ils sont recouverts de torchis, un mélange d'herbes sèches et de bouse de vache. La maman de Kuntaï entretient régulièrement le toit, car il se dessèche et se fissure au soleil.

Dans les pâturages

Chaque famille masaï possède une dizaine de bœufs, de chèvres et de moutons. Chaque bête est 40 marquée d'un signe qui indique à qui elle appartient. Les hommes masaï emmènent leurs troupeaux paître dans la réserve des animaux, pour plusieurs jours. La veille du départ, ils vont en brousse manger un mouton cuit au feu.

C'est le plus ancien guerrier masaï qui guide le troupeau à travers la savane. Kuntaï et ses 50 amis suivent le cortège sur quelques kilomètres, mais bientôt ils doivent rentrer pour s'occuper des chèvres et des moutons. Ce sont les garçons qui en prennent soin. Mais quand ils seront adultes, ce sont eux qui conduiront les troupeaux de bœufs.

AFRIQUE

KENYA

Réserve de
Masaï Mara

Le soir, au boma

Le soir, après le retour des
troupeaux, les chefs discutent
du bétail et des lieux de
pâturage pour le lendemain.
Les femmes fabriquent des
colliers et des bracelets en
perles pour toute la famille.

Pour préparer le repas du soir,
les femmes prélèvent du sang
aux jeunes taureaux. Un bol de
sang de bœuf mélangé à du lait
constitue la nourriture de base
des Masaï. Puis, Kuntaï vérifie
que la chèvre qui attend
un petit va bien.

L'éducation

Kuntaï, comme tous les enfants
masaï, ne va pas à l'école.
Ce sont les anciens qui leur
enseignent tout ce qu'un Masaï
doit connaître : les plantes, les
animaux, mais aussi les bonnes
manières et l'histoire de
leur peuple.

Kuntaï est encore
un *layonis*, un
enfant en langue
masaï. Dans
quelques années,
quand il aura
environ quatorze
ans, il deviendra un
morane, c'est-à-dire

un guerrier. Il quittera sa
famille pour aller vivre
dans une *mayata*, un village
construit en pleine brousse,
avec d'autres jeunes de son âge.

Là, un ancien leur apprendra
le maniement des armes, les
chants de guerre, les danses
traditionnelles. Ils pourront
se laisser pousser les cheveux
et les tresseront soigneusement.

Les rites

Quand un *morane* a terminé
son apprentissage dans la classe
des guerriers, il peut revenir
au village, se marier et s'occuper
d'un troupeau de bœufs.
Alors c'est la fête pendant
une semaine.

Le *morane* coupe ses longs
cheveux tressés et porte les
vêtements traditionnels ornés
de perles.

Adapté de Muriel NICOLOTTI, *Kuntaï, enfant masaï*,
Mouans-Sartoux (France), Éditions PEMF, 2000,
p. 4-16 (Coll. Enfants du monde).

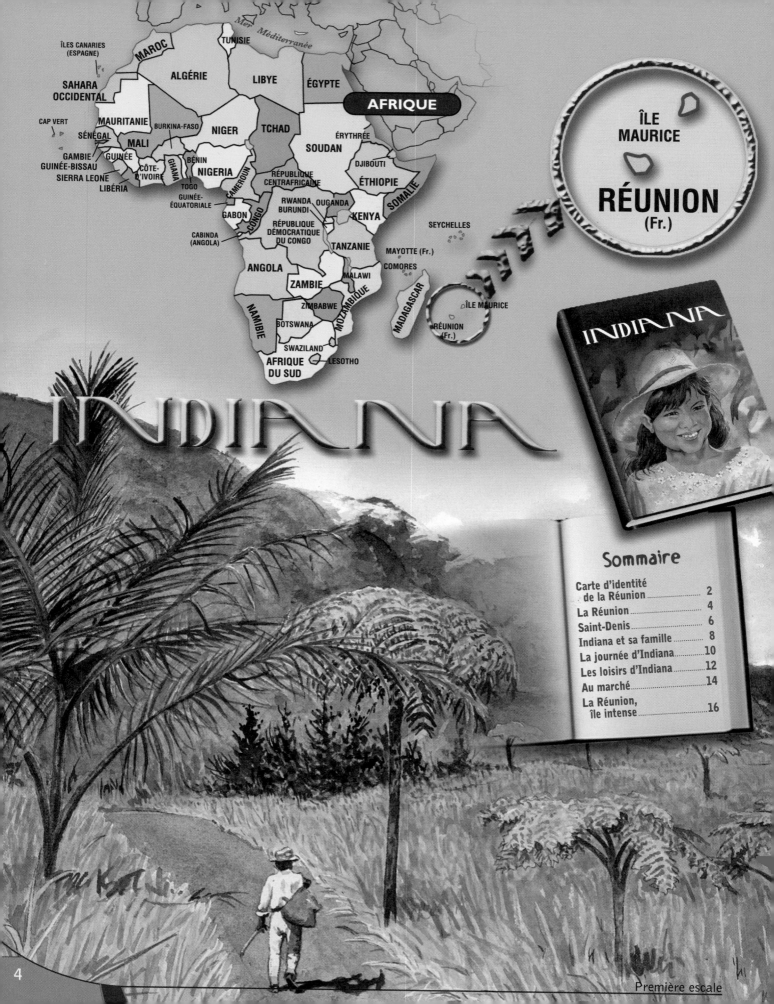

AFRIQUE

Mer Méditerranée

ÎLES CANARIES (ESPAGNE)
MAROC
TUNISIE
ALGÉRIE
LIBYE
ÉGYPTE
SAHARA OCCIDENTAL
CAP VERT
MAURITANIE
BURKINA-FASO
NIGER
TCHAD
ÉRYTHRÉE
SÉNÉGAL
MALI
SOUDAN
DJIBOUTI
GAMBIE
GUINÉE
GHANA
BÉNIN
GUINÉE-BISSAU
CÔTE-D'IVOIRE
NIGERIA
ÉTHIOPIE
SIERRA LEONE
TOGO
CAMEROUN
RÉPUBLIQUE CENTRAFRICAINE
SOMALIE
LIBÉRIA
GUINÉE-ÉQUATORIALE
RWANDA
OUGANDA
GABON
CONGO
BURUNDI
KENYA
CABINDA (ANGOLA)
RÉPUBLIQUE DÉMOCRATIQUE DU CONGO
TANZANIE
SEYCHELLES
MAYOTTE (Fr.)
ANGOLA
COMORES
ZAMBIE
MALAWI
MADAGASCAR
ÎLE MAURICE
NAMIBIE
ZIMBABWE
MOZAMBIQUE
RÉUNION (Fr.)
BOTSWANA
SWAZILAND
AFRIQUE DU SUD
LESOTHO

ÎLE MAURICE

RÉUNION
(Fr.)

INDIANA

INDIANA

Sommaire

La Réunion

Perdue au milieu de l'océan Indien, la Réunion est un petit bout de France sous les Tropiques.

On dit souvent que la Réunion est « une île qui tourne le dos à la mer »… Certains enfants vivant à l'intérieur de l'île n'ont d'ailleurs jamais vu la mer !

Saint-Denis

10 Saint-Denis est le chef-lieu[1] de l'île. Comme en France, qu'on appelle ici la métropole, on y trouve des magasins, des gens pressés et des embouteillages. Mais Saint-Denis a aussi la douceur d'une ville de bord de mer…

L'âme de Saint-Denis, ce sont les vieilles cases créoles que
20 l'on trouve encore dans le vieux quartier de la ville… On les admire de la rue, derrière leurs grandes grilles de fer forgé.

À la Réunion, petites ou grandes, les maisons sont appelées des « cases ». On parle de « cases en terre » pour les maisons et de « cases en l'air » pour les appartements !

Indiana et sa famille

30 Indiana et sa famille vivent dans une case située dans les hauts de Saint-Denis, sur une colline qui surplombe la ville, le quartier de La Montagne.

Indiana est un des plus anciens prénoms de la Réunion. Comme beaucoup de ses amis, Indiana est une métisse. Son père est « zoreille », c'est-à-dire
40 originaire de la métropole (France). Sa mère est métisse, fille d'une créole blanche et d'un « malbar » (origine indienne)…

La journée d'Indiana

Indiana va à l'école de 8 h à 15 h 30, et un samedi sur deux. L'enseignante emmène souvent les enfants en excursion dans l'île, comme à la ferme Corail,
50 où l'on élève des tortues marines, ou en randonnée dans les « Hauts » pour mieux connaître la forêt.

---

1. chef-lieu : en France, centre d'une division administrative.

Les loisirs d'Indiana

Une fois par semaine, Indiana prend des cours de danse avec Madame d'Abadie. Quand elle a fini ses devoirs, Indiana a beaucoup d'occupations : poterie, ordinateur ou jeux
60 avec ses amis.

Les amis d'Indiana forment, comme tous les Réunionnais, une population haute en couleur.

Au marché

À la Réunion, fruits et légumes abondent… et embaument les marchés. Si on reconnaît l'ananas ou le kiwi, certains fruits et légumes ont des formes
70 vraiment bizarres ! La cuisine réunionnaise utilise beaucoup les épices et le piment. Le plat principal est le cari : d'origine indienne, c'est une préparation à base de riz, de grain et d'épices, avec du poisson ou de la viande.

Au marché, on peut goûter quelques spécialités : les
80 *samoussas*, petits beignets triangulaires fourrés aux légumes ou à la viande, et les bonbons piments qui ne sont pas du tout sucrés mais très épicés ! Une des richesses de l'île est la canne à sucre, dont on fait le sucre, bien sûr, mais aussi le rhum qu'on trouve au marché. Mais l'artisanat,
90 la vannerie[1] et les tissus viennent pour la plupart de l'île voisine, Madagascar. Un marché à la Réunion, c'est plein d'odeurs et toute une palette de couleurs !

La Réunion, île intense

Aujourd'hui, une des principales ressources de la Réunion est le tourisme. Son climat, ses côtes et ses montagnes attirent beaucoup de monde. C'est le
100 paradis des sportifs : dans l'eau (raft, kayak, plongée), sur terre (randonnées) mais aussi dans les airs (parapente) ! Il y en a pour tous les goûts ! Mais l'île n'est pas aussi tranquille qu'elle y paraît…

Des vents violents, les cyclones, balayent l'île avec une telle violence qu'ils emportent
110 jusqu'aux toits des maisons ! Les Réunionnais s'enferment alors chez eux en attendant que l'alerte soit passée. Même avec l'habitude, c'est toujours impressionnant de voir la nature se déchaîner !

Le piton de la Fournaise est un volcan actif. Même si on peut l'escalader, la lave est
120 parfois fumante sous les pieds des marcheurs. Lors de la dernière irruption, la lave est allée jusqu'à la mer !

1. vannerie : industrie des objets tressés avec de l'osier ou du rotin.

Adapté de Bénédicte BAZAILLE, *Indiana, enfant de la Réunion,* Mouans-Sartoux (France), Éditions PEMF, 2003, p. 4-17 (Coll. Enfants du monde).

Parvana

« **M**oi aussi je suis capable de lire cette lettre, aussi bien que papa, murmura Parvana en enfouissant son visage dans les plis de son tchador[1]. Enfin, presque aussi bien. »

Elle n'osait pas parler trop fort. Pas question que l'homme assis à côté de son père ne l'entende. Ni personne d'autre, sur le marché de Kaboul[2]. La seule raison pour laquelle Parvana avait le droit de se trouver là était qu'elle devait aider son père à se rendre à pied au marché, puis à rentrer à la maison après son travail. Elle s'installait sur la couverture loin derrière lui, et elle
10 s'arrangeait pour qu'on puisse à peine la voir sous son tchador.

En principe, il lui était absolument défendu de sortir : les talibans[3] avaient donné l'ordre à toutes les femmes et toutes les filles d'Afghanistan de rester chez elles. Les filles avaient même interdiction de se rendre à l'école. Parvana avait dû quitter la classe – elle était en sixième – et sa sœur Nooria n'avait même pas le droit d'aller au lycée[4]. Leur mère, rédactrice pour une station de radio de Kaboul, avait été mise à la porte. Cela faisait déjà plus d'un an qu'elles passaient toutes leurs journées enfermées dans une seule pièce avec Maryam, la petite sœur
20 de Parvana, qui avait cinq ans, et Ali, âgé de deux ans.

Mais presque tous les jours, Parvana sortait durant quelques heures pour aider son père à marcher. Elle adorait ces sorties, même si cela voulait dire qu'elle devait rester assise des heures entières sur une couverture étalée par terre, à même le sol en terre battue de la place du marché. Au moins, comme cela, elle avait quelque chose à faire. Elle avait même fini par s'habituer à ne jamais parler et à garder le visage caché sous son tchador.

Elle était encore petite, malgré ses onze ans – ce qui lui permettait la plupart du temps d'accompagner quelqu'un dehors
30 sans avoir à subir d'interrogatoire.

Sur la couverture, Parvana se recroquevillait, à l'écart, en essayant de se faire toute petite. L'idée de lever les yeux vers les soldats la terrifiait. Elle les avait vus faire, surtout avec les

Parvana

Parvana a onze ans et n'a jamais connu son pays autrement qu'en **guerre**. Une guerre de **cauchemar**, qui interdit aux **femmes** de sortir non **voilées** et sans l'escorte d'un homme, père ou mari. Assez grande pour être soumise à ces interdits, **Parvana** doit pourtant trouver une façon de les contourner. Car depuis que les **talibans** – groupe religieux extrémiste qui contrôle le pays – ont emprisonné son père, sur elle seule repose la **survie** de sa famille…

1. tchador : voile porté par certaines musulmanes.
2. Kaboul : capitale de l'Afghanistan.
3. talibans : membres d'un mouvement islamiste militaire qui était en vigueur il y a quelques années.
4. lycée : nom donné en France à un établissement d'enseignement correspondant au cégep.

femmes : ils donnaient des coups de fouet et bastonnaient tous ceux qui méritaient, à leurs yeux, d'être châtiés.

Le client était en train de demander à son père de lui relire la lettre.

— Pas trop vite, s'il vous plaît : comme ça, je m'en
40 souviendrai et je dirai à ma famille ce qu'il y a dedans.

Parvana aurait bien aimé recevoir une lettre. Depuis quelques jours la distribution du courrier avait repris, après des années d'interruption pour cause de guerre. Elle avait perdu de vue beaucoup de ses amis, qui s'étaient enfuis à l'étranger avec leurs familles. Sans doute étaient-ils au Pakistan[1], se disait-elle, mais elle n'en était pas sûre : il était difficile de leur écrire. Quant à sa propre famille, elle avait déménagé tellement de
50 fois à cause des bombardements que plus personne de son entourage ne savait où elle vivait. « Les Afghans habitent la terre comme les étoiles habitent le ciel », disait souvent son père.

Il acheva la seconde lecture de la lettre ; le client le remercia et le paya.

— Je viendrai vous voir pour la réponse.

La plupart des Afghans ne savaient ni lire ni écrire. Parvana avait de la chance : ses deux parents avaient fait des études à l'université, et à leurs yeux l'instruction était une chose
60 importante, même pour les filles. Tout l'après-midi, les clients défilèrent devant le père de Parvana. La plupart s'exprimaient en dari[2] ; c'était la langue que Parvana parlait le mieux. Quand l'un d'eux parlait en pachtou[3], elle comprenait à peu près ce qu'il disait, mais ce n'était pas très facile : il lui manquait des mots. En plus du dari et du pachtou, ses parents parlaient aussi l'anglais ; des années plus tôt, son père avait été étudiant en Angleterre.

Il y avait beaucoup de monde, au marché. Les hommes faisaient les courses pour leur famille ; on entendait les colporteurs livrer leurs marchandises et vendre leurs services à grands cris.
70 Certaines boutiques, comme celles des marchands de thé, avaient un petit stand à elles. Il fallait loger une grande fontaine à thé et des rangées de tasses dans un tout petit espace. Les garçons qui servaient la boisson allaient et venaient sans cesse, se faufilaient dans les rues du marché, un vrai labyrinthe ; ils portaient le thé aux clients qui ne pouvaient pas quitter leur boutique, puis ils revenaient avec les tasses vides.

1. Pakistan : pays voisin de l'Afghanistan.

2. et 3. dari et pachtou : ce sont les deux langues officielles de l'Afghanistan.

«Je pourrais faire ça, moi aussi », murmura
Parvana.

Elle aurait adoré pouvoir se promener
80 à travers les ruelles alentour, partir à la
découverte de tous les petits recoins secrets
et les connaître aussi bien qu'elle connaissait
les quatre murs de sa maison.

Son père se tourna vers elle.

— Je préférerais plutôt te voir courir dans
une cour d'école, dit-il.

Il reprit sa position et interpella les passants :

— Écrivain public ! Écrivain public !
Vous avez quelque chose à
90 écrire ? quelque chose à lire ?
En pachtou ? en dari ? Très
bons prix ! Très bon service !

Parvana fronça les sourcils.
Ce n'était pas de sa faute si elle
ne pouvait plus aller à l'école !
Elle aussi, elle aurait préféré y être, plutôt que
de rester là, assise, sur une couverture rugueuse,
à se faire mal au dos et aux fesses. Ses amis lui
manquaient, sa blouse bleue et blanche d'écolière
100 aussi ; et elle aurait bien aimé y retourner pour
apprendre chaque jour quelque chose de nouveau.

Les bombes faisaient partie de la vie quotidienne
de Parvana depuis qu'elle était née. Tous les jours,
toutes les nuits, on entendait les roquettes[1] tomber
du ciel, puis une maison qui explosait.

Sous les bombes, les gens se mettaient
à courir. D'abord par ici, puis par là ; ils tâchaient
de trouver un endroit où ils auraient la vie
sauve. Quand Parvana était petite, ses
110 parents la portaient dans leurs
bras. Plus tard, il fallut qu'elle
coure, elle aussi, comme les autres.

1. roquettes : type particulier
de bombes.

Adapté de Deborah ELLIS, *Parvana,
une enfance en Afghanistan*, Paris,
Hachette Jeunesse, 2001, p. 7-15
(Coll. Le Livre de Poche Jeunesse).

— Alexis Jolet ! Combien de fois faut-il que je répète de regarder au tableau ? Redescendez sur terre, sinon je vous envoie au piquet pour le reste de l'après-midi !

Monsieur Richer, le maître d'école, accompagne sa menace d'un coup de règle sur le bureau, qui claque comme un fouet. Alexis sursaute. Les épaules basses, il se met à fixer le tableau en implorant le ciel : « Pas aujourd'hui ! Mon Dieu, faites qu'il m'oublie ! »

Alexis ne sait rien de sa leçon. Pourtant, comme à
10 l'accoutumée, il a étudié une bonne partie de la soirée, hier. Mais il a tout oublié. « Si le maître m'interroge, pense-t-il, qu'est-ce que je vais lui répondre ? Que j'ai oublié la leçon parce que je suis inquiet pour mon père ? Il faudrait alors que je lui dise tout. Mais par où commencer ? »

Alexis n'a jamais été aussi distrait en classe. Près de lui, Jérémie, son meilleur ami, lui jette des regards à la dérobée. Du bout de sa règle, il fait glisser jusqu'au pupitre d'Alexis un petit billet froissé : *Est-ce que vous avez eu des nouvelles ?*

— Non, répond Alexis de la tête.

20 Jérémie a l'impression de voir perler des larmes aux cils d'Alexis. Son cœur se serre lorsqu'il parcourt la petite note que lui renvoie ce dernier. *Cela fait plus d'une semaine maintenant qu'ils l'ont arrêté.*

La voix du professeur qui énumère les leçons pour le lendemain se fait insistante :

— La semaine prochaine débuteront les examens de la fin du trimestre. Il faut commencer vos révisions le plus tôt possible.

Les paroles du maître parviennent à Alexis dans un bourdonnement monotone. Fort heureusement, la cloche sonne.
30 D'un seul mouvement, quarante têtes se lèvent. Des mains agiles ramassent pêle-mêle livres et cahiers. Telle une bande d'oiseaux recouvrant leur liberté, les élèves s'apprêtent à quitter la classe.

— En silence, s'il vous plaît, tonne une dernière fois maître Richer, tout en se déplaçant vers le fond de la salle.

Il s'arrête face au banc où sont encore assis Alexis et Jérémie. Coincés entre le mur et le professeur, ils ne peuvent quitter leur place.

Marie-Célie Agnant est née en 1953 à Port-au-Prince, en Haïti. Elle a quitté son pays natal en 1970, vers l'âge de 17 ans, pour immigrer au Québec. D'abord écrivaine, elle a publié plusieurs poèmes, romans et nouvelles. Depuis 1994, elle a signé, entre autres, *Alexis d'Haïti* et *Alexis, fils de Raphaël*, ainsi qu'un recueil de nouvelles intitulé *Le silence comme le sang*, qui lui a valu d'être finaliste pour un prix littéraire du Gouverneur général du Canada.

— Alexis, reste une minute, s'il te plaît. Je voudrais te parler, dit le professeur.

40 Rapidement, Jérémie s'esquive. Dans la cour, le front soucieux, il s'adosse à un arbre et attend son ami. Dans la salle de classe déserte, Alexis frotte ses mains moites sur son pantalon. Son cœur bat à tout rompre, les idées virevoltent dans sa tête. « Maître Richer a bien été arrêté lui aussi il y a quelque temps, pense Alexis. Dans le village, tout le monde en a parlé. Mais il a été relâché au bout de quelques heures, tandis que mon père… Maître Richer sait peut-être quelque chose », se dit-il tout à coup.

Le professeur fait les cent pas, s'éclaircit la voix mais ne dit rien. Il n'arrive pas plus qu'Alexis à trouver les mots pour 50 exprimer la crainte et l'angoisse qui l'habitent. Devant cet enfant désemparé, l'homme se tient planté, les bras ballants. Il prend subitement conscience de son extrême faiblesse, de son impuissance. Alors, d'une voix enrouée, il parvient à grand-peine à articuler :

— Qu'est-ce qui ne va pas, Alexis ?

— Je ne sais pas, Monsieur.

— Tu es sûr qu'il ne se passe vraiment rien ?

— Je ne sais pas, Monsieur, reprend Alexis sur le même ton.

60 D'un geste las, monsieur Richer laisse tomber le bras qu'il venait de poser sur l'épaule d'Alexis.

— Va, mon garçon, dit finalement le professeur.

Ses pas sont lourds lorsqu'il regagne son pupitre. Il en pleurerait de rage ! La détresse de cet enfant lui brise le cœur.

« Que faire ? Comment faire ? » se demande-t-il.

Son séjour en prison lui a laissé des douleurs atroces à la colonne vertébrale et un mal de tête en permanence. « Tout cela n'est rien, se dit-il, face au chagrin qui consume si tôt nos jeunes.

La république d'Haïti est un pays situé sur une île, l'île d'Haïti, au sud des États-Unis, entre l'océan Atlantique et la mer des Antilles. Ce pays partage l'île avec la République dominicaine. Le climat tropical permet la culture du café, de la canne à sucre, des bananes, du cacao et du coton. La capitale d'Haïti est Port-au-Prince. Le pays compte deux langues officielles : le français et le créole.

1. mines patibulaires : visages inquiétants.
2. caserne : bâtiment de l'armée ou de la police.

70 Que leur réserve demain ? Que leur réserve demain ? se dit-il inlassablement, en quittant l'école. Je ne suis pas d'humeur aujourd'hui à affronter les regards arrogants et plein de haine de ces militaires, leurs mines patibulaires[1], et surtout cette nouvelle et sinistre mode qu'ils ont adoptée maintenant, de se cacher derrière leurs lunettes noires, même quand il fait nuit ! »

Il bifurque vers la gauche pour éviter le chemin qui passe devant la caserne[2]. Il se
80 souvient des coups reçus : « Les démons ! si la haine pouvait les anéantir, à moi seul, je les exterminerais tous ! »

Il n'est que quatre heures de l'après-midi. L'air est doux et invite à la promenade. Une brise vagabonde charrie de la vallée le lourd parfum des acacias en fleur. Une seule envie tenaille pourtant le professeur : rentrer chez lui, fermer portes et fenêtres, ne plus jamais devoir mettre le nez dehors, jusqu'à la fin de tout.

En contrebas, dans un petit chemin bordé de caféiers parés de leurs fruits rouges, comme pour une fête, Jérémie et Alexis n'ont
90 pas cette hâte de rentrer.

Accroupis au bord du talus, ils tentent, une fois de plus, de trouver ensemble des réponses aux nombreuses et douloureuses questions qui les assaillent.

Dans le village, on dit de ces deux enfants qu'ils sont l'ombre l'un de l'autre. Ils ont onze ans tous les deux et vivent à la Ruche, un village situé à quelques kilomètres de Port-au-Prince, la capitale de l'île d'Haïti.

Coincé entre la mer et le Morne à Congo, une des plus hautes chaînes de montagne de l'île, la Ruche compte environ un
100 millier d'habitants. Un vallon fertile, que longent deux rivières aux eaux claires et limpides : la Gosseline, tranquille, et la Mousseline, plus tumultueuse. Çà et là, des bosquets d'ajoncs, des marais où poussent de longues tiges de bambou et des nénuphars aux larges feuilles qui servent de radeaux aux grenouilles. Un petit nid qu'Alexis et Jérémie n'ont jamais eu l'occasion de quitter, même pas pour une visite à la capitale.

Avec ses maisons peintes de couleurs vives et recouvertes de tôle ondulée, ses champs de caféiers et ses bananeraies à perte de vue, cet endroit leur a toujours paru le lieu idéal où habiter.

110 Depuis quelque temps, cependant, tout semble aller de travers à la Ruche et dans les villages environnants. Sous prétexte de prévenir un soulèvement de paysans, la milice a mis le feu à des champs de canne, détruit des récoltes, abattu plusieurs têtes de bétail et matraqué les habitants. Plusieurs d'entre eux ont été arrêtés : parmi eux, Raphaël Jolet, le père d'Alexis, qu'ils accusent d'être le chef d'une rébellion[1] qui se trame[2].

En réalité, la Ruche, à cause de ses terres fertiles et bien irriguées, de sa position entre les montagnes et la mer, ainsi que toute la région, est convoitée par les grands propriétaires 120 de la capitale.

— Le bruit court que les soldats vont revenir. Ils ont prévu une nouvelle invasion, annonce Alexis.

— Je sais, répond Jérémie. J'ai même entendu papa déclarer que l'armée a l'intention de réquisitionner l'école pour en faire une caserne.

— Mais ce n'est pas possible ! s'exclame Alexis.

— Il faut s'attendre à tout désormais. À la capitale, ils ont même décrété le couvre-feu.

— J'ai oublié ce que cela veut dire, répond Alexis, avec un air 130 de plus en plus effrayé.

— Papa me l'a expliqué ce matin. Le couvre-feu, c'est lorsque l'armée ordonne à tout le monde de rentrer chez soi à une heure bien précise. Depuis une semaine, paraît-il, personne n'a le droit d'être dans les rues après sept heures, le soir.

— C'est affreux, murmure Alexis, d'une voix que l'épouvante rend à peine perceptible : mais pourquoi ? Pourquoi font-ils cela ?

— Je ne sais pas, chuchote Jérémie, qui baisse aussi la voix et promène autour de lui un regard inquiet.

— Qu'est-ce qu'il y a ? interroge Alexis.

1. rébellion : action de se révolter.

2. se tramer : se préparer.

La population haïtienne s'élève à huit millions d'habitants et d'habitantes. Les deux tiers de la population active travaillent dans le domaine de l'agriculture. Les problèmes politiques et la pauvreté permanente (Haïti est le pays le plus pauvre des Amériques) ont poussé une partie importante de la population à émigrer. Aujourd'hui, plus d'un million d'Haïtiens et d'Haïtiennes vivent à l'étranger.

140 — Rien… fait Jérémie, qui ajoute au bout d'un instant : j'ai peur, Alex. Maman racontait hier qu'à son retour du bourg[1], elle a croisé une foule d'hommes armés. C'est une nouvelle milice qui a pour nom les Léopards, 150 totalement dévouée au président. Jusque dans les bourgs et les hameaux[2] les plus reculés on arrête les gens, continue à chuchoter Jérémie.

Près de lui, il sent Alexis frissonner et se raidir.

— S'ils continuent à arrêter ainsi des gens, c'est qu'ils n'ont pas l'intention de relâcher ceux qui ont déjà été appréhendés[3], remarque Alexis, dont la voix se brise. Ma grand-mère a déjà 160 vendu plusieurs parcelles de terrain. Elle a donné tout l'argent à des militaires qui sont venus la voir en prétendant qu'ils pourraient faire libérer mon père.

— Ce sont des menteurs, n'est-ce pas ?

— Des menteurs et des brigands, laisse échapper Alexis, en serrant les poings. Je dois rentrer, maintenant, poursuit-il en se levant. Maman se fait sûrement du mauvais sang. Depuis que papa a disparu, elle pleure chaque jour. Elle veut quitter le pays.

— Pour aller où ?

— Je ne sais pas. À demain, lance Alexis, d'une voix blanche. 170 Je dois encore aller chercher des graines pour les tourterelles avant de rentrer à la maison.

— À demain, Alex.

1. bourg : gros village.

2. hameaux : groupements isolés de quelques maisons à la campagne.

3. appréhendés : arrêtés.

Marie-Célie AGNANT, *Alexis d'Haïti*, Montréal, Les Éditions Hurtubise, 1999, p. 5-13 (Coll. Atout).

PREMIÈRE ESCALE

Partout dans le monde, des jeunes vivent au quotidien selon des coutumes et des valeurs qui sont souvent complètement différentes des tiennes.

Dans cette escale, tu découvriras les modes de vie originaux et étonnants de jeunes de différents pays. Tu te familiariseras avec le milieu dans lequel ces jeunes vivent et avec la façon dont leur vie s'organise au jour le jour. Tu connaîtras les relations qu'ils et elles entretiennent avec leur famille et les activités qui rythment leur vie. Tu feras aussi la connaissance de jeunes vivant dans des conditions difficiles qui briment leur liberté et font obstacle à leur bonheur. Ces rencontres te conduiront à comparer tes valeurs et ta vision du monde avec celles de ces jeunes, et à réfléchir sur la place que tu occupes dans le monde.

Grâce à la lecture de différents textes, tu développeras certaines compétences qui te permettront de rédiger une lettre dans laquelle tu décriras ton mode de vie à une correspondante ou à un correspondant étrangers francophones.

L'aventure →

Tu écriras une lettre à une correspondante ou à un correspondant étrangers francophones. Dans cette lettre, tu décriras en détail différents aspects de ton mode de vie. Au cours de tes lectures, tu apprendras, grâce à divers moyens, à faire une description précise, intéressante et vivante de ta vie au quotidien.

Ailleurs dans le monde

Itinéraire

Tout comme la personne qui suit une formation avant d'accompagner des touristes au cours d'une visite guidée, tu devras, avant de décrire ton mode de vie, développer des compétences en t'appuyant sur des connaissances et des stratégies.

Lecture

Grammaire

Écriture

Communication orale

Embarquement

Asie

Afrique

Amérique du Sud

1.

6.

3.

2.

5.

4.

Les photographies ci-dessus évoquent des modes de vie dans différentes régions du monde. Peux-tu associer chacune d'elles à la région appropriée?

a) Observe attentivement chacune des photographies.

b) Associe deux photographies à chacune des régions indiquées sur la carte du monde.

c) Repère la région du monde où tu vis.

d) Imagine une photographie qui pourrait évoquer un aspect de ton mode de vie.

Lecture et appréciation des textes

Kuntaï

p. 2

Planification

Avant de lire le texte *Kuntaï*, jette un coup d'œil sur la couverture du livre reproduite à la page 2. En te fondant sur tes observations, réponds aux questions suivantes.

a) Selon toi, de qui sera-t-il question dans le texte?

b) Que peux-tu savoir sur son identité?

c) Que peux-tu connaître de son milieu de vie?

d) Selon toi, quelle est son activité principale au cours de la journée?

• Lis le texte *Kuntaï* afin d'en savoir plus sur cette personne et sur son mode de vie.

• Note les renseignements que tu juges pertinents pour la description éventuelle de ton mode de vie. Par exemple, cela peut être des indications sur l'habitation, sur l'éducation et sur les activités de la personne.

• Observe les liens entre le texte et les images qui l'accompagnent.

Cap sur les mots

Les sens d'un mot et le contexte

Un même mot peut avoir **plusieurs sens,** selon le **contexte** dans lequel il est utilisé.

Examine les différents sens du mot *chambre* dans les phrases suivantes.

• La **chambre** de Sophie est en désordre. (Pièce où l'on dort.)

• Il est descendu à la **chambre** froide. (Pièce où l'on conserve les aliments.)

• Les députés débattent à la **Chambre** des communes. (Assemblée politique)

Il n'est pas toujours nécessaire de recourir à un dictionnaire pour trouver le sens d'un mot. En effet, il arrive que la signification d'un mot soit suggérée dans un texte par un ou plusieurs **indices.** Ces indices peuvent se présenter sous la forme de définitions, d'exemples, de synonymes, de comparaisons ou d'antonymes.

Boussole

En général, la première définition d'un mot dans le dictionnaire correspond au sens le plus courant de ce mot.

Voici les étapes à suivre pour trouver le sens d'un mot dont tu ne connais pas la signification.

1. Examine le contexte dans lequel le mot est utilisé. Relis la phrase qui contient le mot en considérant les mots qui le précèdent et ceux qui le suivent. Garde à l'esprit le sens général du texte.

2. Cherche le mot dans un dictionnaire usuel et lis les définitions.

3. Choisis la définition du dictionnaire qui convient le mieux au contexte dans lequel le mot est employé.

À l'aide du contexte, trouve le sens des mots suivants, utilisés dans le texte *Kuntaï* à la ligne indiquée. Consulte un dictionnaire, au besoin.

❶ réserve (ligne 8)

❷ *boma* (ligne 18)

❸ nattes (ligne 29)

❹ anciens (ligne 76)

❺ *morane* (ligne 90)

Compréhension et interprétation

1. Observe la carte de l'Afrique et les illustrations qui accompagnent le texte *Kuntaï*.

   a) Relève trois caractéristiques géographiques de la réserve de Masaï Mara.

   b) D'après tes observations, décris en quelques mots le danger principal qui menace les Masaï quand ils mènent leurs troupeaux dans les pâturages.

2. Les gens consacrent beaucoup de temps à accomplir les tâches essentielles à la vie dans le village de Kuntaï.

   a) Relève dans le texte deux tâches exercées par les hommes, trois, par les femmes, une, par les anciens et une, par les enfants.

   b) Remplis un tableau semblable à celui ci-dessous pour regrouper ces tâches.

Boussole

Les caractéristiques géographiques peuvent concerner les pays voisins, la population, le climat, etc.

TÂCHES AU VILLAGE DE KUNTAÏ	
MEMBRES DU VILLAGE	TÂCHES
Hommes	❯ Emmener paître les troupeaux.
Femmes	▬▬▬▬▬▬▬
Anciens	▬▬▬▬▬▬▬
Enfants	▬▬▬▬▬▬▬

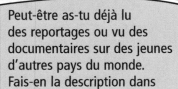

L'aventure →

Avant de rédiger ta lettre,
tu regrouperas, sous
différents aspects,
les renseignements
sur ton mode de vie.

Journal de bord

Peut-être as-tu déjà lu
des reportages ou vu des
documentaires sur des jeunes
d'autres pays du monde.
Fais-en la description dans
ton journal de bord.

3. Si tu visitais le village de Kuntaï, tu vivrais un grand dépaysement.
Les différences entre le mode de vie de Kuntaï et le tien te sauteraient
aux yeux.

a) Remplis un tableau semblable à celui ci-dessous afin de regrouper
les différences relatives à chacun des aspects indiqués.

DIFFÉRENCES ENTRE LES MODES DE VIE		
ASPECTS	**MODE DE VIE DE KUNTAÏ**	**MON MODE DE VIE**
Habitation	❯ Maison de trois pièces, sans meubles, avec des murs et un toit faits de branches.	
Nourriture		
Éducation		
Âge adulte		

b) Maintenant que tu connais bien le mode de vie des Masaï, tu es en
mesure de dire ce que tu en penses.

❶ Discute en groupe classe des avantages et des inconvénients
du mode de vie de Kuntaï.

❷ Choisis le mode de vie que tu préfères: celui de Kuntaï ou le tien.
Explique ton choix en discutant avec les autres élèves.

Bagage de connaissances

Les classes de mots

a) Lis les phrases suivantes et observe les mots soulignés et les mots en gras.

> Les <u>lionnes</u> **et** leurs petits <u>gambadent</u> **lentement dans** la savane.
> Près d'<u>eux</u> passent <u>des</u> zèbres <u>énergiques</u>.

b) Les mots soulignés appartiennent-ils tous à la même classe de mots?

c) Selon toi, qu'est-ce qui distingue les mots soulignés des mots en gras?

Les mots de la langue française sont regroupés dans différentes **classes de mots,** selon leurs caractéristiques et leurs rôles dans la phrase.
On divise ces classes de mots en deux grandes catégories:
les classes de mots **variables** et les classes de mots **invariables.** p. 298

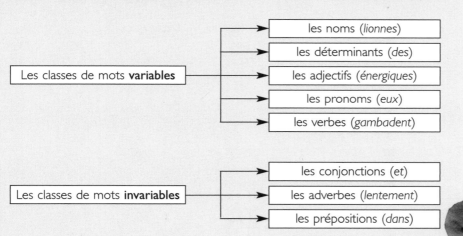

Les classes de mots **variables**
- les noms (*lionnes*)
- les déterminants (*des*)
- les adjectifs (*énergiques*)
- les pronoms (*eux*)
- les verbes (*gambadent*)

Les classes de mots **invariables**
- les conjonctions (*et*)
- les adverbes (*lentement*)
- les prépositions (*dans*)

Il existe différents moyens de déterminer la classe d'un mot.

- Tu peux remplacer le mot par un autre mot dont tu connais la classe.

    ❯ Elle **flâne** souvent dans la savane.
    🔧 Elle **va** souvent dans la savane.
        ___
        verbe

- Tu peux examiner la place et le rôle du mot dans la phrase.

- Tu peux consulter un dictionnaire ou une grammaire.

Certains mots peuvent appartenir à plus d'une classe. C'est le contexte qui t'aide à déterminer la classe à laquelle ils appartiennent.

> Ces <u>jeunes</u> enfants jouent dehors.
  adjectif

> Ces <u>jeunes</u> jouent dehors.
  nom

Les mots qui désignent des peuples peuvent être des noms propres ou des adjectifs, selon le contexte. Si le mot désigne un peuple, il s'agit d'un **nom propre** ; il s'écrit alors avec une lettre majuscule.

> Les <u>Masaï</u> vivent en Afrique.
  nom propre

Si le même mot précise ce qui se rapporte à ce peuple et s'il accompagne un nom, il s'agit d'un **adjectif** ; il s'écrit alors avec une lettre minuscule.

> Kuntaï est un enfant <u>masaï</u>.
  adjectif

1. Relève entre les lignes 27 et 36 du texte *Kuntaï* :

   a) cinq noms ;　　　　　　　**d)** deux pronoms ;

   b) quatre déterminants ;　　　**e)** deux adjectifs.

   c) cinq verbes ;

2. Compose deux phrases contenant le mot *québécois*.
   Dans la première phrase, ce mot sera un nom propre
   et, dans la seconde, un adjectif.

Planification

Observe le sommaire du livre d'où est tiré le texte *Indiana* à la page 4.
En t'appuyant sur tes observations, réponds aux questions suivantes.

a) De quelle personne sera-t-il question dans le texte?

b) Où cette personne habite-t-elle?

c) Quels aspects de sa vie seront abordés dans le texte?

• Lis le texte *Indiana* pour te renseigner sur la vie d'une personne
  qui habite dans un autre pays.

• Prête attention aux différents aspects abordés dans le texte.
  Ils regroupent des renseignements particuliers sur un pays étranger.

Cap sur les mots

Les synonymes

Les synonymes sont des mots qui ont presque le **même sens.**
Ils appartiennent à la **même classe de mots.** Ainsi, le synonyme
d'un nom sera un autre nom et celui d'un verbe, un autre verbe.

Les synonymes servent à éviter des répétitions inutiles dans un texte.
Ils permettent aussi d'apporter des précisions et d'enrichir le texte.

Un même mot peut avoir plusieurs synonymes. Ceux-ci sont liés aux
différents sens du mot. Ils varient selon le contexte dans lequel le mot
est utilisé. Un dictionnaire de synonymes ou un dictionnaire usuel
permettent de trouver le synonyme approprié d'un mot.

> L'adjectif *doux* a différents synonymes, selon le contexte.

- Le tissu de sa chemise est **doux** : il est **soyeux**.
- La voix de cette chanteuse est **douce** : elle est **mélodieuse**.
- Ce parfum est **doux** : il est **suave**.
- Ce chien a l'air **doux** : il est **calme**.

a) Trouve trois paires de synonymes dans le texte *Indiana*.

b) À l'aide du contexte et d'un dictionnaire, trouve dans le texte, aux lignes indiquées, un synonyme à chacun des mots ci-dessous.

❶ domine (lignes 30 à 34)

❷ parfument (lignes 65 à 77)

❸ richesses (lignes 95 à 106)

❹ force (lignes 107 à 116)

Compréhension et interprétation

1. Imagine qu'une agence de voyages t'engage comme guide touristique à l'île de la Réunion. Ton travail consiste à organiser un séjour de quatre jours pour des touristes qui ont soif d'exotisme et d'aventure.

a) En t'inspirant du texte *Indiana,* planifie, pour chaque journée, une activité qui permettra aux touristes de découvrir les beautés de l'île de la Réunion et de combler leur besoin de dépaysement.

b) Inscris tes suggestions d'activités dans un tableau semblable à celui ci-dessous.

À LA DÉCOUVERTE DE L'ÎLE DE LA RÉUNION	
JOURNÉES	ACTIVITÉS
1re journée	❯ Visite des quartiers de Saint-Denis et d'un marché.
2e journée	
3e journée	
4e journée	

2. La vie d'une jeune fille comme Indiana à la Réunion est assez différente de celle des jeunes du Québec. Son milieu de vie nous semble bien exotique.

Dans un tableau semblable à celui ci-dessous, regroupe les renseignements tirés du texte qui sont liés aux différents aspects de la vie d'Indiana.

COUP D'ŒIL SUR LA VIE D'INDIANA	
ASPECTS	**RENSEIGNEMENTS**
Ville	❯ Saint-Denis, ville importante située au bord de la mer.
Maison et emplacement	▓▓▓▓▓▓▓▓▓▓▓▓▓▓▓▓▓▓▓▓
Famille	▓▓▓▓▓▓▓▓▓▓▓▓▓▓▓▓▓▓▓▓
Activités et loisirs	▓▓▓▓▓▓▓▓▓▓▓▓▓▓▓▓▓▓▓▓

3. Au-delà des différences évidentes qu'il y a entre la vie d'un ou d'une jeune de la Réunion et celle d'un ou d'une jeune du Québec, il existe des ressemblances.

a) Dans un paragraphe d'environ 10 lignes, décris les ressemblances que tu remarques entre ta vie et celle d'Indiana.

b) Compare les ressemblances que tu as relevées avec celles décrites par les autres élèves.

Bagage de connaissances

La description

a) Lis les deux descriptions ci-dessous.

L'aventure →

Retiens bien les éléments
que contient une bonne
description pour que
ton texte soit évocateur
et agréable à lire.

❶ Amélie habite avec son père dans un appartement spacieux et ensoleillé. Ce logement est situé dans un immeuble centenaire. De magnifiques arbres se dressent fièrement des deux côtés de sa rue et lui confèrent un charme campagnard. À quelques pas de chez elle se trouve un marché public où elle aime flâner tous les jours. Les fruits et les légumes qui s'offrent à son regard sur les nombreux étals lui ouvrent toujours l'appétit.

❷ Amélie vit dans un appartement avec quelqu'un. Cet appartement est dans un vieil immeuble. Il y a plein d'arbres dans sa rue. Près de son appartement, il y a un marché où elle va tous les jours. Elle aime faire ça. Elle aime voir toutes les choses qu'il y a au marché.

b) Quelles différences vois-tu entre ces deux descriptions?

c) Laquelle te semble la meilleure? Explique pourquoi.

Une **description** est l'**action de représenter** un lieu, une personne, une époque, un objet, une situation. Sa fonction est de permettre au lecteur ou à la lectrice de bien se représenter ce qui est dit dans un texte, de bien situer le sujet abordé.

Voici ce que contient généralement une bonne description:

• des noms précis et variés;

• des verbes précis et variés, autres que les verbes *avoir*, *être* et *faire*;

• des adjectifs nombreux et évocateurs;

• des adverbes qui donnent des précisions sur les éléments énoncés;

• des synonymes qui permettent d'éviter les répétitions.

1. Observe l'illustration d'un paysage de l'île de la Réunion, à la page 4.

2. Compose un paragraphe de quelques lignes pour décrire ce paysage. Utilise les éléments énumérés ci-dessus pour obtenir une bonne description.

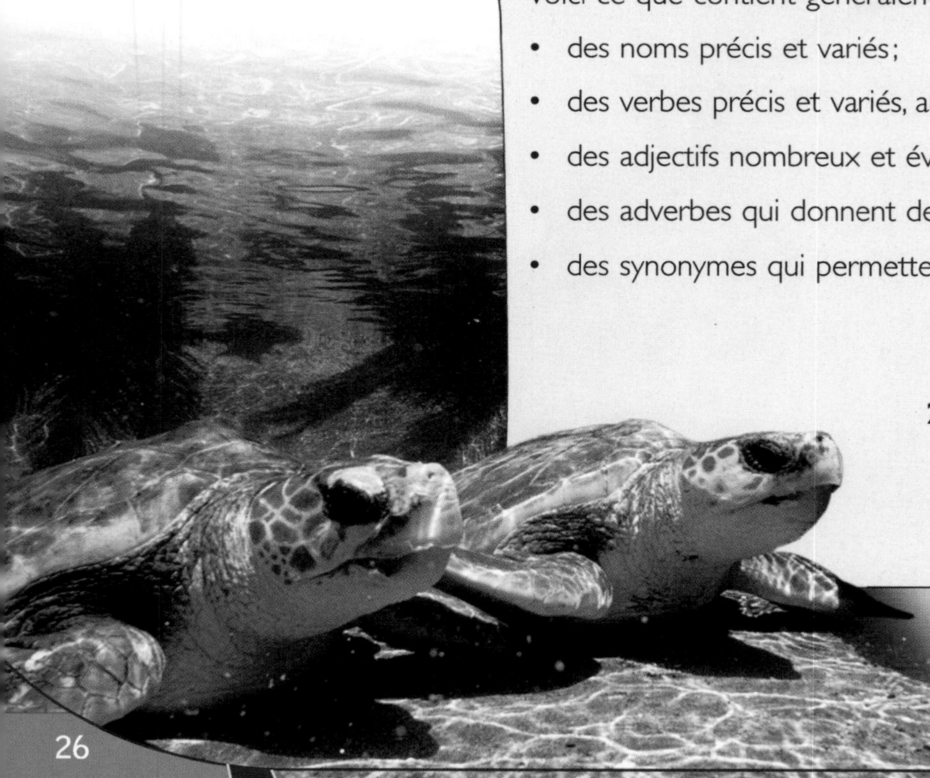

Planification

Observe la première et la quatrième de couverture du livre d'où est tiré le texte *Parvana* à la page 7.

En t'appuyant sur tes observations, réponds aux questions suivantes.

a) Selon toi, qui est Parvana? De quel sexe est cette personne? Quel âge a-t-elle? Dans quel pays vit-elle? Dans quelle situation se trouve-t-elle?

b) À ton avis, pourquoi porte-t-elle un voile sur la tête?

• Lis le texte narratif *Parvana* pour te renseigner sur le mode de vie d'une jeune fille qui vit dans un pays en guerre.

• Observe attentivement les indices de temps et de lieux dans ce récit.

Cap sur les mots

Les indices de temps et de lieux

Dans un texte narratif, il y a des indices de temps et de lieux qui permettent de situer de différentes façons l'histoire racontée.

INDICES DE TEMPS ET LEURS FONCTIONS	
FONCTIONS	**INDICES**
Situer les événements dans un contexte général	année, saison, mois, journée, moment de la journée, heure, etc.
Situer un événement par rapport à un autre	• **avant**: *hier, la veille, la semaine passée, plus tôt, il y a un an,* etc. • **pendant**: *au moment où, durant, pendant ce temps,* etc. • **après**: *demain, le lendemain, dans deux jours, plus tard, l'année prochaine,* etc.
Indiquer un moment précis où un événement se produit	*alors, quand, lorsque, tout à coup,* etc.
Suggérer la durée d'un événement	*durant une heure, toute la journée, pendant des années,* etc.
Suggérer la fréquence d'un événement	*chaque jour, chaque semaine, souvent, plusieurs fois,* etc.

INDICES DE LIEUX ET LEURS FONCTIONS	
FONCTIONS	INDICES
Situer les événements dans un lieu précis	maison, rue, ville, forêt, désert, etc.
Indiquer un lieu par rapport à un autre	*là-bas, près de, à côté de, devant, derrière*, etc.

Dans le texte *Parvana*, relève :

a) cinq indices de temps ;   **b)** trois indices de lieux.

Compréhension et interprétation

1. a) Lis les énoncés ci-dessous. Ils décrivent les événements
qui se produisent dans le texte *Parvana.*

> **❶** Son père a lu deux fois une lettre à un client.

> **❷** Son père a interpellé des clients en offrant ses services
> d'écrivain public.

> **❸** Elle s'est installée par terre, sur une couverture.

> **❹** Elle a observé les garçons qui distribuaient du thé.

> **❺** Elle est sortie avec son père pour se rendre au marché.

b) À l'aide du tableau que te remettra ton enseignant ou ton enseignante,
replace ces énoncés selon l'ordre chronologique des événements.

ÉVÉNEMENTS DANS L'ORDRE CHRONOLOGIQUE
❯ Elle est sortie avec son père pour se rendre au marché.

2. La vie des femmes et des filles en Afghanistan a changé complètement
après l'arrivée au pouvoir des talibans.

a) Relève dans le texte quelques changements survenus dans la vie
de Parvana sous le régime des talibans.

b) Dans un paragraphe d'environ 10 lignes, décris ces changements
dans tes propres mots.

3. Avant de lire ce texte, savais-tu quelle pouvait être la vie d'une jeune
fille en Afghanistan ? Explique ta réponse.

Boussole

Utilise des synonymes pour
éviter d'employer les mots
du texte.

Bagage de connaissances

Les séquences

Une séquence, dans un texte, est une suite de phrases organisées dans un but précis. Il existe plusieurs types de séquences, dont la séquence narrative, la séquence descriptive et la séquence de paroles (aussi appelée séquence dialogale).

Le tableau ci-dessous présente le but visé lorsqu'on utilise ces types de séquences et les moyens de les identifier dans un texte.

Boussole

Les verbes qui annoncent des paroles rapportées sont des **verbes de parole**.

> L'homme **répondit** : « D'accord ! »

SÉQUENCES TEXTUELLES		
TYPES DE SÉQUENCES	**BUTS**	**MOYENS D'IDENTIFICATION**
Séquence narrative	**Raconter** des événements vécus par des personnes réelles ou fictives	• Introduction d'un personnage • Changement de lieux • Mots qui indiquent un moment (*tout à coup, soudain, il était une fois*, etc.)
Séquence descriptive	**Décrire** un lieu, une époque, une personne, un objet, un sentiment, une situation, etc.	• Indices de temps et de lieux (*dans, sous, derrière*, etc.)
Séquence de paroles	**Rapporter** les paroles des personnes réelles ou fictives (monologue ou dialogue)	• Présence des éléments suivants : tirets, guillemets, deux-points, verbes de parole

Un texte est rarement homogène ; il contient souvent plus qu'une séquence. Mais il y a toujours une séquence dominante, soit une séquence qui permet d'organiser le texte dans son ensemble. Cette séquence détermine le type du texte.

Relève, dans le texte *Parvana* :

a) un regroupement de phrases qui correspond à une séquence descriptive ;

b) un regroupement de phrases qui correspond à une séquence de paroles ;

c) des indices qui prouvent que ce texte est organisé en une séquence narrative.

Boussole

Dans un texte, les encadrés servent à fournir et à mettre en évidence des renseignements complémentaires relatifs au sujet traité.

Alexis 📖 *p. 10*

Planification

Lis les encadrés qui accompagnent le texte *Alexis* et réponds aux questions suivantes.

1. a) Selon toi, quelle est la nationalité d'Alexis?

b) Penses-tu qu'il vit dans des conditions difficiles? Explique ta réponse.

2. Selon toi, à quel moment faut-il habituellement lire ces encadrés: avant, pendant ou après la lecture du texte? Explique ta réponse.

- Lis le texte narratif *Alexis* afin de découvrir la vie d'un jeune qui habite dans un autre pays.

- Prête attention aux caractéristiques qui font de ce texte un texte littéraire.

Compréhension et interprétation

1. Explique en une phrase la raison principale qui fait qu'Alexis est préoccupé.

2. Jusqu'à présent dans cette escale, tu as découvert comment vivaient des jeunes comme toi dans différentes régions du monde. Remplis un tableau semblable à celui ci-dessous pour regrouper les différences entre les modes de vie de ces jeunes.

📋	DIFFÉRENTS MODES DE VIE		
INDIVIDUS	**PARENTS (ORIGINE, OCCUPATION)**	**LIEUX D'HABITATION**	**PRINCIPALES OCCUPATIONS**
Kuntaï	❯ Ses parents sont Masaï. La mère reste à la maison et le père part souvent pour plusieurs jours.	▬▬▬	▬▬▬
Indiana	▬▬▬	▬▬▬	▬▬▬
Parvana	▬▬▬	▬▬▬	▬▬▬
Alexis	▬▬▬	▬▬▬	▬▬▬

Bagage de connaissances

Le texte littéraire et le texte courant

Un texte est bien plus qu'un ensemble de phrases. C'est une suite de phrases qui s'enchaînent pour former un tout cohérent et significatif. Plusieurs éléments lient les phrases et donnent une unité au texte : le sujet, le thème, les mots, etc. L'unité du texte provient aussi de certaines caractéristiques qui permettent de définir la catégorie du texte. Il existe **deux catégories de textes** : les **textes littéraires** et les **textes courants.**

Les caractéristiques du texte littéraire

- Texte qui vise la plupart du temps à **raconter,** à **divertir,** à **émouvoir.**

- Texte souvent de type **narratif,** c'est-à-dire que la séquence dominante est la séquence narrative ou la séquence de paroles.

- Texte qui raconte souvent une histoire **réelle** (vraie) ou **fictive** (inventée), **vraisemblable** (possible) ou **invraisemblable** (impossible).

- Texte qui présente souvent un univers propre à une époque et composé d'un ou de plusieurs lieux, de plusieurs personnages et d'une intrigue.

Les caractéristiques du texte courant

- Texte qui vise avant tout à **informer,** à **expliquer** ou à **convaincre.**

- Texte souvent de type **descriptif,** c'est-à-dire que la séquence dominante est la séquence descriptive.

- Texte qui présente un sujet en le décrivant, en l'expliquant ou en dévoilant l'opinion que l'auteur ou l'auteure entretient à son propos. Le sujet peut être un objet, une personne, une situation, un événement, une action, etc.

> **Boussole**
>
> Une **histoire vraisemblable** pourrait se produire dans la réalité, ce qui n'est pas le cas d'une histoire invraisemblable.
>
> Une **histoire vraie,** quant à elle, relate des faits qui se sont produits dans la réalité.

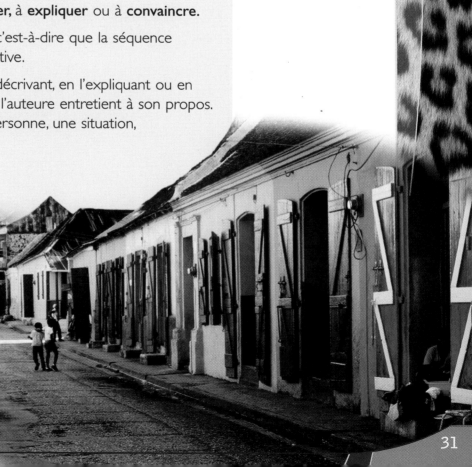

a) À l'aide des critères présentés à la page précédente, classe chacun des textes de la première escale dans la catégorie des textes littéraires ou dans celle des textes courants. Justifie ton choix en précisant le type de textes.

b) Écris tes réponses dans le tableau que te remettra ton enseignant ou ton enseignante.

CATÉGORIE DES TEXTES DE LA PREMIÈRE ESCALE			
TITRES	TEXTE LITTÉRAIRE	TEXTE COURANT	JUSTIFICATION

Bilan

1. Quels renseignements t'ont semblé les plus captivants dans les textes que tu as lus? Explique ta réponse.

2. a) À propos de quel mode de vie aimerais-tu te renseigner davantage?
   b) Que souhaiterais-tu savoir?

3. Quel texte a proposé la présentation la plus attrayante? Explique ta réponse.

4. Quelles sont les habiletés que tu devrais t'efforcer de développer en lecture?

5. Comment la lecture de ces textes pourra-t-elle t'aider à décrire ton mode de vie dans la lettre que tu auras à écrire?

Fonctionnement de la langue

Les groupes obligatoires

Point de repère

Une phrase est une suite de mots bien ordonnés qui a une signification.
La phrase de base est constituée de deux groupes obligatoires.

Exploration

a) Lis les phrases ci-dessous afin de découvrir quelques
caractéristiques des deux groupes obligatoires de la phrase.
Prête attention aux mots en gras et aux mots soulignés.

❶ **Indiana et ses amies** <u>s'amusent</u>.

❷ **Saint-Denis** <u>est située au bord de l'océan</u>.

❸ **Le jeune enfant** <u>surveille les chèvres
et les moutons</u>.

❹ **Il** <u>se déplaçait silencieusement</u>.

❺ Un jour, **la courageuse Parvana** <u>ira à l'école</u>.

❻ **Tous les habitants** <u>se sont réfugiés dans
le bâtiment</u>.

❼ Après l'école, **nous** <u>nous sommes rendus au village</u>.

❽ **Le touriste** <u>était très content de son voyage</u>.

b) Peux-tu effacer les groupes de mots en gras
sans rendre les phrases incorrectes ?

c) Où ces groupes de mots sont-ils placés par rapport
au verbe dans les phrases ?

d) Quel renseignement ces groupes te donnent-ils ?

e) Comment appelle-t-on ces groupes de mots ?

f) Peux-tu effacer ou déplacer les groupes de mots
soulignés sans rendre les phrases incorrectes ?

g) À quelle classe de mots le noyau de chacun
de ces groupes appartient-il ?

h) Quel renseignement ces groupes te donnent-ils ?

i) Comment appelle-t-on ces groupes de mots ?

Tour d'horizon

1. Le **groupe sujet (GS)** et le **groupe verbal (GV)** sont les groupes obligatoires de la phrase de base. . . . . p. 295

2. Le tableau suivant présente les caractéristiques du GS.

GROUPE SUJET	
CARACTÉRISTIQUES	*EXEMPLES*
Il exerce la fonction sujet: il indique de qui ou de quoi on parle dans la phrase.	❯**Des millions d'animaux** vivent dans ce parc national. (De quoi parle-t-on dans la phrase? Des millions d'animaux.)
Il est habituellement un groupe nominal dont le noyau est un nom commun, un nom propre ou un pronom. Le groupe nominal peut être remplacé par un pronom.	❯**La jeune fille** aime se baigner dans la mer. ❯**Indiana** aime se baigner dans la mer. ❯**Elle** aime se baigner dans la mer.
Il peut être détaché par les mots *c'est… qui* ou *ce sont… qui.*	❯**Les anciens** enseignent aux enfants. 🔧 *Ce sont* **les anciens** *qui* enseignent aux enfants.
Il ne peut pas être effacé.	❯**Kuntaï** n'allait pas à l'école. 🔧 ⊘ ~~Kuntaï~~ n'allait pas à l'école.

3. Le tableau suivant présente les caractéristiques du GV.

GROUPE VERBAL	
CARACTÉRISTIQUES	*EXEMPLES*
Il exerce la fonction de prédicat: il indique ce que l'on dit à propos du sujet.	❯Ses parents **préparaient le repas.** (Que dit-on à propos des parents? Ils préparaient le repas).
Il a pour noyau un verbe conjugué qui peut être encadré par la négation *ne… pas.*	❯Les femmes **portaient le voile.** 🔧 Les femmes *ne* **portaient** *pas* **le voile.**
Il ne peut pas être effacé.	❯La randonnée pédestre **est son loisir préféré.** 🔧 ⊘ La randonnée pédestre ~~est son loisir préféré.~~

Le groupe facultatif

Point de repère

En plus des groupes obligatoires, une phrase peut contenir un ou des groupes facultatifs.

Exploration

a) Lis les phrases ci-dessous afin de découvrir quelques caractéristiques du groupe facultatif. Prête attention aux mots en gras.

❶ **Au Kenya,** les lions et les buffles sont nombreux.

❷ Sa mère et ses sœurs, **du matin au soir,** restent à la maison.

❸ Ses parents avaient fait des études **pour bien gagner leur vie.**

❹ Ils font de la randonnée **dans les montagnes.**

❺ Elle est allée **ce matin** au marché de Kaboul.

❻ Kuntaï et ses amis écoutent les anciens **pour apprendre l'histoire de leur peuple.**

❼ Indiana suit des cours de danse **depuis des années.**

b) Que remarques-tu quant à la place des groupes de mots en gras dans les phrases?

c) Pourrais-tu les effacer et les déplacer?

d) Sont-ils essentiels à la construction de ces phrases?

e) Quel type de renseignements les mots en gras te donnent-ils:
　1) dans les phrases ❶ et ❹?
　2) dans les phrases ❷, ❺ et ❼?
　3) dans les phrases ❸ et ❻?

f) Quelle est la fonction exercée par ces groupes de mots?

Tour d'horizon

1. Le **groupe facultatif** de la phrase est appelé **groupe complément de phrase (GCP)**. Ce groupe fournit des renseignements qui ne sont pas nécessaires à la compréhension de la phrase, mais qui la complètent. Une phrase peut contenir plus d'un groupe facultatif.

2. Le tableau suivant présente les caractéristiques du GCP.

GROUPE COMPLÉMENT DE PHRASE	
CARACTÉRISTIQUES	*EXEMPLES*
Il exerce la fonction de complément de phrase: il apporte **une précision de temps, de lieu, de but,** etc. Cette précision n'est pas essentielle à la compréhension de la phrase.	❯ **La semaine passée,** l'éruption volcanique a fait des ravages. (Quand l'éruption volcanique a-t-elle fait des ravages? La semaine passée.)
Il peut être formé d'un groupe nominal (GN), d'un groupe prépositionnel (GPrép), d'un groupe adverbial (GAdv) ou d'une phrase subordonnée. Ce groupe peut être introduit par les mots *et cela se passe* ou *et cela se fait*. Cette manipulation syntaxique est le dédoublement.	❯ Toute la famille se réunit **dans la maison.** 🔧 Toute la famille se réunit *et cela se passe* **dans la maison.** ❯ Le vent souffle **depuis quelques heures.** 🔧 Le vent souffle *et cela se fait* **depuis quelques heures.**
Il **peut être effacé** sans que cela nuise au sens ou à la construction de la phrase.	❯ Ils ont aperçu des lions **au milieu de la savane.** 🔧 Ils ont aperçu des lions ~~au milieu de la savane~~.
Il **peut également être déplacé** au début, au milieu ou à la fin de la phrase. Quand le GCP est placé au début ou au milieu de la phrase, il doit être détaché par une ou deux virgules, selon le cas.	❯ La ville s'est développée **au cours des dernières années.** 🔧 **Au cours des dernières années,** la ville s'est développée. 🔧 La ville, **au cours des dernières années,** s'est développée.

Le groupe nominal et son accord

Point de repère

Le groupe nominal (GN) a pour noyau un **nom commun**, un **nom propre** ou un **pronom**. Ce noyau ne peut être effacé.

Exploration

a) Lis les phrases ci-dessous afin de découvrir quelques caractéristiques du groupe nominal (GN). Prête attention aux mots en gras et aux groupes de mots soulignés.

❶ <u>**Elle**</u> jouait avec ses amies tous les jours.

❷ <u>**Kaboul**</u> est la capitale de l'Afghanistan.

❸ <u>Sa **famille**</u> habite dans le quartier de La Montagne.

❹ Les Masaï portent <u>des **capes** rouges</u>.

❺ <u>Les **touristes** émerveillés</u> regardaient le volcan.

❻ <u>Les **troupeaux** de bœufs</u> ont traversé la savane.

❼ <u>La **ville** de Saint-Denis</u> est située au bord de la mer.

b) À quelles classes de mots les mots en gras appartiennent-ils?

c) Ces mots peuvent-ils être effacés?

d) À quelle classe de mots les mots soulignés qui précèdent les mots en gras dans les phrases ❸, ❹, ❺, ❻ et ❼ appartiennent-ils?

e) Comment ces mots s'accordent-ils?

f) À quelles classes de mots les autres mots qui font partie des groupes de mots soulignés dans les phrases ❹ et ❺ appartiennent-ils?

g) Comment ces mots s'accordent-ils?

h) Ces mots pourraient-ils être effacés sans que cela nuise à la construction de ces phrases?

Tour d'horizon

1. Le groupe nominal (GN) se construit de différentes façons.
Le noyau du GN peut être seul ou accompagné d'un déterminant.
Il peut être aussi complété par un ou plusieurs groupes
de mots appelés expansions. p. 298

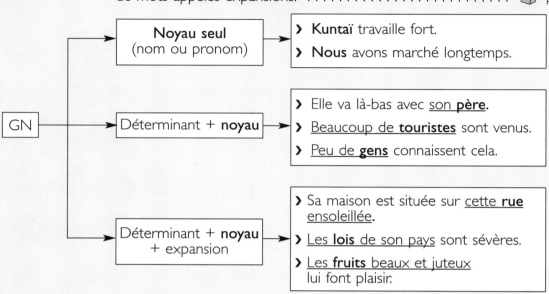

Noyau seul (nom ou pronom)	› **Kuntaï** travaille fort. › **Nous** avons marché longtemps.
Déterminant + **noyau**	› Elle va là-bas avec <u>son **père**</u>. › <u>Beaucoup de **touristes**</u> sont venus. › <u>Peu de **gens**</u> connaissent cela.
Déterminant + **noyau** + expansion	› Sa maison est située sur <u>cette **rue** ensoleillée</u>. › <u>Les **lois** de son pays</u> sont sévères. › <u>Les **fruits** beaux et juteux</u> lui font plaisir.

GN

2. Un GN peut exercer plusieurs fonctions : sujet du verbe, attribut
du sujet, complément direct du verbe, complément de phrase
ou complément du nom.

3. Le noyau du GN est un **donneur d'accord.** Il donne son genre (masculin
ou féminin) et son nombre (singulier ou pluriel) au déterminant qui
le précède et à son expansion lorsqu'il s'agit d'un adjectif.

       fém. pl.
› Les **maisons** sont petites.
      GN

       masc. pl.
› Les **lions** féroces représentent une menace.
      GN

4. Les règles d'accord du nom commun sont simples. Il faut ajouter
un **e** pour mettre un nom au féminin et un **s** pour le
mettre au pluriel. Cependant, il y a des exceptions. . . . . p. 300

5. On divise les noms communs en deux catégories :

- les **noms individuels,** qui désignent un individu ou un objet
  particulier ;
  › une femme, un arbre, etc.

- les **noms collectifs,** qui désignent, même au singulier, un ensemble
  d'êtres ou d'objets.
  › une foule, une série, etc.

Les groupes obligatoires

1. Dans chacune des phrases suivantes, encercle
le groupe sujet (GS) et souligne le groupe verbal (GV).

> ⟨ Sa mère ⟩ <u>fabriquait des colliers</u>.

a) La maison est faite de branches.

b) Parvana attendait une lettre.

c) Le territoire de la Réunion n'est pas très grand.

d) Alexis et son maître d'école ne se disent rien.

e) Les garçons servaient les boissons.

f) Demain, sa sœur et elle feront de la randonnée pédestre.

g) Des vents puissants ont détruit des maisons.

h) Le climat permet de pratiquer plusieurs activités.

i) Le *morane* porte les vêtements traditionnels.

2. Relève les GS et les GV qui se trouvent dans le cinquième paragraphe
(lignes 37 à 46) du texte *Kuntaï*.

3. a) Compose cinq phrases contenant un GS et un GV.

b) Dans chacune d'elles, encercle le GS et souligne le GV.

Le groupe facultatif

1. Dans les phrases suivantes, encercle le ou les groupes compléments de phrase (GCP).

> Alexis est distrait (en classe).

a) Hier, les vents étaient violents.

b) Les gens sont heureux à la Réunion.

c) Tout l'après-midi, les garçons couraient pour servir les boissons.

d) La population augmente d'année en année.

e) Elles se rendent, la plupart du temps, au bord de la mer.

f) Indiana est à l'école de 8 h à 15 h 30.

g) Le soir, au village, les habitants et les habitantes mangent et rient.

h) Les hommes rentrent pour discuter de leur journée de travail.

i) Depuis l'arrivée des talibans, les femmes ne sont plus libres.

j) Elle lisait à l'ombre d'un arbre.

2. a) Encercle le ou les GCP dans les phrases suivantes.

   b) Dans chaque cas, indique si le GCP donne une précision de temps, de lieu ou de but.

   ❶ Les élèves allaient dans la forêt pour voir des animaux sauvages.

   ❷ La plupart du temps, il y avait foule au marché.

   ❸ De plus en plus de gens visitent la Réunion durant l'hiver.

3. Récris les phrases suivantes en déplaçant le GCP.

> La population de la ville a augmenté (en Haïti).
> 🔧 En Haïti, la population de la ville a augmenté.

a) Les hommes se rendent dans la savane tous les jours.

b) Les femmes, dans ce pays, ne sortent pas.

c) Elle n'avait pas eu de nouvelles depuis des années.

d) À 11 ans, il était heureux.

e) Elle va à ses cours de danse une fois par semaine.

Le groupe nominal et son accord

1. Dans les phrases suivantes, souligne le noyau de tous les groupes nominaux (GN). 📋

> Les <u>habitants</u> de cette <u>région</u> s'appellent les <u>Masaï</u>.

a) Alexis écoutait attentivement.

b) Vous n'avez pas voyagé longtemps.

c) Les deux filles joyeuses marchaient en souriant.

d) Sa mère entretenait le toit.

e) Les vents violents endommagent les cases fragiles.

f) Le volcan crache de la lave fumante.

g) Son père ne veut pas qu'elle sorte seule.

h) Kuntaï n'a jamais vu d'ordinateur.

2. Dans les phrases suivantes, souligne les GN dont le noyau est en gras.

> Les **touristes** visitent l'île en grand nombre.

a) Ils attendirent de longues **minutes** dans la savane.

b) Cette **île** minuscule est un trésor caché.

c) Les **animaux** sauvages représentent une réelle **menace.**

d) Cette région compte plusieurs **sites** touristiques intéressants.

e) Ce **groupe** d'aventurières observera les lions.

f) Ils seront au repos sous les **arbres** aux feuilles desséchées.

g) Le **paysage** magnifique et désertique s'étend à perte de vue.

h) Ce majestueux volcan est une **attraction** touristique.

3. a) Compose cinq phrases comprenant chacune au moins deux GN. Utilise toutes les constructions suivantes.

❶ Nom

❷ Pronom

❸ Déterminant + nom

❹ Déterminant + nom + expansion

b) Dans ces phrases, souligne les GN et encercle les noyaux.

Boussole

Dans une phrase, il y a un GN chaque fois que tu vois un nom ou un pronom.

L'aventure →

Bienvenue chez nous!

Te voici de retour à la maison après un long voyage, ailleurs dans le monde. Au cours de ce périple, tu as découvert que des jeunes de ton âge avaient des modes de vie différents du tien. Ce que tu as appris te permet de jeter un regard neuf sur ta façon de vivre. Tu peux maintenant atteindre l'objectif de cette escale, qui est de dresser le portrait de ton mode de vie.

Décris ton mode de vie dans une lettre que tu enverras à un correspondant ou à une correspondante francophone (par exemple, dans une école à l'étranger). Ta description devra être détaillée et intéressante; ainsi, ton correspondant ou ta correspondante aura une bonne idée de la façon dont tu vis. Ta lettre lui donnera certainement envie de te répondre et de te parler, à son tour, de son mode de vie.

Tout le long de ta rédaction, assure-toi de respecter les consignes suivantes.

TÂCHE	Informer en rédigeant une lettre qui décrit les différents aspects d'un mode de vie.
SUJET	Décrire le mode de vie particulier d'un jeune Québécois ou d'une jeune Québécoise.
CONTEXTE DE RÉALISATION	Trouver le correspondant ou la correspondante à l'aide d'un site Internet. La lettre sera envoyée par la poste ou par courrier électronique.

1

Préparation

Comme un ou une guide touristique qui prépare une excursion en traçant à l'avance son itinéraire et en choisissant les lieux à visiter, définis les principaux éléments de ta lettre.

Planifier sa production

a) Définir les caractéristiques de son destinataire selon le modèle de la fiche ci-contre.

b) Faire appel à son expérience personnelle pour décrire les aspects importants de son mode de vie.

c) S'assurer de faire de bonnes descriptions.

❶ Revoir les éléments essentiels d'une bonne description (*voir* p. 26).

❷ S'inspirer des descriptions contenues dans les quatre textes de l'escale.

d) Choisir deux ou trois aspects qui seront abordés dans la description du mode de vie.

- Climat
- Famille
- Habitation
- Nourriture

- Vêtements
- Éducation
- Loisirs
- Traditions

e) Dans le tableau que remettra l'enseignant ou l'enseignante, regrouper les renseignements sur son mode de vie en fonction de chacun des aspects traités.

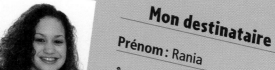

Mon destinataire

Prénom : Rania

Âge : 12 ans

Nationalité : Libanaise

Signes particuliers :
Ne parle pas très bien français.

🖹 MON MODE DE VIE	
ASPECTS	**RENSEIGNEMENTS**
Habitation	❯ J'habite dans un appartement, en banlieue de Beau-Vallon.

Réalisation

Maintenant que tout est prêt, tu peux parcourir l'itinéraire que tu as tracé: compose ta lettre.

Rédiger un brouillon

a) Relire régulièrement son texte au cours de la rédaction.

b) Tenir compte de la structure que l'on veut donner au texte.

❶ Aborder les différents aspects de la description en suivant un certain ordre (par exemple, présenter les aspects par ordre d'importance).

❷ Insérer des séquences narratives pour rendre le texte plus vivant, plus dynamique.

❸ Suivre le plan de la lettre.

c) Tenir compte des caractéristiques du destinataire.

d) Utiliser un vocabulaire précis et nuancé.

e) Construire des phrases qui contiennent les deux groupes obligatoires et y ajouter des groupes facultatifs pour les rendre plus précises.

f) Assurer la cohérence du texte en choisissant des éléments pertinents.

g) Regrouper en paragraphes les éléments liés à un même aspect.

Pour t'assurer que ta visite sera au point, refais une seconde fois l'itinéraire.

Réviser, améliorer et corriger le brouillon

a) Relire le texte afin de s'assurer que la réponse est « oui » à chacune des questions suivantes.

❶ Ce texte respecte-t-il les caractéristiques d'un texte courant?

❷ Le sujet de ce texte correspond-il à la description de ton mode de vie?

❸ Les éléments sont-ils bien regroupés en paragraphes en fonction des aspects abordés?

❹ L'information sur le mode de vie que l'on trouve dans le texte est-elle exacte?

b) Améliorer le texte en ajoutant des précisions, en éliminant des redondances grâce à des synonymes, en reformulant le propos, en variant son vocabulaire.

c) Vérifier que les phrases contiennent toujours les deux groupes obligatoires.

d) Vérifier les accords dans les groupes nominaux.

e) Vérifier l'emploi des virgules pour détacher les groupes facultatifs.

f) Utiliser le dictionnaire pour vérifier l'orthographe des mots qui suscitent des doutes.

g) Mettre le texte au propre en soignant son écriture.

Fin de la visite !

Le moment est maintenant venu de faire connaître ta production. Relis ton texte plus d'une fois pour t'assurer que tu l'as recopié sans erreurs.

Envoie ta lettre, par la poste ou par courrier électronique, à ton correspondant ou à ta correspondante.

À la fin de ta lettre, peut-être as-tu demandé à ton correspondant ou à ta correspondante de te répondre. Tu as probablement aussi invité cette personne à te faire part de ses impressions sur ton mode de vie et à décrire à son tour sa vie au quotidien. Tu pourrais lire cette lettre aux autres élèves de ta classe et l'insérer dans un album avec toutes les lettres reçues par tes camarades.

Tu pourrais aussi établir une véritable correspondance avec cette personne. Par exemple, tu pourrais lui proposer une entente en vertu de laquelle vous vous écririez une fois par mois pendant toute l'année scolaire.

Bilan

Afin de faire le bilan de ton parcours, réponds aux questions ci-dessous.

a) Quelles sont les difficultés que tu as éprouvées au cours de la rédaction de ta lettre ?

b) Quels progrès as-tu réalisés ?

c) De quelle façon les commentaires d'autres élèves t'ont-ils permis d'améliorer ton texte ?

d) Selon toi, quelles habiletés aurais-tu avantage à mieux développer ?

DEUXIÈME ESCALE

2

En forme?

Enfants et adolescents dans la MIRE des nutritionnistes

Par Jacinthe Côté

La Presse, 7 mars 2004

Tous les ans, les professionnels de la nutrition profitent du mois de mars pour faire la promotion d'une saine alimentation et d'une vie physiquement active. Cette année, c'est au tour des jeunes d'âge scolaire d'être leur point de mire. Les aspects à améliorer : la qualité nutritive des
10 repas et des collations, mais aussi le taux de participation des jeunes à des activités physiques quotidiennes.

Tout d'abord, d'après les plus récentes données canadiennes, les habitudes alimentaires de la plupart des enfants et des adolescents ne sont pas équilibrées. En effet, les carences résulteraient
20 d'une alimentation peu variée et d'une consommation accrue de pizza, de hamburgers au fromage, de grignotines salées et de boissons gazeuses. Ces aliments seraient choisis aux dépens des aliments des quatre groupes du *Guide alimentaire canadien* : produits céréaliers, légumes et fruits, produits laitiers, viandes
30 et substituts.

De plus, les jeunes Canadiens sont de moins en moins actifs et s'adonnent de plus en plus à des passe-temps sédentaires. Au diable l'activité physique ! C'est du moins ce qu'ils semblent penser. Plus les jeunes regardent la télévision ou jouent à des jeux d'ordinateur, moins
40 ils sont actifs. Une vie physiquement active ne signifie pas nécessairement la compétition ou la performance. Être actif ou active implique surtout le plaisir, la détente et l'apprentissage de nouveaux mouvements, que ce soit à l'école, entre amis ou en famille.

En somme, bien manger et
50 bouger doivent faire partie des préoccupations des jeunes. Pour que les enfants et les adolescents aient de bonnes habitudes de vie, il faut leur montrer le bon exemple ! Toutes les personnes proches des jeunes sont appelées à participer.

Jacinthe CÔTÉ, « Parents et enfants dans la mire des nutritionnistes », *La Presse* (Montréal), 7 mars 2004, p. 4.

Le junk food,[1]
pire que vous ne le pensiez !

Le junk food, c'est comme la cigarette : le danger croît avec l'usage.

par Catherine Dubé

Le *junk food* nous tue à petit feu ! La multiplication de restaurants rapides est, en effet, partiellement responsable d'un problème de société bien visible, l'obésité. On savait déjà que manger trop de *junk food* est néfaste
10 pour la santé, mais on imagine mal jusqu'à quel point ce type de nourriture perturbe notre système.

Le hamburger, le hot-dog, la pizza, le poulet frit et la frite, rois des restos-minutes, sont toujours trop gras et trop
20 salés pour notre santé. Le problème, c'est aussi ce qu'on n'y trouve pas. Cette nourriture presque exclusivement composée d'aliments peu nutritifs finit par entraîner des carences importantes en vitamines et en oligoéléments[2]. Quand le seul légume du repas est une
30 patate… frite, pas la peine de chercher de la vitamine C ou du zinc dans votre assiette. Cette alimentation est également pauvre en fibres. La laitue iceberg, qui est offerte dans les menus
40 dits santé, en contient très peu comparativement à ses consœurs. Et le pain est aussi nutritif « que du carton », souligne la diététiste Josée Nadeau !

DANGER

Le manque d'énergie, la difficulté à se concentrer, l'humeur maussade peuvent plus souvent qu'on ne le croit être mis sur le compte d'un manque nutritionnel, affirme la diététiste Frances Boyte.
« Avec le *junk food*, on a trouvé la meilleure façon d'abrutir une société », dit-elle.

1. *junk food* : expression de langue anglaise qui signifie « aliments vides ». Ces aliments sont beaucoup plus riches en calories qu'en valeur nutritive. En français, on dirait plutôt « malbouffe » ou « aliment camelote ».

2. oligoéléments : éléments chimiques indispensables au métabolisme.

P
Cu
Mn
Se Fe
I Ca
Zn

Quant à la farine raffinée utilisée pour faire le pain à hamburger ou la pâte à pizza, elle a perdu tout ce que la nature y avait mis de bon, que ce soit les fibres du son ou les oligoéléments contenus dans le germe. Même le pain « de blé entier » n'est pas à la hauteur : le plus souvent, il est fait d'une farine blanchie dans laquelle on a ajouté du son mais pas le germe. À ce titre, le pain que l'on achète à l'épicerie ne vaut pas mieux. Selon les diététistes, le seul pain digne de ce nom est celui fait de farine dite « intégrale », que l'on trouve dans les épiceries fines ou les magasins d'aliments naturels.

Mais le plus paradoxal avec le *junk food,* c'est qu'il entraîne des carences en… gras ! Pas en gras saturés, celui auquel les diététistes et les cardiologues font la guerre, mais en acides gras essentiels, les fameux oméga 3 (acide alpha-linoléique) et oméga 6 (acide linoléique).

Notre corps est incapable de fabriquer ces molécules. Or, elles sont essentielles à plusieurs processus dans l'organisme, notamment aux processus hormonaux.

Une fois le repas de *junk food* prestement avalé, notre corps nous fait souvent savoir immédiatement qu'on le maltraite.

Parce qu'on ne mastique pas suffisamment – un hamburger est habituellement avalé en deux minutes ! –, la nourriture arrive dans l'estomac en plus gros morceaux, ce qui exige plus d'effort de la part du système digestif pour en venir à bout.

On retarde aussi la digestion des sucres, qui commence dans la bouche quand on prend le temps d'imprégner la nourriture de l'amylase, une enzyme[1] présente dans la salive. L'absorption du gras par l'organisme se fait à la fin du processus de digestion, dans le duodénum[2], quand les autres nutriments ont été absorbés dans l'estomac.

L'activité physique permet d'occuper l'esprit et de moins penser à manger : un enfant qui s'ennuie se réfugie plus souvent dans les sucreries.

1. enzyme : substance protéique qui catalyse, accélère une réaction biochimique.

2. duodénum : partie initiale de l'intestin grêle accolée à la paroi abdominale postérieure.

Le gras dans lequel baigne le contenu de notre estomac retarde malheureusement le processus. Il forme carrément un film qui réduit la vitesse d'absorption des nutriments. Toute l'énergie du corps est sollicitée pour régler ce problème, ce qui en laisse peu pour faire autre chose.

Le *junk food* peut causer pratiquement tous les troubles digestifs, de l'entrée du système à sa sortie, que ce soit une mauvaise absorption des nutriments, de la constipation, des flatulences, des brûlures ou des ulcères d'estomac. Le manque de fibres peut également être à l'origine du cancer du côlon.

Cette nourriture contribue aussi à amoindrir l'efficacité des intestins. C'est une nourriture « morte », explique Josée Nadeau, une nourriture tellement cuite et transformée qu'elle ne contient plus d'enzymes ni de bactéries, comme en contiennent les yogourts et les fromages, et comme en contenaient le miel et le lait avant d'être pasteurisés.

À la longue, c'est notre flore intestinale qui en souffre. C'est tellement vrai que les bactéries sont importantes pour la digestion qu'il existe maintenant des bactéries en sachet, qu'on peut ajouter à la nourriture.

Les sucres contenus dans les *milk shakes*[1], les beignets et les chaussons, pour ne nommer que ceux-là, sont des glucides qui n'apportent rien de bon. Contrairement aux glucides complexes contenus dans des pâtes ou du pain faits de céréales entières, les glucides simples du *junk food* font augmenter le taux de sucre dans le sang de façon vertigineuse. L'organisme produit alors de l'insuline à pleine vapeur pour que ce sucre soit absorbé et que le taux redevienne normal. Mais, dans bien des cas, le taux redescend trop, ce qui nous laisse sans énergie. Pensez-y la prochaine fois que vous boirez une boisson gazeuse : elle contient huit cuillerées de sucre.

Et l'obésité dans tout cela ? Si on ne peut tenir le *junk food* seul responsable du surplus de poids, on ne peut nier sa mauvaise influence.

> Faut-il interdire la malbouffe des distributeurs automatiques dans les écoles ? De plus en plus de personnes se posent la question.

1. *milk shakes* : expression de langue anglaise qui signifie « laits fouettés ».

Les Nord-Américains élargissent surtout à cause de leur sédentarité, tous les nutritionnistes vous le diront. La preuve, on mange moins que nos ancêtres, mais on continue de grossir! Cependant, un fait demeure : le tour de taille des habitants de la planète élargit à mesure que le *junk food* gagne en popularité et qu'on néglige les cuisines locales, beaucoup mieux adaptées à certains genres de vie.

Les Français, par exemple, longtemps réputés pour leur minceur, connaissent maintenant de plus en plus de problèmes de poids. À un point tel que des écoles spécialisées accueillent de jeunes obèses en cure fermée pour leur apprendre les bonnes habitudes alimentaires.

Partout dans le monde, on grossit. La proportion d'enfants obèses serait de l'ordre de 20 % en Allemagne, 16 % en Italie et 11 % en Belgique. Ici, les chiffres font peur : une étude de Statistique Canada publiée en août annonçait que la moitié des Canadiens présentaient un problème de poids! De ce groupe, 34 % font de l'embonpoint et 12 % sont carrément obèses. Bien sûr, ce sont encore les Américains qui remportent la palme : un adulte sur trois est considéré comme obèse!

L'effet le moins perceptible, mais le plus pernicieux, de cette alimentation est l'apathie dans laquelle elle nous plonge lentement. Car c'est au niveau du système nerveux que les carences en vitamines se font le plus cruellement sentir. Le manque d'énergie, la difficulté à se concentrer, l'humeur maussade peuvent plus souvent qu'on ne le croit être mis sur le compte d'un manque nutritionnel, affirme la diététiste Frances Boyte. «Avec le *junk food,* on a trouvé la meilleure façon d'abrutir une société», dit-elle.

Peut-on s'attendre à voir un jour des avis du gouvernement annonçant le danger de consommer ces aliments avec excès, comme sur les paquets de cigarettes?

> Pensez-y la prochaine fois que vous boirez une boisson gazeuse : elle contient huit cuillerées de sucre.

Adapté de Catherine DUBÉ, «Le *junk food*, pire que vous ne le pensiez!», *Québec Science*, vol. 38, n° 3, novembre 1999, p. 14-18.

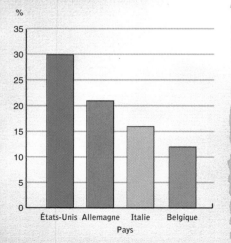

Pourcentage d'enfants en surpoids dans le monde

(États-Unis : 30, Allemagne : 21, Italie : 16, Belgique : 12)

Pays

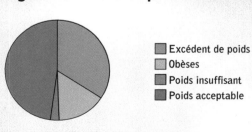

Poids de la population âgée de 18 ans et plus au Canada

- Excédent de poids
- Obèses
- Poids insuffisant
- Poids acceptable

Selon Statistique Canada, décembre 2003

La BOîte à LUNCH

revue et corrigée

Par Marie Breton,
diététiste

Les meilleurs choix santé pour quatre aliments chouchous de la boîte à lunch et une règle simple pour se composer des repas équilibrés au quotidien.

Pas de sandwich sans viande !

Soixante grammes (ou environ 3 tranches) de bologne, de salami ou de pepperoni apportent facilement 15 g de gras (sans compter le beurre sur le pain !) ; le jambon est plus maigre. Et les viandes transformées sont bourrées de sodium et d'additifs, et moins généreuses en protéines que les viandes fraîches. Les charcuteries de poulet ou de dinde ne font pas nécessairement exception.

Les meilleurs choix : les charcuteries qui affichent 500 mg de sodium et 3 g de gras ou moins par portion de 60 g. On complète en ajoutant de la laitue et des tranches de tomate ou de concombre.

Pour faire mieux : le thon émietté en boîte (attention à la mayonnaise, qui ajoute 100 calories et 11 g de gras par cuillerée à table !), la poitrine de dinde ou de poulet, le rôti de bœuf ou de porc maison, un œuf poché au micro-ondes, le végépâté, le hummos, les **charcuteries végétariennes** (leur goût pourrait vous surprendre !), sans oublier le bon vieux beurre d'arachide, si nourrissant et pratique.

Du fromage (maigre), svp !

Nous consommons en moyenne 900 g de fromage par mois. Bravo pour le calcium (et nos os) ! Mais dommage pour nos artères, car le fromage apporte plus de gras saturés que la majorité des aliments (y compris le bœuf), sans parler du cholestérol et du sodium. Trente grammes (ou l'équivalent d'un cube de 2,5 cm de côté ou de 1½ tranche de produit fondu) de fromage ordinaire (non écrémé) fournit facilement 9 g de gras, soit l'équivalent de 2 carrés de beurre.

Les meilleurs choix : les fromages à 18 % ou moins de matières grasses (MG sur l'étiquette). Ils ont au plus 5 g de gras par portion de 30 g. Même si elles sont généralement moins maigres, les **ficelles** sont amusantes à manger. Il faudra résister à la tentation d'en peler plus d'une ou de deux par semaine ! Et attention aux

70 fromages fondus (en pot ou en tranches), qui renferment deux fois plus de sodium que les fromages naturels. **Pour faire mieux :** un **yogourt** ou un **lait**, pour consommer du calcium tout en coupant dans le gras.

Du jus et rien d'autre !

De l'eau, du sucre, un colorant, un arôme, des agents de conservation, épaississants
80 et autres... Certaines boissons aux fruits n'ont aucune trace de fruit, même si leur emballage ou leur disposition en magasin à côté des vrais jus le suggèrent parfois. Seule la mention « jus » garantit qu'il s'agit de vrai jus. Pas les mots « boisson », « cocktail » ou « punch ».

90 **Les meilleurs choix : les produits à 100 % de jus, frais ou reconstitués, et non sucrés.** Idéalement, les jus de raisin ou de pomme (omniprésents !) ne devraient pas figurer comme premier ingrédient (à part l'eau) de la liste, car ils apportent moins de vitamines et de minéraux
100 que d'autres, en particulier les **jus d'orange, de pample-mousse, de prune et d'ananas.** À titre d'exemple, un verre de jus d'orange (de loin le meilleur) fournit respectivement 100 % et 25 % de la quantité de vitamine C et d'acide folique recomman-dée dans une journée, plus
110 de 10 % du magnésium et de la thiamine, en plus du cuivre, du potassium et de la vitamine B6.

Pour faire mieux : un fruit accompagné de lait. Le fruit apporte les fibres que le jus

n'a pas et le lait, du calcium, des protéines et de la vita-mine D (le lait est le seul
120 produit laitier obligatoirement enrichi de cette vitamine-soleil). Ou encore, on boit nos légumes sous la forme d'un **jus** ou d'un **cocktail de légumes.**

À la barre !

Les barres de céréales. Une garniture du genre confiture enrobée de farine blanche enrichie : voilà à quoi
130 ressemblent (malgré les beaux fruits et les céréales entières sur l'emballage !) bon nombre de barres de céréales. Parmi celles qui sont faites de vrais fruits, certaines renferment plus de sucre que de fruits. D'autres, « avec avoine », contiennent plus de farine blanche que
140 d'avoine entière.

Les barres *granola*. Elles sont traditionnellement à base d'avoine entière, de noix,

de raisins secs et de miel. Mais de nombreux fabricants, en les fourrant de chocolat, de caramel ou de guimauve, en ont presque fait du bonbon ! Quant à l'enrobage au yogourt, il se compose à peu de chose près de sucre, de gras (souvent une huile de coco ou de palmiste hydrogénée, un gras plus saturé) et d'un soupçon de poudre de yogourt.

Les meilleurs choix : les barres sans enrobage ni bonbon qui contiennent un maximum de 3 g de gras et de 14 g de sucres (l'équivalent de 3 cuillerées à thé de sucre de table). Les huiles de coco, de palme ou de palmiste, plus saturées, ne devraient pas compter parmi les premiers ingrédients sur la liste.

Pour faire mieux : un sachet de fruits séchés et de céréales entières ou des tranches de banane ou d'autres fruits dans une tartine de pain à 100 % de blé entier, pour plus de fruits et de grains entiers.

La règle de quatre

C'est la façon la plus efficace et la plus simple d'**assurer un lunch équilibré** à chaque membre de la famille. C'est quoi ? Un repas composé d'au moins un aliment de chacun des quatre groupes : fruits et légumes, produits céréaliers (pain, céréales, muffin, riz, pâtes), produits laitiers (lait, yogourt, fromage) et viandes et substituts (œuf, légumineuses, beurre d'arachide, noix, graines, tofu, charcuteries végétariennes). Ces aliments peuvent se retrouver dans un seul mets (un sandwich à la dinde avec gruyère, tomate et luzerne) ou en pièces détachées (un œuf dur, un jus de légumes, un muffin et un yogourt).

Et pas besoin de faire deux lunchs : petits et grands peuvent manger la même chose. Ce qui varie, c'est la grosseur des portions (l'appétit est notre meilleur guide). **Pourquoi ?** Pour aller chercher le maximum de **nutriments** et les **combustibles** (glucides, protéines et gras) nécessaires pour donner son plein rendement jusqu'au prochain repas. Les glucides, les **protéines** et les **gras** contribuent à la satiété et au maintien d'un bon niveau d'énergie, mais de façon différente et complémentaire. En les combinant à chaque repas, on a faim moins vite et on ne risque pas de manquer d'énergie entre les repas.

Adapté de Marie BRETON, diététiste, « La boîte à lunch revue et corrigée », *Coup de pouce*, septembre 2002, p. 121-124.

* Produits céréaliers

Choisissez de préférence des produits à grains entiers ou enrichis.

* Légumes et fruits

Choisissez plus souvent des légumes vert foncé ou orange et des fruits orange.

* Produits laitiers

Choisissez de préférence des produits laitiers moins gras.

Le guide alimentaire
CANADIEN
POUR MANGER SAINEMENT
À L'INTENTION DES
QUATRE ANS ET PLUS

* Viandes et substituts

Choisissez de préférence viandes, volailles et poissons plus maigres et légumineuses.

GLIK ET GLUK
LES PERSONNAGES

LABO DE GLIK

GLIK

GRAND INVENTEUR, LE SAVANT GLIK NE MANQUE PAS D'IDÉES QU'IL AIME EXPÉRIMENTER DANS SON LABO. SON COBAYE PRÉFÉRÉ EST SON AMI GLUK.

GLUK

VRAI GOURMET (ET GOURMAND), GLUK N'EST PAS DIFFICILE. IL AVALE N'IMPORTE QUOI. IL DÉTESTE SERVIR DE COBAYE À SON AMI GLIK.

GLUNK

NEVEU DE GLUK ET MEILLEUR AMI DE GLOUK, C'EST UN JEUNE REBELLE... UNE VRAIE CALAMITÉ !

GLUKETTE

FIANCÉE DE GLUK. (MAIS GLUK N'EST PAS AU COURANT.)

GLOUK

NEVEU DE GLIK, IL LUI RESSEMBLE BEAUCOUP. IL EST BIEN MALGRÉ LUI COMPLICE DES FRASQUES DE SON AMI GLUNK.

GRAND-PAPA GLOK

TOUT CE QU'ON SAIT DE LUI C'EST QU'IL EST *TRÈS TRÈS TRÈS* VIEUX...

Des résolutions à croquer !

GLUK, GRANDE NOUVELLE: J'AI FAIT MA LISTE DE RÉSOLUTIONS DU NOUVEL AN !

VOICI MON UNIQUE RÉSOLUTION: «JE SERAI *MOINS AUTORITAIRE* AVEC GLUK.»

EXCELLENTE IDÉE.

... ET CE N'EST PAS TOUT ! J'AI UN *CADEAU* POUR TOI !

TA LISTE DE RÉSOLUTIONS !

GLOUP

RÉSOLUTION 1: «JE NE MANGERAI PLUS LES BANANES AVEC LA PELURE...»

HEIN? MAIS C'EST LE MEILLEUR !

FAIS DONC LA VAISSELLE, ÇA T'OCCUPERA.

RÉSOLUTION 2: «JE NE MANGERAI PLUS LA VAISSELLE AU LIEU DE LA LAVER !»

ZUT !

JE VAIS DEHORS.

C'EST ÇA ! VA PELLETER !

RÉSOLUTION 3 :«JE NE MANGERAI PLUS LA NEIGE AU LIEU DE LA PELLETER.»

CROUNCH CROUNCH

DANS CE CAS, JE MONTE FAIRE MES DEVOIRS.

CROUNCH CROUNCH

RÉSOLUTION 4: «JE NE MANGERAI PLUS MES DEVOIRS AU LIEU DE LES FAIRE...»

OUPS !

2+2 = 3

Serge GABOURY, «Des résolutions à croquer!» *Le retour de Glik et Gluk*, Montréal, Éditions Mille-îles, 2001, p. 5, 8 et 9.

DEUXIÈME ESCALE

Tous les gens le disent : les jeunes mangent mal et sont de moins en moins actifs. Mais est-ce vraiment le cas? Déforme-t-on la réalité, ou les spécialistes ont-ils raison de s'inquiéter? Quel est l'état de santé des adolescents et des adolescentes? Et la situation est-elle meilleure chez les adultes? À toi de le découvrir en analysant les éléments de la situation!

Au cours de cette deuxième escale, tu t'informeras pour mieux te représenter une réalité. Tu rendras ensuite compte de tes observations et tu proposeras, éventuellement, des pistes de solutions pour résoudre un problème. Ce faisant, tu réfléchiras à ta propre condition en prenant conscience des conséquences de ton choix personnel sur ta santé et ton bien-être. Durant cette expédition, tu assumeras tes responsabilités quant à l'adoption de saines habitudes de vie. Finies les excuses, il est temps de prendre de bonnes résolutions!

L'aventure →

Tu réaliseras un sondage auprès des personnes de ton entourage afin de dresser un portrait de leurs habitudes de vie et de leur état général de santé. Tu présenteras ensuite les résultats de ton enquête aux élèves de ta classe et, au besoin, tu proposeras certains changements pour que les gens puissent améliorer leur santé.

DEUXIÈME ESCALE 2

En forme?

En forme?

Itinéraire

En suivant ce parcours, tu ajouteras à ton bagage certaines compétences. En effet, l'expert ou l'experte en matière de santé doit posséder de multiples connaissances et avoir plus d'une stratégie dans son sac!

Lecture

Grammaire

Écriture

Communication orale

Embarquement

Une banane

250 ml
de maïs soufflé nature

Gâteau aux carottes
maison avec glaçage au
fromage à la crème

250 ml de noix et
de fruits séchés

10 croustilles
à assaisonnement
barbecue

10 croustilles
de maïs nature

250 ml de macaroni
au fromage

Un hamburger garni
de ketchup et
de moutarde

250 ml de lait frappé
au chocolat

Un hot-dog nature

250 ml
de jus d'orange frais

250 ml
de boisson gazeuse

a) Examine attentivement les paires d'aliments présentées ci-dessus.

b) Discute avec d'autres élèves. Ensemble, trouvez l'aliment de chaque
paire qui compte le plus de kilojoules[1].

c) Écoute les réponses que te donne ton enseignant ou ton enseignante.

d) Selon toi, le nombre de kilojoules est-il un indicateur fiable en ce qui
a trait à la qualité nutritive d'un aliment?

---

1. kilojoules : unité de mesure d'énergie valant
1000 joules. 418 kilojoules équivalent à 100 calories.

Lecture et appréciation des textes

Enfants et adolescents dans la mire des nutritionnistes 📖 *p. 48*

Planification

Survole le texte en prêtant une attention particulière à son titre, à sa forme et à sa référence.

1. Selon toi, de quel sujet sera-t-il question dans le texte?

2. Pourquoi crois-tu que les nutritionnistes s'intéressent particulièrement à l'alimentation des jeunes?

3. a) À ton avis, s'agit-il d'un texte courant ou d'un texte littéraire?

   b) Quels indices te le laissent croire?

- Lis le texte *Enfants et adolescents dans la mire des nutritionnistes* pour découvrir les aspects que les jeunes d'âge scolaire doivent améliorer pour améliorer leur santé.

- Tente d'établir des liens entre des éléments du texte et ton propre bagage de connaissances.

Cap sur les mots

La dérivation

Pour former des mots, on a souvent recours à la **dérivation,** qui est un procédé consistant à ajouter un ou des éléments à un **mot de base.** Si l'élément ajouté est placé au début du mot de base, il s'agit d'un **préfixe.** S'il est placé à la fin du mot de base, il s'agit d'un **suffixe.** Contrairement au préfixe, le suffixe **peut changer** la classe grammaticale du **mot dérivé.**

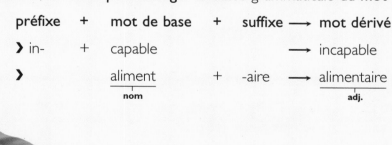

préfixe	+	mot de base	+	suffixe	⟶	mot dérivé
❭ in-	+	capable			⟶	incapable
❭		aliment *nom*	+	-aire	⟶	alimentaire *adj.*

Les préfixes et les suffixes ont **différents sens,** et sont souvent d'origine grecque ou latine.

La dérivation est très utile, car elle permet d'**assurer la continuité** de l'information tout en allégeant ou en variant l'expression d'une idée.

> Bien s'**alimenter** est essentiel. En effet, une **alimentation** saine nous aide à demeurer en santé.

Forme des mots dérivés avec les mots ci-dessous.
Utilise au besoin les tableaux des principaux préfixes et suffixes. ... p. 324

❶ groupe   ❸ physique   ❺ action

❷ nutrition   ❹ produire   ❻ venir

Compréhension et interprétation

1. En tenant compte du contexte, trouve dans le texte *Enfants et adolescents dans la mire des nutritionnistes*:

   a) la classe du mot *jeunes* (ligne 7);

   b) un synonyme au mot *équilibrées* (ligne 18);

   c) le sens du mot *sédentaires* (ligne 34).

2. a) Associe cinq aliments à chacun des quatre groupes alimentaires.

   b) Dans le texte, on parle des «professionnels de la nutrition». Nomme deux métiers qui pourraient entrer dans cette catégorie.

3. a) Relève, dans le texte, les deux principaux problèmes dont on fait mention.

   b) Propose une solution à chacun d'eux.

   c) Consigne tes réponses dans un tableau semblable à celui ci-dessous.

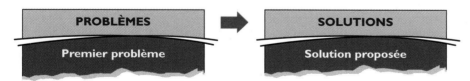

PROBLÈMES	➡	SOLUTIONS
Premier problème		Solution proposée

4. Te ranges-tu du côté des adolescents et des adolescentes qui font attention à leur alimentation et à leur forme physique? Explique ta réponse.

Bagage de connaissances

Le plan du texte courant

Le texte courant, qui peut être descriptif, argumentatif ou explicatif, entre autres, traite d'un sujet central subdivisé en différents aspects. On le découpe en trois parties : une **introduction**, un **développement** et une **conclusion**.

Introduction

L'introduction tient habituellement dans un paragraphe de quelques lignes. On y présente habituellement un **contexte élargi** (sujet amené) servant à introduire le **sujet du texte** qui est ensuite précisé (sujet posé). Ensuite, on révèle parfois les **aspects** dont il sera question dans le développement (sujet divisé). Il arrive que l'introduction soit précédée d'un chapeau, soit un court texte placé après le titre pour présenter le texte qui suit. On distingue facilement le chapeau puisqu'il est généralement écrit en gras ou en italique.

Développement

Dans le développement, on divise le sujet en différents aspects. Les aspects sont des idées développées en relation avec le sujet du texte. Le développement compte souvent plusieurs paragraphes. Dans un texte courant, chaque paragraphe traite habituellement d'un aspect particulier. Il peut aussi s'agir d'un ensemble de paragraphes où l'on élabore des sous-aspects d'un même aspect. Souvent, les paragraphes du développement sont précédés d'un intertitre annonçant l'aspect qui sera développé.

Exemple :

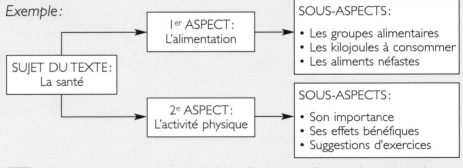

Conclusion

La conclusion ne compte habituellement qu'un seul paragraphe. Dans cette partie, on rappelle le sujet du texte et les principaux aspects qui ont été traités. Ensuite, on formule un souhait, un conseil, une recommandation, ou on donne son opinion.

a) Dans la fiche que te remettra ton enseignant ou ton enseignante, dresse le plan du texte *Enfants et adolescents dans la mire des nutritionnistes.*

b) Note les renseignements demandés pour chacune des parties: l'introduction, le développement et la conclusion.

c) Pour chacun des aspects abordés, propose un intertitre original qui révélera le contenu du paragraphe qui le suit.

PLAN DU TEXTE COURANT	
Introduction (Lignes ▇ - ▇)	Sujet amené: ▇▇▇▇▇▇▇
	Sujet posé: ▇▇▇▇▇▇
	Sujet divisé (aspects annoncés, s'il y a lieu): ▇▇▇▇
Développement (Lignes ▇ - ▇)	Premier aspect: ▇▇▇▇▇
	Intertitre proposé: ▇▇▇▇▇
(Lignes ▇ - ▇)	Second aspect: ▇▇▇▇
	Intertitre proposé: ▇▇▇
Conclusion (Lignes ▇ - ▇)	Fermeture (rappel du sujet et des aspects traités): ▇▇▇
	Ouverture (souhait, conseil, recommandation ou opinion): ▇▇▇

Boussole

Rappelle-toi qu'il existe deux façons d'indiquer un changement de paragraphe:

> en insérant un alinéa;

> en séparant les paragraphes par un blanc.

L'aventure →

Le plan du texte courant t'aidera à présenter les résultats de ton entrevue.

Bagage de connaissances

Les organisateurs textuels

L'aventure →

Les organisateurs textuels te seront précieux pour organiser tes idées au moment de ta présentation orale.

Pour ordonner les nombreux renseignements présentés dans les textes courants, on doit utiliser certains modes d'organisation du texte. À l'instar de la division du texte en paragraphes, certains mots servant à organiser le texte peuvent s'avérer utiles.

Ainsi, certains mots, groupes de mots ou phrases, appelés **organisateurs textuels,** révèlent les articulations du texte en indiquant l'**ordre** ou la **progression** du contenu. Ils facilitent la compréhension générale du texte en reliant les idées entre elles et en les faisant progresser grâce à l'information nouvelle qu'elles contiennent. . . . . p. 289

Ces organisateurs textuels expriment, entre autres, une valeur :

- **de temps ;**
  > *quelques jours plus tard, le lendemain, l'année dernière, depuis ce temps, lorsque, en 2010, etc.*

- **de lieu ;**
  > *de ce côté, à l'extérieur, au sud, tout près, à droite, un peu plus loin, en dessous, plus bas, etc.*

- **de séquence.**
  > *en premier lieu, pour débuter, pour commencer, deuxièmement, de plus, pour poursuivre, en terminant, pour conclure, etc.*

Repère cinq organisateurs textuels dans le texte *Enfants et adolescents dans la mire des nutritionnistes.*

Le *junk food*, pire que vous ne le pensiez!

p. 49

Planification

Lis le titre et le sous-titre de ce texte, et examine les photographies qui l'accompagnent.

a) À l'aide de ces éléments, es-tu en mesure de déterminer l'opinion de l'auteure?

b) Si oui, quelle est-elle?

- Lis le texte *Le junk food, pire que vous ne le pensiez!* pour t'informer sur la malbouffe et pour mieux comprendre ses effets néfastes.

- Prête une attention particulière au titre et au sous-titre. Ils t'aideront à cerner le sujet central du texte et les aspects traités.

- Au cours de ta lecture, note les effets dommageables de la malbouffe sur la santé.

Boussole

Attention de ne pas confondre le sous-titre avec les intertitres.

Cap sur les mots

Le vocabulaire exprimant la cause, la conséquence et la comparaison

Pour expliquer un concept ou un phénomène, on utilise souvent un vocabulaire qui permet de rendre plus évidents les liens logiques qu'il contient. Ainsi, les personnes qui écrivent emploient souvent un **vocabulaire** permettant l'expression de la **cause** et de la **conséquence**. De même, elles utilisent un vocabulaire associé à la **comparaison** qui permet d'établir des parallèles avec des éléments connus des lecteurs et des lectrices.

1. Examine attentivement le tableau présentant le vocabulaire exprimant la cause, la conséquence et la comparaison. ...  p. 328

L'aventure →

Tu emploieras des mots permettant l'expression de la comparaison lorsque viendra le temps de comparer les résultats obtenus chez les adolescents, les adolescentes et les adultes.

2. a) Relève, dans le texte, deux phrases contenant des comparaisons et écris-les.

b) Encercle les mots qui permettent l'expression de la comparaison.

3. a) Lis les phrases ci-dessous en prêtant une attention particulière aux parties soulignées.

❶ Cette nourriture presque exclusivement composée d'aliments peu nutritifs finit par entraîner <u>des carences importantes en vitamines et en oligoéléments</u>.

❷ Le *junk food* peut causer <u>pratiquement tous les troubles digestifs</u>.

❸ <u>Le manque de fibres</u> peut également être à l'origine du cancer du côlon.

❹ Les Nord-Américains élargissent surtout à cause de <u>leur sédentarité</u>, tous les nutritionnistes vous le diront.

❺ L'effet le moins perceptible, mais le plus pernicieux, de cette alimentation <u>est l'apathie dans laquelle elle nous plonge lentement</u>.

b) Indique ce que représentent les parties soulignées, une cause ou une conséquence.

c) Relève les mots qui t'aident à trouver, dans chaque cas, la réponse.

Compréhension et interprétation

1. Au cours de ta lecture du texte *Le junk food, pire que vous ne le pensiez !*, tu as noté plusieurs effets néfastes du *junk food*. Parmi les effets proposés ci-dessous, lequel n'est pas indiqué dans le texte ?

a) Le *junk food* est partiellement responsable des problèmes d'obésité.

b) Le *junk food* entraîne plusieurs carences importantes dans l'organisme.

c) Le *junk food* cause des troubles digestifs.

d) Le *junk food* accélère le vieillissement.

e) Plus souvent qu'on ne le croit, le *junk food* provoque un manque d'énergie.

Boussole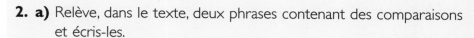

L'italique est un caractère typographique légèrement incliné vers la droite qu'on utilise, notamment, pour écrire un mot en langue étrangère ou d'origine étrangère. Les guillemets peuvent aussi être employés à cette fin.

2. Explique brièvement les phrases suivantes.

a) Le *junk food* nous tue à petit feu !

b) Mais le plus paradoxal avec le *junk food,* c'est qu'il entraîne des carences en… gras.

c) L'effet le moins perceptible, mais le plus pernicieux, de cette alimentation est l'apathie dans laquelle elle nous plonge lentement.

3. À la fin du texte, l'auteure se demande si, un jour, on verra des avis gouvernementaux mettant en garde la population contre la consommation excessive de *junk food,* comme sur les paquets de cigarettes.

a) Discute avec quelques élèves de la pertinence de cette proposition. Ensemble, déterminez s'il s'agit d'une bonne idée, puis expliquez votre réponse.

b) Imaginez maintenant que vous formez une équipe de concepteurs et de conceptrices de campagnes publicitaires. Comment ferez-vous pour sensibiliser les jeunes à l'importance d'une alimentation saine ? Précisez :

❶ le ou les médias qui seront employés pour atteindre la population ciblée ;

❷ le contenu du message ;

❸ la personnalité qui pourrait agir comme porte-parole de votre campagne.

c) Présentez votre concept à la classe.

4. a) Trouve, dans le texte, un synonyme du mot *junk food* employé régulièrement.

b) Pourquoi l'auteure recourt-elle à ce synonyme ?

5. Ta perception de la malbouffe a-t-elle changé après avoir lu ce texte ? Explique ta réponse en rédigeant un court paragraphe de cinq lignes.

Bagage de connaissances

Les intitulés

Les **intitulés** d'un texte renseignent quant au contenu d'un ou de plusieurs paragraphes en annonçant le **sujet** dont il sera question et les **aspects** ou **sous-aspects** qui seront abordés. Souvent, lorsque le sujet du texte est lié à l'actualité, les intitulés sont utilisés pour capter l'attention du lecteur ou de la lectrice; on emploie alors des mots évocateurs.

Les intitulés

- **Le surtitre:** placé au-dessus du titre, le surtitre est un grand titre qui fait généralement référence au thème abordé.
  - ❯ Santé

- **Le titre:** il informe généralement le lecteur ou la lectrice du sujet du texte.
  - ❯ Le *junk food*, pire que vous ne le pensiez!

- **Le sous-titre:** généralement placé sous le titre, il présente une idée qui complète celle du titre.
  - ❯ Le *junk food*, c'est comme la cigarette: le danger croît avec l'usage.

- **Les intertitres:** ils annoncent habituellement les aspects du sujet qui seront traités.
  - ❯ (Aucun intertitre dans ce texte.)

Les intitulés et la ponctuation

La plupart du temps, le point n'est pas utilisé dans les intitulés, même s'il s'agit d'une phrase déclarative. Selon le contexte, il est possible d'ajouter un point d'exclamation, des points de suspension ou un point d'interrogation.

La formulation des intitulés

Souvent, les intitulés présentent des phrases:

- non verbales;
- impersonnelles;
- infinitives.

- ❯ Problèmes de santé à l'horizon…
- ❯ Il faut en manger avec modération!
- ❯ Manger mieux n'est pas sorcier

a) Lis le texte *Mettre de la santé dans son assiette!*

b) Remplis ensuite un tableau semblable à celui ci-dessous.

INTITULÉS			
TYPES	**INTITULÉS TIRÉS DU TEXTE**	**CONSTRUCTION DE LA PHRASE**	**PONCTUATION UTILISÉE**
Surtitre	███████	███████	███████
Titre	› *Mettre de la santé dans son assiette!*	Phrase infinitive.	Point d'exclamation.
Sous-titre	███████	███████	███████
Intertitres	███████	███████	███████

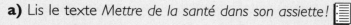

Bagage de connaissances

Le discours rapporté direct et indirect

Dans un texte, on utilise le **discours rapporté** pour reprendre les paroles énoncées par toute personne autre que l'auteur ou l'auteure du texte. On indique alors la provenance du discours rapporté.

› « Et le pain est aussi nutritif que du carton », souligne <u>la diététiste Josée Nadeau</u> !

› <u>Cette professionnelle de la santé</u> a dit de ne pas en manger trop souvent.

On emploie le **discours rapporté direct** pour **rapporter textuellement** les paroles prononcées ou écrites par quelqu'un d'autre. Il peut s'agir d'un **mot**, d'une **expression**, d'une ou de plusieurs **phrases**. Le discours rapporté direct se présente sous différentes formes.

Formes

Discours rapporté direct
- Un mot ou une expression entre guillemets
- Une phrase ou une citation
- Un monologue
- Un dialogue

> **L'aventure** →
>
> Tu pourras rapporter les propos des personnes interrogées au cours du sondage en te servant du discours rapporté direct ou indirect.

Généralement, certains **indices** permettent de reconnaître les **paroles rapportées directement**.

- Pour les introduire, on peut employer le deux-points, les guillemets et, parfois, le caractère italique ou les tirets.

- Elles sont introduites par des **verbes de parole** comme *dire, répondre, affirmer,* etc.

- Elles sont souvent accompagnées par une **phrase incise** qui précise l'identité de la personne ou du personnage à qui l'on attribue les propos, le ton employé, etc. La phrase incise est isolée par une virgule ou encadrée de virgules.

  > «Le manque d'énergie, la difficulté à se concentrer, l'humeur maussade peuvent plus souvent qu'on ne le croit être mis sur le compte d'un manque nutritionnel», **affirme la diététiste Frances Boyte.**

On emploie le **discours rapporté indirect** pour rapporter les paroles écrites ou dites par une personne en reformulant ses propos. Pour ce faire, certains changements sont donc nécessaires. La ponctuation du discours rapporté direct n'est pas présente dans le discours rapporté indirect. Plusieurs éléments grammaticaux peuvent changer lorsqu'on reformule des propos : le mode et le temps des verbes, les déterminants, les pronoms, les adverbes, etc.

> Luc lui a dit : «**Cesse** de manger cette nourriture grasse !» (Discours rapporté direct)

> Luc lui a dit **de cesser** de manger cette nourriture grasse. (Discours rapporté indirect)

De plus, les paroles rapportées indirectement:

- suivent habituellement un verbe de parole;
- sont souvent introduites par les mots *que* ou *de*.

> ❯ La diététiste Josée Nadeau **souligne que** le pain est aussi nutritif que du carton.

a) Indique, dans chaque cas, si la phrase relève du discours rapporté direct ou du discours rapporté indirect.

❶ «Avec la malbouffe, on a trouvé la meilleure façon d'abrutir une société», dit-elle.

❷ Le gouvernement annoncera peut-être qu'il est dangereux de consommer ces aliments avec excès.

❸ Cette élève a demandé à la nutritionniste de lui expliquer l'effet de la malbouffe sur le système digestif.

❹ Sarah-Jade admet consommer de la malbouffe à l'occasion: «J'ai une alimentation saine, mais je me permets parfois quelques écarts de conduite!»

b) Note les indices qui t'ont permis de trouver la réponse.

La boîte à lunch revue et corrigée 📖 *p. 53*

Planification

Survole le texte.

a) Trouve le sujet du texte.

b) Détermine s'il s'agit d'un texte courant ou d'un texte littéraire.

- Lis le texte *La boîte à lunch revue et corrigée* pour faire un choix éclairé en ce qui a trait au contenu de ta boîte à lunch.

- Prête une attention particulière au texte sous l'intertitre *La règle de quatre.* Ce contenu te sera utile pour réaliser ta tâche d'écriture.

Compréhension et interprétation

1. Associe chacun des intertitres du texte *La boîte à lunch revue et corrigée* à un ou à des groupes alimentaires.

2. Dans le texte, on indique que les aliments énumérés ci-dessous contiennent du sodium, sauf un. De quel aliment s'agit-il ?

    a) La viande transformée.

    b) Le fromage naturel.

    c) Le fromage fondu.

    d) La barre de céréales ou la barre *granola*.

3. Explique ce que l'auteure veut dire lorsqu'elle précise que les glucides, les protéines et les gras contribuent à la satiété.

4. a) En t'inspirant de la règle de quatre, compose un menu santé des plus appétissants.

    b) Discute avec d'autres élèves des menus composés.

    c) Note les menus intéressants qui t'ont été proposés et essaie-les dans tes lunchs.

5. Le contenu habituel de ta boîte à lunch ou le repas offert par la cafétéria de ton école respectent-ils l'équilibre souhaité par l'auteure du texte ? Explique ta réponse.

Journal de bord

La nourriture est vraiment un repère culturel ! Note dans ton journal de bord les mets que tu considères comme représentatifs de la culture québécoise, puis explique ce qui les rend typiques.

Bagage de connaissances

La langue standard et la langue familière

1. a) Lis le texte des encadrés ci-dessous.

> — T'es mieux de v'nir m'aider à popoter, sinon ça sera pas mangeable, vraiment pas mangeable!

> — J'espère que tu viendras m'aider à cuisiner, sinon la nourriture ne sera pas très bonne.

Boussole

Dans toutes tes communications orales ou écrites, adopte la langue standard.

b) À ton avis, quel propos relève de la langue familière? Justifie ta réponse.

La **langue familière** s'inspire de l'oral. Elle est fréquemment employée dans les conversations courantes avec les camarades et la famille. Dans un texte, elle convient parfaitement aux dialogues: elle rend les personnages plus crédibles et réalistes, et révèle leur statut social et leur niveau de scolarité, par exemple. La langue familière présente certaines particularités:

- le vocabulaire employé est simple et souvent imprécis (*chose, ça,* etc.);

- les mêmes mots sont souvent répétés;

- le *ne* de négation est absent;

- des syllabes ou des mots entiers sont escamotés ou effacés.

Pour raconter une histoire ou pour expliquer ou décrire certains éléments d'un texte, on utilise souvent la **langue standard.** Les structures de phrases de cette langue sont conformes aux normes, et le vocabulaire utilisé est correct et compris par tout le monde.

2. a) Lis la bande dessinée *Des résolutions à croquer!* à la page 56.

b) Détermine si la langue employée est familière ou standard.

c) Justifie ta réponse à l'aide de deux exemples tirés du texte.

Bilan

1. Parmi les textes lus dans cette escale, lequel t'a fait le plus réagir? Quelles ont été tes réactions au regard de ce texte?

2. a) Les textes que tu as lus t'ont-ils fait réfléchir sur ton alimentation et ta santé en général? Justifie ta réponse.

    b) Comptes-tu modifier certaines de tes habitudes de vie? Si oui, lesquelles?

3. En prenant connaissance de plusieurs données, tu as pu constater que, partout dans le monde, les jeunes sont de moins en moins actifs et beaucoup se heurtent à des problèmes liés à de mauvaises habitudes alimentaires. Crois-tu que la situation peut s'améliorer? Explique ta réponse.

4. As-tu découvert les aspects que les jeunes d'âge scolaire doivent améliorer pour être davantage en santé?

5. Établir des liens entre des éléments d'un texte et ton propre bagage de connaissances t'aide-t-il à mieux saisir le sens du texte? Explique ta réponse.

6. Maintenant, es-tu en mesure de préciser les effets nocifs de la malbouffe et de faire un meilleur choix alimentaire?

7. Les intitulés t'ont-ils permis de préciser le sujet central d'un texte et les différents aspects traités? Explique ta réponse.

Fonctionnement de la langue

Le groupe adjectival (GAdj)

Point de repère

L'adjectif indique l'état d'une chose ou d'un être. Il peut aussi exprimer une qualité que possède un être ou une chose. L'adjectif est placé **avant** ou **après** le nom qu'il accompagne. Certains adjectifs proviennent d'une forme verbale : ce sont des participes passés employés comme adjectifs ; on les appelle **adjectifs participes** (adj. p.). L'adjectif peut aussi accompagner un verbe attributif, *être*, *sembler*, *rester* ou *devenir*, par exemple.

Exploration

a) Lis les phrases ci-dessous en prêtant une attention particulière aux groupes de mots soulignés.

❶ Le chef est <u>fier de ce festin</u>.

❷ <u>**Professionnels**</u>, les spécialistes de la nutrition font la promotion d'une <u>**saine**</u> alimentation et d'une vie <u>**active**</u>.

❸ Tous les plats <u>**présentés** pour la table d'hôte</u> semblent <u>**succulents**</u>.

❹ Un légume <u>**vert foncé**</u> ou <u>**orange**</u> complète bien un repas.

❺ <u>**Accueillant**</u>, le maître d'hôtel reçoit chaleureusement les <u>**nombreux**</u> invités.

❻ Ces croquettes, <u>**panées**</u> et <u>**frites** dans l'huile</u>, contiennent beaucoup de kilojoules.

b) À quelle classe de mots les noyaux en gras dans les groupes de mots soulignés appartiennent-ils ?

c) Ces noyaux sont-ils variables ou invariables ? S'ils varient, comment s'accordent-ils ?

d) Ces noyaux peuvent-ils être accompagnés d'expansions ?

e) Dans la phrase ❹, parmi les mots en gras, lequel est simple et lequel est composé ? Justifie ta réponse.

f) Dans quelles phrases les groupes soulignés sont-ils détachés à l'aide d'une ou de deux virgules ?

Tour d'horizon

1. L'adjectif est le **noyau** du groupe adjectival (GAdj). Ce noyau peut être accompagné d'une expansion, un groupe prépositionnel (GPrép), qui jouera le rôle de complément de l'adjectif.

> Emma est **heureuse** de recevoir sa famille.
>
>   adj.   +   GPrép
>   GAdj

2. Certains adjectifs sont **simples** : ils s'écrivent en un mot. D'autres sont **composés** : ils s'écrivent en plusieurs mots.

> Il hésita entre la nappe **blanche** et les napperons **bleu marine**.
>
>   adj. simple   adj. composé

3. a) L'adjectif est un **receveur** : noyau du GAdj, il reçoit le genre et le nombre du nom ou du pronom avec lequel il est en relation.

> Le chef choisit des **aliments nutritifs**. Il est **exigeant**.
>
>   masc. pl.   masc. sing.

b) Les adjectifs participes sont variables en genre et en nombre, et s'accordent comme les autres adjectifs. On les considère comme de simples adjectifs.

> La recette **terminée**, nous avons lavé la vaisselle.
>
>   fém. sing.

4. Certains adjectifs ont un féminin ou un pluriel particulier. . . . . p. 302

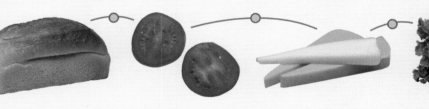

5. Le GAdj peut être détaché des autres constituants de la phrase à l'aide d'une ou de deux virgules.

> **Exquis**, ces croque-monsieur disparaissent à vue d'œil !

6. Le GAdj peut jouer différents rôles : il peut être complément du nom ou attribut du sujet.

> Le plat **choisi** semble **succulent**.
>
>   C du nom   attr. du sujet

2

La fonction de complément du nom

Point de repère

Le noyau du groupe nominal (GN) peut être un nom commun, un nom propre ou un pronom.

Le déterminant est souvent le premier mot dans le GN.

Le GN peut prendre de nombreuses formes, selon les expansions qu'on ajoute au noyau.

Exploration

a) Lis les phrases ci-dessous en prêtant une attention particulière aux GN soulignés.

❶ Les **mets** italiens, mes préférés, sont toujours bien rehaussés.

❷ Rassasiées, les nombreuses **convives** ont quitté le **restaurant** thaïlandais.

❸ Aimant expérimenter, cette **cliente** examine le **menu** varié.

❹ La **cuisine** de ce restaurant est impeccable!

❺ Les **gens** qui ont goûté à ce plat n'ont pas été déçus.

❻ Le **chef** Painchaud innove constamment.

❼ **Amélia**, ma cousine, a essayé ma célèbre **recette** de sauce à spaghettis.

b) Quel rôle les mots en gras dans les GN ci-dessus jouent-ils?

c) Efface les mots soulignés qui accompagnent les mots en gras et qui ne sont pas des déterminants. Les phrases restent-elles correctes malgré l'effacement de ces expansions?

d) À ton avis, quelle est l'utilité de ces expansions?

e) Quels sont les groupes de mots qui peuvent compléter les noyaux en gras?

f) Qu'ont de particulier certains GN des phrases ❶, ❷, ❸ et ❼?

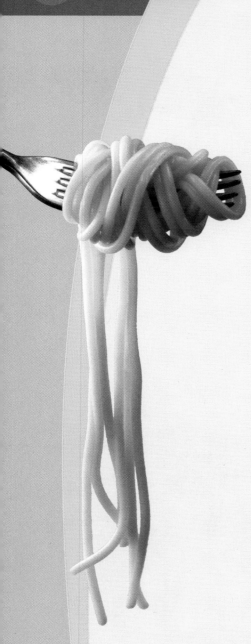

Tour d'horizon

1. Divers éléments peuvent compléter un nom pour le rendre plus précis. Toutes ces **expansions** font partie du groupe nominal (GN) et remplissent la fonction de **complément du nom**. Il peut s'agir

- d'un groupe adjectival (GAdj);

  > Le copieux **repas** terminé, l'hôtesse a pu se reposer.
  >
  > dét.   GAdj   n.   GAdj
  >
  > GN

- d'un autre GN;

  > Ma **sœur** Émilie adore les pâtes.
  >
  > dét.   n.   GN
  >
  > GN

- d'un groupe prépositionnel (GPrép);

  > La **cuisine** de ma mère reste imbattable!
  >
  > dét.   n.   GPrép
  >
  > GN

- d'un groupe verbal participe (GVpart);

  > Ce **cuisinier**, visant toujours l'excellence, exige les meilleurs ingrédients.
  >
  > dét.   n.   GVpart
  >
  > GN

- d'une phrase subordonnée relative (sub. relat.).

  > Ce **fromage**, qui renferme beaucoup moins de sodium, .
  >
  > dét.   n.   sub. relat.
  >
  > GN

  constitue un meilleur choix.

2. Les expansions exerçant la fonction complément du nom sont généralement placées après le nom.

3. Elles sont généralement effaçables, donc facultatives.

  > 🔧 Ce cuisinier, ~~visant toujours l'excellence~~, exige les meilleurs ingrédients.

4. Parfois, l'expansion qui est complément du nom est détachée du noyau à l'aide d'une ou de deux virgules.

Types et formes de phrases

Point de repère

Il existe **quatre types** de phrases: les phrases de types **déclaratif**, **interrogatif**, **exclamatif** et **impératif**.

La phrase déclarative sert à construire les autres types de phrases.

Une phrase de base (P) est une phrase de type **déclaratif** et de forme **positive**.

Exploration

a) Lis attentivement les phrases ci-dessous.

❶ Vous résistez à la tentation d'avaler tous ces desserts.

❷ Résistez-vous à la tentation d'avaler tous ces desserts?

❸ Résistez à la tentation d'avaler tous ces desserts.

❹ Quelle volonté, vous résistez à la tentation d'avaler tous ces desserts!

b) Laquelle des phrases ci-dessus sert à:

❶ poser une question?

❷ exprimer un fait?

❸ exprimer une impression, un jugement?

❹ donner un ordre?

c) De quel type chacune des phrases ci-dessus est-elle?

d) Comment la ponctuation t'aide-t-elle à reconnaître les types de phrases?

e) Tente de mettre chacune des phrases ci-dessus à la forme négative en utilisant l'expression *ne... pas*. Est-ce possible?

Tour d'horizon

Types de phrases

1. La phrase déclarative sert à **donner une information** ou à **exprimer un jugement.** Il peut s'agir d'un fait, d'une idée, d'une opinion, d'un conseil, etc. Elle se termine par un point et possède un verbe qui n'est pas conjugué à l'impératif. Ce type de phrase est celui qu'on utilise le plus fréquemment et il sert à construire les autres types de phrases.

2. La phrase interrogative sert à poser une **question.** Elle se termine par un point d'interrogation et elle est construite à l'aide d'une phrase déclarative de diverses façons:

a) par l'inversion du pronom sujet et du verbe;

b) par l'ajout d'un pronom de la même personne que le groupe sujet après le verbe;

c) par l'ajout de l'expression interrogative *Est-ce que* ou d'un mot interrogatif au début de la phrase.

3. La phrase impérative sert à exprimer un **ordre,** un **souhait** ou un **conseil.** Elle se termine par un point ou un point d'exclamation et est construite à l'aide d'un verbe conjugué à l'impératif.

4. La phase exclamative sert à exprimer fortement une **émotion,** une **impression,** un **sentiment** ou un **jugement.** Elle se termine par un point d'exclamation et est construite à l'aide d'une phrase déclarative à laquelle on peut ajouter des mots exclamatifs (*quel, comme, que de*) et des interjections (*oh!, ah!*).

Formes de phrases

Les formes positive et négative

Tous les types de phrases peuvent s'écrire à la forme positive ou à la forme négative. La phrase de forme négative sert à nier.

Pour transformer une phrase positive en une phrase négative, il suffit d'ajouter des mots de négation tels que *ne… pas, ne… plus, ne… jamais, ne… guère, ne… point, ni… ni… ne, nullement, aucun, pas un, personne, rien.*

Le groupe adjectival (GAdj)

1. a) Relève les GAdj présents dans le court texte ci-dessous et écris-les.

> Les clients et les clientes de ce restaurant exotique ont bien aimé leurs découvertes culinaires. Pour ma part, j'ai adoré cette cuisine extrême-orientale, particulièrement le porc à la sauce aigre-douce. Et que dire de ce coulis rouge cerise qui accompagnait les fruits tropicaux !

b) Indique si les noyaux sont des adjectifs simples ou composés.

2. a) Relève les GAdj qui sont présents dans les phrases ci-dessous et écris-les sur une feuille.

❶ La malbouffe est pauvre en fibres.

❷ Rien ne vaut les plats préparés à la maison !

❸ Adoptez de bonnes habitudes alimentaires !

b) Souligne les noyaux de ces GAdj et, s'il y a lieu, indique la nature des expansions qui les accompagnent.

c) Trouve la phrase contenant un GAdj qui exerce la fonction d'attribut du sujet.

d) Compose à ton tour une phrase contenant un GAdj jouant le rôle d'attribut du sujet.

3. a) Lis le texte ci-dessous. Il contient des erreurs.

> Une surconsommation de matières **gras** peut entraîner de **sérieux** problèmes **physique.** De même, l'absorption d'une **grand** quantité d'aliments « **blanc** » est **nocif** pour la santé. Des données **récent** confirment que la consommation de friandises **sucré** a augmenté ainsi que celle des boissons **gazeux.** Une **mauvais** gestion **alimentaire** peut également mener à de **grave** troubles **psychologique.**

b) Sur une feuille, écris les GAdj contenus dans le texte en accordant correctement leur noyau en gras, s'il y a lieu.

La fonction de complément du nom

a) Lis les phrases suivantes.

❶ <u>Les distingués invités</u> ont adoré <u>leurs découvertes culinaires</u>.

❷ <u>Tous les clients de ce restaurant</u> en ressortent satisfaits.

❸ <u>Le plat d'Audrey</u> semble délicieux!

❹ <u>Ce cuistot, qui est reconnu partout dans le monde,</u> se surpasse chaque fois.

❺ <u>Cinq à dix portions de fruits et de légumes</u> sont nécessaires quotidiennement.

❻ <u>Anthony, mon copain,</u> raffole des fruits de mer.

❼ Choisissez de préférence <u>des produits à grains entiers ou qui sont enrichis.</u>

❽ <u>Le hamburger et la frite, champions de la restauration rapide,</u> sont trop gras et trop salés pour être bons pour notre santé.

b) Dans un tableau semblable à celui ci-dessous, inscris les groupes nominaux (GN) soulignés. Note ensuite le noyau de chacun.

c) S'il y a lieu, inscris les expansions qui complètent les noyaux.

d) Nomme ensuite les éléments qui jouent le rôle de complément du nom.

EXPANSIONS COMPLÉTANT UN NOM			
GROUPES NOMINAUX	NOYAUX	EXPANSIONS	NOM DES ÉLÉMENTS
❯ Les distingués invités	invités	distingués	Groupe adjectival (GAdj)

Types et formes de phrases

1. a) Indique le type et la forme de chacune des phrases ci-dessous.

❶ Est-ce que la multiplication des chaînes de restaurants rapides est responsable du problème d'obésité?

❷ Curieusement, le *junk food* entraîne des carences en gras.

❸ Pensez à toutes les conséquences néfastes d'une alimentation malsaine.

❹ Une boisson gazeuse ne contient-elle pas huit cuillerées de sucre?

❺ Cette nourriture grasse nous tue à petit feu!

❻ Réagissons maintenant!

❼ Nous avalons un hamburger en deux minutes.

❽ Aucun avis du gouvernement n'annoncera le danger de consommer ces aliments avec excès.

❾ On mange moins que nos ancêtres, mais on continue de grossir!

❿ Comment savoir si notre alimentation est adéquate?

b) Effectue les transformations proposées ci-dessous.

1) Transforme la phrase **❶** en phrase déclarative négative.

2) Transforme la phrase **❷** en phrase exclamative positive.

3) Transforme la phrase **❻** en phrase déclarative positive.

4) Transforme la phrase **❼** en phrase impérative négative.

5) Transforme la phrase **❽** en phrase interrogative positive.

2. a) Lis la phrase suivante.

Matisse se nourrit très mal.

b) Transforme cette phrase en deux phrases interrogatives en utilisant les méthodes proposées dans la section *Tour d'horizon* de la page 82.

Sommes-nous en santé ?

Les adolescents et les adolescentes que tu connais ont-ils des habitudes de vie saines? Et qu'en est-il des adultes que tu côtoies? Sont-ils et elles des exemples à suivre? Pour conclure cette deuxième escale, tu dois maintenant réaliser, en petit groupe, un sondage pour rendre compte des habitudes de vie des gens de ton entourage. Une fois que tu auras recueilli les données nécessaires pour dresser un portrait clair de la situation, tu présenteras à la classe les résultats de ton sondage.

Comme tu as pu le constater au cours de cette escale, les études révèlent que les habitudes de vie de nombreuses personnes auraient besoin d'être corrigées. Tu devras donc, à la suite de ton sondage, proposer des réflexions qui susciteront un questionnement chez les élèves de ta classe ou présenter des pistes de solutions sous forme de recommandations.

Pour bien mener ton étude et faire part des résultats de tes recherches, assure-toi de respecter les consignes suivantes.

TÂCHE	Réaliser un sondage oralement, puis informer les élèves de sa classe des résultats obtenus. Émettre des pistes de solutions sous forme de recommandations.
SUJET	Déterminer si son entourage a adopté des habitudes de vie saines.
CONTEXTE DE RÉALISATION	Travailler en équipe de deux ou de trois élèves.

Préparation

Comme les diététistes et les nutritionnistes qui s'interrogent sur
les habitudes alimentaires de la population avant d'orienter leurs recherches,
sonde les habitudes alimentaires de gens qui t'entourent et fais part
des résultats obtenus aux élèves de ta classe.

Planifier son écoute et sa prise de parole

a) Activer ses connaissances relatives aux sondages
et aux entrevues :

❶ échanger avec les élèves de l'équipe à propos des éléments
connus qui concernent les sondages et la technique
d'entrevue ;

❷ indiquer, s'il y a lieu, sa participation à l'élaboration
ou à la réalisation d'un sondage ou d'une entrevue.

b) Déterminer la répartition du travail en fonction des tâches
à accomplir : les membres de l'équipe effectueront-ils chacune
des étapes de la production ou le travail sera-t-il réparti
en fonction des étapes à réaliser ?

c) Déterminer les
caractéristiques des
destinataires à l'aide
de la fiche ci-contre.

Calepin

Au cours d'un entretien,
les formes d'interrogation
utilisées dans la langue
parlée peuvent varier.

Par exemple, dans la langue
familière, on ajoute à tort
la particule *tu* au verbe
de l'interrogation.

**Interrogation
en langue familière :**
Tu viens-tu ce soir ?

**Interrogation
en langue standard :**
Viens-tu ce soir ?

Destinataires

– Enquête auprès d'un échantillon formé de **10 adolescents
et adolescentes** et auprès d'un second échantillon formé
de **10 femmes et hommes adultes.**

– Compte rendu des résultats **aux élèves de la classe.**

Âge : de 12 à 17 ans pour les adolescents et les adolescentes ;
18 ans et plus pour les adultes.

Signes particuliers : Différences entre les résultats obtenus
chez les jeunes et chez les adultes.
Sont-ils semblables ?

d) Tenir compte des forces et des faiblesses
de chacun des membres de l'équipe.

e) Choisir ses idées et une manière de s'exprimer en fonction
des destinataires adolescents et adultes qui seront interrogés.

Planifier son écoute et sa prise de parole (*suite*)

f) Penser à préciser certaines exigences relatives à son rôle d'intervieweur ou d'intervieweuse :

❶ recourir aux stratégies d'écoute appropriées, demander des précisions, au besoin, pour s'assurer de bien comprendre les éléments significatifs ;

❷ décider si les propos seront enregistrés ou non. Dans l'affirmative, prévoir le matériel technique nécessaire ;

❸ noter les réponses des personnes interviewées à l'aide d'une grille d'observation ou en fonction de certains critères liés aux aspects du sujet abordé.

g) Penser à préciser certaines exigences relatives à son rôle de locuteur ou de locutrice :

❶ tenir compte des réactions de l'auditoire de différentes manières (répéter, reformuler, faire des pauses, questionner) ;

❷ prévoir un aide-mémoire et, au besoin, un support visuel (fiche, affiche, transparent, objet, logiciel de présentation) ;

❸ en situation de prise de parole, utiliser les éléments prosodiques appropriés et prêter une attention particulière à la clarté de l'expression. . . . . p. 330

h) Se donner un environnement propice à la communication :

❶ détecter et limiter les sources d'interférences (bruits, disposition du lieu, position par rapport aux interlocuteurs et interlocutrices, etc.) ;

❷ prévoir les risques de contretemps (bris d'appareil, absence d'un ou d'une partenaire, etc.) et les façons d'y remédier.

Réalisation

Il est maintenant temps de réaliser ton sondage puis de rendre compte des résultats obtenus à la classe. Suis les conseils qui se trouvent sur la fiche ci-dessous.

Comprendre et interpréter des productions orales ; prendre la parole individuellement et en interaction

a) Établir le contact et maintenir la communication avec son interlocuteur ou son interlocutrice (prêter attention à la position de son corps et à la direction de son regard, manifester verbalement ou non son intérêt, sa compréhension, etc.).

b) Reconnaître ou faire ressortir les éléments importants ou utiles (éliminer les répétitions inutiles et distinguer les faits des hypothèses et des opinions, les questions des commentaires, etc.).

c) Prêter attention aux niveaux de langue utilisés par les personnes interrogées et aux différents usages du français (langue familière, syllabes escamotées, répétitions, etc.), et utiliser une langue standard.

d) Au cours de la présentation des résultats du sondage et des pistes de solution, adapter ses propos et sa façon de les présenter et de les soutenir aux interlocuteurs et interlocutrices ou aux auditeurs et auditrices.

e) Offrir à l'auditoire la possibilité d'intervenir (en posant des questions, en formulant des commentaires, en complétant l'information, etc.).

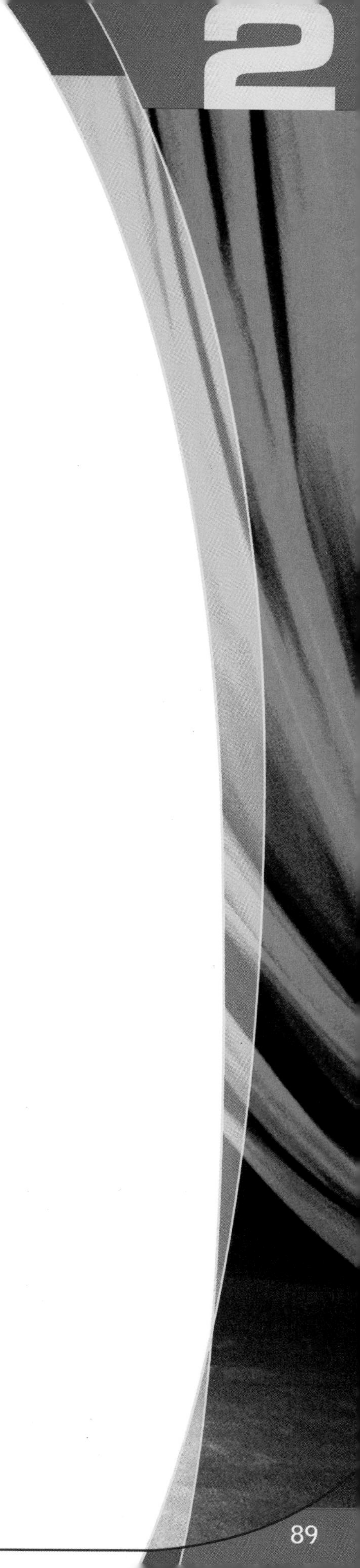

Oui, non, modérément ou… pas du tout?

Tout ce travail sur le terrain te donne certainement envie de savoir ce que les autres élèves peuvent trouver comme solutions. Écoute-les te transmettre leurs propositions.

Bilan

Afin de faire le bilan de ton parcours, réponds aux questions ci-dessous.

a) **❶** Les résultats du sondage te surprennent-ils? Explique ta réponse.

❷ As-tu obtenu des résultats semblables à ceux des autres équipes? Indique les éléments qui sont semblables et ceux qui sont différents.

❸ As-tu remarqué une différence significative entre les données recueillies auprès des jeunes et celles recueillies auprès des adultes? Précise ta réponse.

b) As-tu réussi à ajuster tes propos après avoir entendu les réactions de l'auditoire? Comment as-tu procédé?

c) **❶** Certaines des réflexions émises par des élèves de la classe t'ont-elles fait réfléchir? Si oui, quelles sont ces réflexions?

❷ Crois-tu avoir proposé des pistes de solutions intéressantes? Explique ta réponse.

d) L'utilisation du langage non verbal t'a-t-elle permis d'établir le contact et de maintenir la communication? Comment?

e) T'est-il arrivé de ne pas bien saisir les propos de ton interlocuteur ou de ton interlocutrice? Si oui, quelle stratégie as-tu utilisée pour remédier à la situation?

f) As-tu utilisé avec aisance la langue standard? Sinon, quelles difficultés as-tu éprouvées?

g) Quel élément prosodique souhaiterais-tu améliorer? . . . . p. 330

TROISIÈME

ESCALE

3

Mettre ses limites à l'épreuve

Liste de sports eXtrêmes

Les sports aériens

Saut d'un point fixe
Saut à l'élastique
Deltaplane

Corde raide
Saut à ski
Chute libre
Surf aérien
Vol à voile

Les sports terrestres

Raids et triathlon
Patins à roulettes
Vélo cross
Spéléologie
Motocross extrême
VTT
Escalade
Planche à roulettes
Planche à neige
Vélo de vitesse
Ski de vitesse
Ski extrême
Luge sur route

Les sports nautiques

Ski pieds nus
Planche à voile
Apnée
Motomarine
Natation en eau libre
Courses-croisière
Plongée
Plongée avec tuba
Voilier de vitesse
Surf
Planche nautique
Eaux vives

Spéléologie

Marcher à quatre pattes ou ramper dans l'obscurité et l'humidité d'une caverne entre indiscutablement dans le domaine des sports extrêmes. Il faut avoir le cœur bien accroché pour déambuler dans des couloirs labyrinthiques qui mènent parfois à des gouffres béants ou à des grottes habitées par des légions de chauves-souris.

Les fervents et les ferventes de spéléologie voyagent toujours dans les entrailles de la terre par équipes de deux ou plus. Rien d'étonnant à cela, car toutes sortes de dangers menacent les spéléologues dans les gouffres. L'inanition[1], l'asphyxie[2], la noyade, l'hypo-
10 thermie[3] ou encore une chute peuvent entraîner la mort.

Les spéléologues éclairent les routes souterraines au moyen de lampes fixées sur leurs casques. Il peut s'agir de lampes à acétylène, comme aux temps anciens des mines de charbon, ou de torches électriques plus modernes
20 avec ampoules, piles et inter-rupteurs. L'éclairage est si vital que chaque spéléologue doit

1. inanition : épuisement causé par la privation de nourriture.
2. asphyxie : état provoqué par l'arrêt de la respiration.
3. hypothermie : chute de la température du corps au-dessous de la normale.

se munir de trois sources lumineuses indépendantes avant même de songer à se risquer dans une grotte. L'équipement indispensable comprend également un casque, des genouillères, un
30 petit sac à dos, une paire de bonnes chaussures et des gants… sans oublier l'outil principal : une parfaite clarté d'esprit, tant il est vrai qu'un défaut de lucidité se trouve souvent à l'origine des accidents.

Les spéléologues expéri-mentés peuvent être amenés
40 à explorer des sites qui néces-sitent un attirail supplémen-taire, comme des combinai-sons de plongée, des cordes, du matériel d'escalade pour les passages plus techniques – plus particulièrement des crochets et des harnais pour grimper ou descendre en rappel –, des échelles de
50 corde et parfois même des scaphandres.

[…]

La spéléo-logie demande les même qualités techniques que celles dont font preuve les grimpeurs et les grimpeuses à la lumière du jour. Certains gouffres sont d'ailleurs si vastes que, par
60 comparaison, ils rendent fort modestes les dimensions de plus d'un site de surface uti-lisé pour l'escalade. La spéléo-logie se pratique un peu partout dans le monde, plus particulièrement dans des régions autrefois noyées sous les eaux. C'est pourquoi on trouve enfouis dans la couche
70 calcaire les restes de créa-tures aquatiques fossilisées. L'âge de ces fossiles se situe entre 300 et 500 millions d'années […]

Dans certaines régions du monde, les grottes offrent un intérêt historique exceptionnel. […]

La richesse de ce patri-
80 moine s'explique par le fait que les grottes constituaient jadis à la fois des abris sûrs et des endroits appropriés pour emmagasiner la nourriture et les autres biens. […]

Adapté de Joe TOMLINSON, *Sports extrêmes*, Paris, Les Éditions Hors Collection, 1997, p. 68-70, © Carlton Books (Coll. Sports extrêmes).

Chute libre

La chute libre depuis un avion est l'un des sports extrêmes pratiqués chaque année par des millions de personnes un peu partout dans le monde. L'agrément d'une descente verticale vers la terre, qui laisse tout loisir d'admirer le paysage alentour, constitue une motivation suffisante pour se jeter dans les airs. Le parachutisme a évolué avec le temps jusqu'à donner naissance à des sports tels que le surf aérien ou le *BASE jump*[1].

Au fil des années, les normes adoptées tant en ce qui concerne les écoles de parachutisme que les sauts proprement dits ont fait de ce sport une activité relativement sûre. Selon l'Association américaine de parachutisme, un seul saut sur
10 80 000 aurait connu une issue mortelle au cours des cinq dernières années, ce qui, à titre d'exemple, rendrait ce sport extrême bien moins périlleux que la conduite automobile.

Les novices ont longtemps été initiés au moyen de la « sangle à ouverture automatique » (SOA) qui déclenche une
20 ouverture automatique du parachute dès que l'on a quitté l'avion. Mais cette technique n'autorisant pas la chute libre, la plupart des écoles de

parachutisme l'ont remplacée par l'enseignement en tandem dans le cadre de la méthode de « progression accélérée en chute » (PAC), qui permet à
30 l'élève de ressentir pleinement l'émotion de la chute libre tout en étant solidement accroché à son instructeur par un harnais biplace. La méthode PAC prévoit ensuite des sauts en solitaire, mais toujours sous la surveillance de moniteurs qui restent à proximité de l'élève jusqu'à
40 ce que ce dernier ait ouvert son parachute.

L'apparition de la « voile » de forme carrée constitue une autre évolution favorable. Elle permet aux sauteurs de mieux diriger leur chute et offre une portance supérieure à celle des anciennes voiles

1. *BASE jump* (saut d'un point fixe) : saut en parachute effectué à partir du sommet d'un édifice, d'une tour de télécommunication, d'un pont ou d'une falaise.

rondes, ce qui entraîne également des atterrissages plus en douceur. [...]

Les chutes libres en grande formation consistent, pour plusieurs parachutistes, à tomber simultanément en chute libre et à s'accrocher les uns aux autres. Le danger de l'exercice tient aux risques de collisions à grande vitesse, à l'occasion desquelles un ou plusieurs sauteurs peuvent perdre connaissance.

[...]

Une autre forme de saut groupé porte le nom de voile contact. Dans ce cas, chaque sauteur s'accroche tour à tour par les jambes au parachute ouvert du partenaire placé immédiatement en dessous de lui, jusqu'à ce que la formation soit complète.

S'empêtrer dans la voilure d'un partenaire constitue ici une menace mortelle. La seule solution consiste à couper les sangles du parachute principal pour se dégager : chaque participant étant, bien sûr, équipé d'un parachute de secours.

[...]

Danser dans le ciel

Le *freestyle*[1] est un véritable ballet aérien durant lequel le sauteur accomplit un certain nombre de mouvements chorégraphiques – filmés par un cadreur en chute libre – avant de déployer son parachute.

[...]

Le parachutisme est l'un des sports extrêmes les plus faciles à pratiquer, et des centres de sauts existent un peu partout dans le monde. On conseillera aux personnes intéressées de s'adresser de préférence à des écoles pourvues d'équipements récents et réputées pour la qualité de leur enseignement.

1. *freestyle* : mot anglais qui signifie « style libre ».

Adapté de Joe TOMLINSON, *Sports extrêmes*, Paris, Les Éditions Hors Collection, 1997, p. 37-41, © Carlton Books (Coll. Sports extrêmes).

Planche à neige[1]

1. planche à neige : calque
   du mot anglais *snowboard*.
   L'Office québécois
   de la langue française
   recommande d'utiliser
   « surf des neiges »
   et ses dérivés « surfeur »
   et « surfeuse ».

Personne ne peut dire avec précision quand le sport
de la planche à neige a débuté. Des toiles provenant de
la Norvège indiquent que le sport aurait pu naître, peut-être même
avant le ski, à titre de mode de transport primitif. On sait pourtant
qu'au début des années 1920, les premiers modèles de planche à neige
existaient. La pratique du sport a explosé dans les années 1970 à 1980.
Et, dans les années 1990, il est devenu immensément populaire.

La planche à neige est une discipline divertissante et elle crée une
dépendance instantanée ! Elle permet l'expression de soi sans limites
dans des endroits qui comptent parmi les plus magnifiques de la planète
et qui se prêtent merveilleusement bien à l'aventure : les montagnes.
La planche à neige est populaire pour bien des raisons, la liberté
et l'euphorie qu'elle procure étant les plus importantes.

De nos jours, il est possible de pratiquer la planche à neige tous les jours
de l'année. Fais ton sac, prends ta planche et à l'aventure !

Équipement

L'évolution de l'équipement dans le monde de la planche à neige a toujours été dirigée par ceux et celles qui connaissent le mieux le sport : les planchistes.

Planche à neige

À l'origine, les planches ressemblaient plus à des luges, sans rebords, avec des fixations à courroies et empruntaient une forme très asymétrique. Depuis ce temps, les longueurs ont fluctué (au début des années 1990, la tendance
10 était aux planches plus courtes) et des innovations dignes de mention, dont les rebords métalliques, et les configurations latérales en courbe et arrondies des nez et des talons, sont devenues la norme. De nos jours, la plupart des planches à neige se ressemblent.

Bottes

Les bottes de planches à neige d'aujourd'hui sont à des lieues de leurs ancêtres. Elles sont confortables, chaudes et offrent un bon soutien à la cheville.

Fixations

Les fixations constituent le lien d'importance puisqu'elles retiennent le ou la planchiste sur sa planche. Faciles à visser et à dévisser, elle peuvent être personnalisées à l'infini.

Attaches

Des fixations sont vissées à la planche grâce à un disque central, ce qui permet des positions illimitées. De cette façon, les fixations peuvent être placées où tu veux.

Planches

Ceci est une planche à neige des temps modernes. Remarque les similarités entre l'avant et l'arrière de la planche qui te permettent de t'en servir aussi bien vers l'avant que vers l'arrière.

Lunettes

Les lunettes sont essentielles pour protéger les yeux des rayons ultra-violets du soleil, du vent et de la neige.

Casque

Les casques sont maintenant obligatoires dans la plupart des endroits où le sport est pratiqué sur la planète. Ils protègent ta tête des surfaces glacées et des collisions avec d'autres planchistes ou des skieurs et des skieuses.

Gants

Pour garder tes mains au chaud et au sec, tu dois porter des gants de planche à neige.

Techniques

La planche à neige est relativement facile à apprendre. Les mouvements sont passablement naturels et demeurent les mêmes, peu importe ton niveau. Il faut cependant apprendre les bases.

Le virage et l'arrêt sont les bases de la planche à neige.
20 Heureusement, ces deux mouvements sont simples à maîtriser. L'étape suivante est évidemment de lier ensemble les virages pour obtenir, du haut de la montagne jusqu'au bas, une descente coulante et agréable. Toutes les manœuvres de planche à neige avancée nécessitent une bonne maîtrise des virages liés.

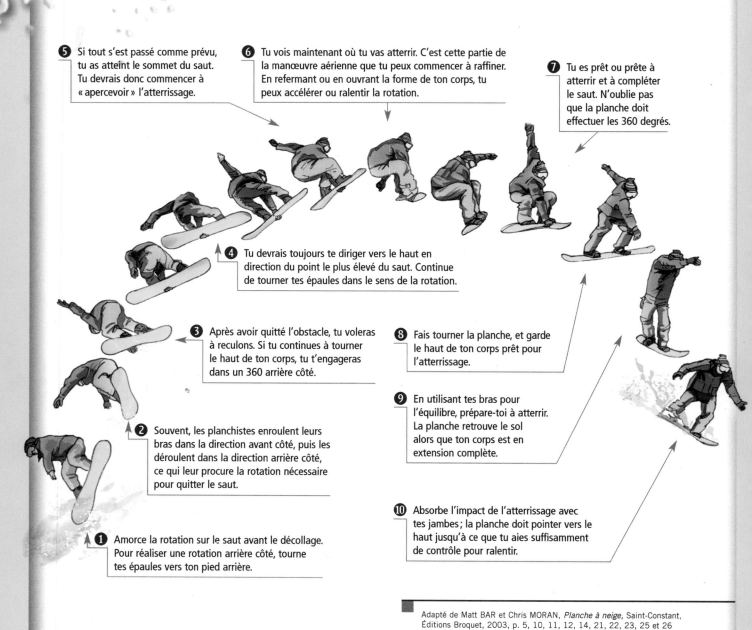

5 Si tout s'est passé comme prévu, tu as atteint le sommet du saut. Tu devrais donc commencer à « apercevoir » l'atterrissage.

6 Tu vois maintenant où tu vas atterrir. C'est cette partie de la manœuvre aérienne que tu peux commencer à raffiner. En refermant ou en ouvrant la forme de ton corps, tu peux accélérer ou ralentir la rotation.

7 Tu es prêt ou prête à atterrir et à compléter le saut. N'oublie pas que la planche doit effectuer les 360 degrés.

4 Tu devrais toujours te diriger vers le haut en direction du point le plus élevé du saut. Continue de tourner tes épaules dans le sens de la rotation.

3 Après avoir quitté l'obstacle, tu voleras à reculons. Si tu continues à tourner le haut de ton corps, tu t'engageras dans un 360 arrière côté.

8 Fais tourner la planche, et garde le haut de ton corps prêt pour l'atterrissage.

9 En utilisant tes bras pour l'équilibre, prépare-toi à atterrir. La planche retrouve le sol alors que ton corps est en extension complète.

2 Souvent, les planchistes enroulent leurs bras dans la direction avant côté, puis les déroulent dans la direction arrière côté, ce qui leur procure la rotation nécessaire pour quitter le saut.

10 Absorbe l'impact de l'atterrissage avec tes jambes ; la planche doit pointer vers le haut jusqu'à ce que tu aies suffisamment de contrôle pour ralentir.

1 Amorce la rotation sur le saut avant le décollage. Pour réaliser une rotation arrière côté, tourne tes épaules vers ton pied arrière.

Adapté de Matt BAR et Chris MORAN, *Planche à neige*, Saint-Constant, Éditions Broquet, 2003, p. 5, 10, 11, 12, 14, 21, 22, 23, 25 et 26 (Coll. Sports extrêmes).

Le saut du lièvre

Toutes les fins de semaine, Marilou se rend à la montagne pour pratiquer son sport favori : le surf des neiges. Elle arrive au centre dès l'ouverture et passe la journée à inventer de nouveaux sauts et à improviser des virages précipités devant des obstacles imaginaires. Rien ne l'arrête. Dynamique et fougueuse, elle dévale la pente à vive allure à la recherche de sensations fortes. Malgré son impétuosité[1], Marilou est une surfeuse très prudente. Elle sait très bien qu'une blessure peut, à tout moment, mettre fin à sa saison.

10 En cette belle matinée de février, Marilou se sent plus en forme que jamais. Après avoir réussi à la perfection un double saut, elle louvoie gracieusement sur la pente sans se douter qu'elle est secrètement observée. À l'heure du dîner, Marilou rejoint son amie Bianca, qui l'accueille en applaudissant.

– Bravo pour ton double saut ! Tu as été géniale, Marilou.

Entre deux bouchées, Marilou dévoile à son amie sa recette secrète pour réussir cette acrobatie, tout en mimant chaque mouvement. C'est alors qu'arrive Juliette, la monitrice du centre.

– C'est toi qui possèdes un surf des neiges orange et qui ne rate
20 jamais un saut ?

– Euh… Oui, j'ai un surf des neiges orange, avoue humblement Marilou.

Fière d'avoir déniché un nouveau talent, Juliette invite Marilou à participer à la compétition des 12-14 ans qui aura lieu à 13 heures. Excitées par cette invitation « officielle », les deux amies s'empressent d'examiner différentes stratégies afin de bien préparer Marilou à cette compétition. Mais les murs ont des oreilles ! Dissimulé derrière une colonne, un garçon tout de noir vêtu écoute très attentivement leur discussion. À 13 heures
30 pile, Marilou exhibe fièrement son dossard numéro 29 près du remonte-pente. Le garçon aux vêtements noirs s'installe près d'elle.

– Je m'appelle Lalime. Charles-Olivier Lalime. Je suis certain que tu te souviendras très longtemps de mon nom, lui dit-il en affichant un sourire narquois.

Marilou ignore cette remarque qu'elle juge prétentieuse et poursuit son chemin. Arrivée au sommet de la montagne, elle est bien décidée à faire valoir son talent. Elle enfile ses gants, ajuste ses lunettes protectrices et, au signal, s'élance sur la piste réservée à la compétition.

40 Catastrophe ! Marilou ne maîtrise plus du tout son surf tant vers l'avant que vers l'arrière. Elle tente de retrouver son équilibre, mais en vain. Au lieu de regarder devant elle, Marilou fixe son surf en cherchant à comprendre ce qu'il lui arrive. Et vlan ! Elle achève sa course, tête première dans les ballots de foin. « Ouf ! Ce n'est pas aujourd'hui que je deviendrai une légende du surf

1. impétuosité : caractère de ce qui est impétueux, vif, fougueux.

des neiges comme Régis Rolland », murmure-t-elle. Elle ajuste son casque, reprend son surf et… Horreur ! Les rebords de son surf sont tout émoussés, comme si quelqu'un en avait usé la pointe coupante avec un objet.

50 Quand elle arrive enfin au bas de la piste, le fameux Charles-Olivier Lalime passe près d'elle.

— Je t'avais prévenue que tu te souviendrais très longtemps de mon nom, lui lance-t-il avant de s'enfuir en riant méchamment.

Au même instant, Marilou entend les résultats annoncés au micro : « Charles-Olivier Lalime. Note 8 sur 10. » Et voilà que tout s'éclaircit.

« Tu vas voir ce que je vais en faire de ta lime, Charles-Olivier Lalime ! », grommelle-t-elle.

Elle attrape son surf et court le faire affûter par le technicien 60 du centre. Elle revient juste à temps pour nettoyer ses bottes, ajuster ses fixations et se remettre en piste. Marilou exécute un premier saut impeccable. Elle poursuit sa course mais, soudainement, droit devant elle, un lièvre traverse la piste. Elle tente un virage, en transférant son poids, de ses orteils vers ses talons, mais elle a déjà atteint le monticule de neige qui sert de tremplin. Marilou se sent projetée dans les airs et, après avoir exécuté une rotation parfaite, retombe debout sur son surf et poursuit sa descente. Quel saut exceptionnel ! Du jamais vu !

Dès son arrivée au bas de la piste, Marilou aperçoit Bianca qui 70 rit à gorge déployée sous le regard ahuri de Juliette.

— Le lièvre l'a mis hors piste ! s'exclame Bianca en tentant d'étouffer un nouvel éclat de rire.

Marilou ne saisit rien des propos de son amie jusqu'à ce qu'elle aperçoive Charles-Olivier Lalime descendant la piste… loin derrière son surf. C'est alors qu'elle comprend que le tricheur n'a pas réussi à éviter le petit lièvre. À son tour, Marilou éclate de rire.

Quelques instants plus tard, on annonce au micro : « Marilou Lelièvre. Note 10 sur 10. » En entendant le nom de famille de Marilou, les deux amies éclatent de rire de plus belle. Personne 80 ne comprend leur réaction sauf Juliette qui, à son tour, est prise d'un fou rire incontrôlable.

En voyant le garçon arriver, Marilou ne peut s'empêcher d'aller se présenter.

— Je m'appelle Lelièvre. Marilou Lelièvre. Je suis certaine que tu te souviendras très longtemps de mon nom, lui dit-elle en affichant, à son tour, un sourire narquois.

L'exploit de Marilou a très vite été baptisé le *saut du lièvre*. Cette acrobatie des plus audacieuses fait maintenant partie des figures préférées des surfeurs et des surfeuses. Même si, à ce jour, 90 plusieurs ont réussi le *saut du lièvre,* personne ne l'a encore exécuté aussi parfaitement que Marilou.

Marie Sylvie Legault

Quelle vague!

Ils n'étaient plus que douze. Le corps moulé dans leur combinaison bicolore, l'œil rivé sur l'horizon bleuté, ils attendaient leur tour. Derrière eux, agglutinée sur le sable blanc de la plage australienne, la foule
10 frémissait, impatiente.

– Gary Ross! hurla la voix mécanique du haut-parleur.

Le troisième tour de la compétition de surf de Long Beach allait commencer.

Gary Ross empoigna sa planche, se dirigea vers l'océan et péné-tra dans l'eau. Il attendit que le liquide froid s'infiltre lentement sous sa combinaison pour s'allonger à plat ventre sur sa planche. Il commença alors à pagayer énergiquement vers le large à la recherche du creux de la vague, où l'énergie est maximale.

Lorsqu'il l'eut trouvé, il agrippa les deux bords de son surf et,
20 d'un bond, se leva, prêt à l'attaque. Pour prendre de la vitesse, il glissa et vira, réalisant un impeccable premier virage. Ayant atteint sa pleine puissance, il amorça, à coups de hanches, l'enchaînement des figures.

Ross joua avec la lèvre de la vague, passa par-dessus, à travers, puis se laissa recouvrir et disparaître dans le tube. Du beau spectacle! Sur la plage, la foule en délire criait, hurlait, ululait.

Enfin, à une vitesse vertigineuse, le souffle de la houle projeta le surfeur en avant dans une longue glissade planée jusqu'à l'éjection finale qui le cracha sur le rivage.

30 Gary Ross avait montré de quoi il était capable. Il fit quelques pas sur le sable sec et retira les manches de sa combinaison. Les specta-teurs, qui n'étaient pas trop loin, purent admirer, tatouée sur son épaule musclée, l'araignée rouge australienne à la piqûre mortelle.

D'un geste négligent, le surfeur passa ses doigts dans ses longs cheveux blanchis par le sel, puis tourna lentement la tête vers ses bruyantes admiratrices. […]

Dans leur tribune sur la plage, les juges souriaient. Ross était leur favori et, une fois de plus, la performance du surfeur à l'araignée rouge les avait emballés. Des onze autres concurrents encore en
40 lice pour la course de Long Beach, un seul était capable de le battre : Beau Akee. Mais celui-là, ils le gardaient pour la fin. Pour l'instant, ils préféraient le laisser cuire sur le sable. Encore un peu.

La course reprit et, les uns après les autres, les surfeurs attaquè-rent les rouleaux, tandis que les juges notaient leur prestation.

Vint enfin le tour de Beau Akee.

À l'annonce de son nom, l'homme glissa sous son bras sa planche noire, rouge et or, aux couleurs du drapeau aborigène et, lentement, se dirigea vers la mer. Il marchait très droit, d'un pas souple et continu. Comme à son habitude, il ne portait pas
50 de combinaison. Sa peau noire était nue, seul un short brun décoloré en cachait une partie.

Sur le sable, la tension monta. Les filles se poussaient du coude, les garçons serraient les dents, tous vaguement hostiles, plutôt gênés. Les aborigènes étaient rares sur le circuit, pour ne pas dire inexistants.

À genoux sur sa planche, Beau Akee ramait. Au creux de la vague, il se dressa et commença à glisser. Vite, très vite. Aussitôt, la foule comprit qu'elle n'avait jamais rien vu de pareil. Akee ne surfait pas : il *était* la vague, il *était* le vent, il *était* l'océan. L'homme
60 et la planche faisaient corps avec les éléments. Même ceux qui n'avaient jamais touché un surf de leur vie s'en rendaient compte.

Les spectateurs munis de jumelles observaient, fascinés, le visage de Beau Akee. Certains pensaient à de l'argile pétrie d'une main puissante, d'autres cherchaient son regard mais ne le trouvaient pas. Les paupières de l'aborigène étaient closes !

Oui, aussi étonnant que cela puisse paraître, Beau Akee surfait les yeux fermés. Comment était-ce possible ? Nul ne le savait.

Les juges s'inclinèrent : l'aborigène était sélectionné. Il participerait aux quarts de finale puis, ils en étaient sûrs, à la finale.

70 C'était ainsi depuis quatre ans. La compétition de Long Beach était la seule de tout le pays à laquelle Beau Akee participait et, chaque année, il la remportait. À la consternation générale.

Enfin, l'océan relâcha l'aborigène. Il remonta la plage, sa planche en équilibre sur la tête. Dans son dos : le regard de Gary Ross, telles les deux lames d'un couteau suisse bien affûtées. Mais Beau Akee ne s'en souciait pas.

Les habitués prirent rendez-vous pour les quarts de finale du lendemain et la foule se dispersa.

Il était six heures et le soleil se levait à peine. Sur la plage
80 déserte, Barton MacCoy, en combinaison noire, avalait son café au lait en regardant les rouleaux déferler sur le sable. Au loin, un vent de terre soulevait les vagues et, vue de la plage, l'écume paraissait prendre feu dans l'aube naissante.

Au creux de son ventre, Barton sentit l'excitation monter. Il rangea le thermos vide dans son sac à dos, en sortit un cube de fart et, minutieusement, en appliqua sur le dessus de sa planche.

Depuis déjà dix minutes, Barton affrontait les rouleaux. Il avait raté tous ses départs et il avait beau se répéter que le surf est surtout une question de mental, il commençait à en vouloir à ses
90 jambes et à ses bras.

Soudain, un choc lui ébranla la cuisse droite. Le coup fut si violent qu'il laissa échapper un cri de douleur. Son agresseur était en fait une planche, propulsée par la houle.

Aussitôt Barton scruta les flots à la recherche du surfeur désarçonné. Mais il ne vit personne. Il regagna le rivage et examina la planche : un shortboard à trois dérives, décoré d'un rond jaune barré de deux lignes horizontales, rouge et noire. Barton la connaissait : elle appartenait à Beau Akee.

Que faisait-elle dans l'océan, seule et abandonnée, à six heures
100 et demie du matin ?

Le maître nageur en poste examina la trouvaille de Barton avec attention. Lui aussi la reconnaissait et cela l'inquiétait. Un bon surfeur n'égare pas un objet aussi précieux dans l'océan. Sur son visage, une grimace se dessina :

– J'espère que les grands requins blancs n'ont rien à voir dans cette histoire.

– Bon sang ! jura Barton.

– Un chalut taiwanais ratisse au large depuis hier…

– Et ?

110 – Dans ces cas-là, les requins n'ont plus rien à bouffer, alors ils se rapprochent des côtes…

Le maître nageur connaissait bien les squales et surtout les terribles requins blancs. Depuis qu'il faisait ce boulot, il en avait vu des surfeurs coupés en deux d'un coup de mâchoire. Pour lui, *Les dents de la mer* n'étaient pas qu'un film à sensations.

Il était maintenant neuf heures du matin. Les organisateurs de la course, arrivés sur la plage, avaient appris la nouvelle. Dans le stand, l'émotion était forte. Le directeur de la compétition, James King, la quarantaine sportive et le short bleu assorti à la couleur
120 de ses yeux, faisait son possible pour ramener le calme :

– Allez, allez, pas d'affolement. Montrez-moi les traces de morsures. Eh ben, vous voyez, y'en n'a pas, non ?

Il n'était pas question qu'une planche dérivant sur l'océan fiche la course en l'air. Même celle de Beau Akee… surtout pas celle de Beau Akee ! Un juge suggéra :

– Il l'a peut-être oubliée… ou perdue, va savoir ?

Mais tous savaient que, contrairement aux autres concurrents, Akee n'avait qu'une seule planche et qu'il y tenait comme à la prunelle de ses yeux.

130 Pour la forme, on envoya quelqu'un chercher Beau dans les parages : à la caravane de frites, au stationnement, derrière les rochers… Mais il n'était nulle part. Pire : on retrouva sa voiture garée au bout de la plage avec les clés de contact dans la boîte à gants… La découverte jeta un froid.

Une heure plus tard, tous les candidats, sauf Beau, étaient alignés sur la plage. James King n'annula pas l'épreuve. Il prit son haut-parleur et annonça le nom du premier surfeur. Puis, il s'éloigna et téléphona au commissariat de Perth.

L'inspecteur Constantin Pitakis frôlait la quarantaine. Il était
140 grand, plutôt enveloppé, avait une voix basse et bien timbrée, et des yeux bruns un peu humides. [...]

Il roulait vers Long Beach en pensant à sa jeunesse. Les années surf : glisse avant l'école, après l'école et même souvent pendant l'école avec le professeur de sport. Pitakis avait été un bon. Sur l'étagère de sa chambre d'adolescent, dans la maison de ses parents, s'alignaient encore quelques coupes. Mais c'était fini, maintenant.

En garant sa voiture à Long Beach, une bouffée de nostalgie lui serra le cœur. Il claqua vivement sa portière pour en dissiper
150 les effluves et se dirigea à grands pas vers la plage. Il repéra le stand des officiels et se fraya un passage entre les supporters[1].

James King s'avança à sa rencontre :

    – Inspecteur Pitakis, je suppose ?

    – Lui-même.

    – Merci d'être venu, dit-il en lui serrant vigoureusement la main. Beau Akee ne s'est toujours pas présenté.

    – Vous avez une idée de ce qui a pu lui arriver ?

    – Non !

    – J'imagine qu'il est bon nageur ?

160   – Évidemment !

    – Avez-vous repéré des requins ?

King nia avec empressement.

    – Quelqu'un l'a vu ce matin ?

    – Pas nous en tout cas, affirma l'homme en short bleu.

– C'est dans ses habitudes de surfer à l'aube ?

– Vous rigolez ? Il surfe même la nuit ! Surtout les nuits sans lune. C'est un type bizarre, vous savez.

---

1. supporters : anglicisme qui signifie « partisans » ou « partisanes ».

Adapté de Marie BERTHERAT, « Boomerang »,
Le surfeur de tsunami, Paris, Éditions Fleurus, 2000,
p. 89-99 (Coll. Z'azimut).

TROISIÈME ESCALE

Certaines personnes aiment pousser leurs limites personnelles et physiques à l'extrême. En pratiquant des sports dans des conditions particulièrement difficiles et dangereuses, ces sportifs et sportives «extrémistes» à la recherche de sensations fortes éprouvent un sentiment d'accomplissement personnel. Quels sont donc ces sports qui présentent de multiples dangers et difficultés?

Dans cette escale, tu te familiariseras avec quelques sports extrêmes. Tu apprendras dans quels lieux et quelles conditions on s'y adonne. Tu seras en mesure de cerner les dangers qu'ils recèlent et de connaître les précautions à prendre selon le sport pratiqué. Tu comprendras que, pour pratiquer ces activités en toute sécurité, l'équipement joue un rôle essentiel. Enfin, peut-être découvriras-tu que les sports extrêmes, malgré l'engouement qu'ils suscitent, ne s'adressent qu'à une clientèle avisée.

L'aventure →

Au fil de tes lectures, tu développeras des compétences qui te permettront de rédiger une intrigue créée à partir d'aventures vraisemblables. Pour donner une impression de crédibilité à ton intrigue, tu y intégreras des faits réels relevés dans les textes de cette escale, tu utiliseras un vocabulaire thématique et tu inséreras des descriptions et des dialogues. Enfin, l'ensemble de ta production devra respecter le schéma narratif.

TROISIÈME ESCALE 3
Mettre ses limites à l'épreuve

Mettre ses limites à l'épreuve

Itinéraire

Comme toute personne qui s'apprête à pratiquer un sport extrême pour la première fois, tu devras, avant de rédiger ton intrigue, développer des compétences en t'appuyant sur des connaissances et des stratégies.

Lecture

Grammaire

Écriture

Communication orale

Embarquement

Z	X	H	E	E	E	D	A	L	A	C	S	E	E	Y	V
H	Z	Y	U	W	I	H	E	Q	W	H	Z	A	J	D	O
Y	Z	H	Q	E	W	G	W	E	E	Q	U	Y	E	J	I
E	Y	Z	I	S	C	X	O	E	G	X	H	L	W	E	L
T	H	W	T	S	Z	H	N	L	V	N	T	W	D	W	I
U	X	H	S	E	Y	P	A	I	O	A	O	I	W	S	E
O	H	Y	A	T	A	V	V	R	P	E	A	L	A	X	R
R	W	X	L	I	H	E	X	L	A	R	L	U	P	Y	D
R	Z	H	E	V	S	W	A	H	E	V	T	E	Y	W	E
U	J	W	L	E	W	N	X	D	W	A	O	W	P	Y	V
S	X	Q	A	D	E	Q	R	W	S	X	Q	I	W	S	I
E	H	Y	T	O	W	O	L	K	Y	W	Y	H	L	H	T
G	G	Y	U	L	C	Y	I	F	R	U	S	W	X	E	E
U	W	J	A	E	E	R	B	I	L	E	T	U	H	C	S
L	Z	K	S	V	Z	W	H	X	W	Z	H	K	Q	Z	S
X	Q	Z	W	Q	H	J	W	Y	H	K	W	Q	Y	W	E

La grille ci-dessus cache 15 noms de sports extrêmes.

a) Repère, dans la grille que te remettra ton enseignant ou ton enseignante, chaque nom de sport inscrit dans la liste ci-dessous, puis encercle ses lettres.

- apnée
- char à voile
- chute libre
- corde raide
- deltaplane

- eaux vives
- escalade
- luge sur route
- plongée
- saut à l'élastique

- saut à ski
- spéléologie
- surf
- vélo de vitesse
- voilier de vitesse

b) Survole les textes de la troisième escale et observe les photographies et les illustrations qu'ils contiennent. Quels sports extrêmes de la liste ci-dessus reconnais-tu?

Lecture et appréciation des textes

Spéléologie

p. 92

Planification

1. a) Sais-tu ce qu'est la spéléologie?

    b) Connais-tu le nom donné aux personnes qui pratiquent ce sport?

    c) Sais-tu où se pratique cette activité?

    d) Selon toi, quels sont les dangers liés à ce sport?

2. Observe les photographies qui accompagnent le texte *Spéléologie*. Quels indices te donnent-elles sur la pratique de ce sport?

- Lis le texte courant *Spéléologie* afin de te représenter ce que fait un ou une spéléologue. Tu te prépareras ainsi pour la rédaction de ton intrigue.

- Au cours de ta lecture, utilise différents moyens pour bien comprendre le sens des mots utilisés dans le texte. Par exemple, observe le contexte, regarde les mots qui viennent avant et après, cherche des indices dans les illustrations ou, encore, consulte le dictionnaire.

Cap sur les mots

Les mots génériques et les mots spécifiques

Lorsqu'un mot désigne une catégorie d'êtres, d'objets ou d'idées, on dit qu'il est **générique.** Lorsqu'un mot désigne un être, un objet ou une idée qui entre dans cette catégorie, on dit qu'il est **spécifique.**

> Les mots *hockey, badminton, ski, patin* et *bicyclette* sont des mots spécifiques qui ont comme générique le mot *sports*: ils font partie de la catégorie des sports.

```
                          Sports
        ┌──────────┬──────────┼──────────┬──────────┐
     hockey    bicyclette    patin       ski     badminton
```

Bien utilisés, les mots génériques et les mots spécifiques assurent la continuité et la progression du propos dans un texte.

> Cette école se spécialise dans les sports aériens. On peut y suivre des cours de deltaplane, de corde raide et de saut à ski.

Les mots *deltaplane, corde raide* et *saut à ski* sont ici des mots spécifiques du mot générique *sports aériens*.

Les mots génériques et les mots spécifiques permettent également de classer et d'ordonner de l'information.

Boussole

Selon le contexte dans lequel il est utilisé, un mot peut être générique ou spécifique.

> Le lion est un **félin**.
(générique de *lion*)

> Le **félin** est un mammifère.
(spécifique de *mammifère*)

Sports eXtrêmes

SPORTS AÉRIENS	SPORTS TERRESTRES	SPORTS NAUTIQUES
Chute libre	Escalade	Apnée
Corde raide	Motocross extrême	Natation en eau libre
Deltaplane	Raids et triathlon	Planche à voile
Saut à l'élastique	Spéléologie	Plongée
Saut à ski		Voilier de vitesse

1. En observant le tableau ci-dessus, explique comment les mots génériques et les mots spécifiques permettent de classer et d'organiser de l'information dans un tableau.

2. À la ligne 6 du texte *Spéléologie*, l'auteur utilise le mot *dangers* comme générique. Quels mots spécifiques emploie-t-il dans la phrase suivante du texte pour préciser la nature de ces dangers?

3. Dans le deuxième paragraphe (lignes 12 à 37), quel mot l'auteur utilise-t-il pour désigner de manière plus générale les sources lumineuses, le casque, les genouillères, le petit sac à dos, la paire de bonnes chaussures et les gants dont doit se munir le ou la spéléologue?

Compréhension et interprétation

1. Joins-toi à un ou une camarade de classe. Ensemble, dressez une liste des mots difficiles que vous avez relevés dans le texte *Spéléologie* et des moyens que vous avez utilisés pour en deviner le sens.

2. Ce texte courant décrit une réalité ; il relate des faits réels au sujet de la spéléologie.

   a) Relève, dans le texte, l'équipement nécessaire, les dangers de ce sport, les précautions à prendre et tout autre élément qui pourrait te servir dans la rédaction de ton intrigue.

   b) Remplis le tableau que te remettra ton enseignant ou ton enseignante pour classer tes renseignements.

L'aventure →

Pour que ton intrigue soit vraisemblable, elle doit reposer sur des faits réels.

SPÉLÉOLOGIE			
ÉQUIPEMENT	**DANGERS**	**PRÉCAUTIONS À PRENDRE**	**AUTRES RENSEIGNEMENTS**
› Essentiel :	› Inanition	› Être en équipe de deux ou plus	Actions liées à la spéléologie :
			› Ramper
› Supplémentaire :			Lieux où se pratique la spéléologie :

3. Les cavernes obscures fréquentées par les spéléologues peuvent assurément constituer un univers fort intéressant pour camper une intrigue. Avec d'autres élèves, dresse une liste de faits, d'actions et d'obstacles qui pourraient être associés à cet univers. Cette liste sera utile au moment de la rédaction de votre intrigue.

4. Ce texte t'a-t-il permis de mieux comprendre ce qu'est la spéléologie ?

Chute libre

📖 p. 94

Planification

1. À première vue, dirais-tu que le texte *Chute libre* contient des renseignements qui pourraient t'être utiles dans la rédaction de ton intrigue? Explique ta réponse.

2. Comment comptes-tu noter les éléments de ce texte que tu considéreras utiles à la rédaction de ton intrigue? En les regroupant dans un tableau? En prenant des notes sur une feuille?

- Lis le texte courant *Chute libre* afin de te représenter ce sport. Tu te prépareras ainsi à la rédaction de ton intrigue.

- Au cours de ta lecture, prête une attention particulière à la façon dont le texte est organisé.

Cap sur les mots

Les familles de mots

Les familles de mots sont constituées de mots formés à l'aide d'un **même mot d'origine** (le mot de base) et **unis par leur sens**.

Voici des mots de la même famille que le mot de base *marcher*.

> *Marche, marchepied, marcheur, marcheuse*

   Même si l'on y trouve « march- », le mot *marchand* ne fait pas partie de cette famille de mots, car il n'a pas le même sens.

Que ce soit à l'écrit, à l'oral ou en lecture, les familles de mots sont très utiles.

Quand tu cherches le sens d'un mot inconnu, sa famille de mots peut te fournir de précieux indices.

> Cette caverne est faite de tunnels *labyrinthiques.*

   En reconnaissant le mot de base *labyrinthe* dans le mot *labyrinthiques,* tu peux deviner que les tunnels de cette caverne sont disposés comme dans un labyrinthe.

Les familles de mots assurent la continuité de l'information et permettent d'éviter les répétitions inutiles, d'alléger ou de condenser les idées présentées, ou de varier les façons de les exprimer. Les mots d'une même famille appartiennent le plus souvent à des classes de mots différentes.

> **Boussole**
>
> Ce ne sont pas tous les mots qui appartiennent à une famille; beaucoup de mots n'ont pas de famille.
>
> > lieu, chaise, ordinateur.

> L'escalade architecturale, également appelée *grimpe urbaine*, se pratique en milieu artificiel. Plutôt que d'escalader un rocher, les **grimpeurs** et **grimpeuses** qui s'y adonnent **grimpent** des murs et des structures vitrées ou métalliques.

Les préfixes et les suffixes ajoutés à un mot de base permettent de former facilement des mots de même famille.

> lent**ement**, lent**eur**, **ra**lent**ir**.

Récris les phrases suivantes. Utilise des mots de la même famille que les mots en gras pour exprimer autrement les passages soulignés.

a) Luisa est toujours **équipée** adéquatement. <u>Le matériel dont elle est équipée</u> lui fournit la sécurité désirée.

b) Le **Québec** compte de nombreuses familles sportives. Ces familles <u>du Québec</u> ont compris l'importance de l'exercice physique pour rester en santé.

Boussole

Dans certaines familles de mots, le mot de base peut changer légèrement de forme.

> bête / bestial

> goût / gustatif

Compréhension et interprétation

1. Les idées du texte *Chute libre* sont regroupées en paragraphes.

    a) Relis chaque paragraphe.

    b) Quel est le sujet principal de chaque paragraphe? Écris quelques phrases qui le résument.

L'aventure →

En rédigeant ton intrigue, tu pourras éviter les répétitions inutiles grâce aux mots de même famille.

2. a) En équipe de quatre, créez, à l'aide des renseignements tirés du texte, une affiche à caractère descriptif sur la chute libre. Pensez à présenter les dangers de ce sport, les précautions à prendre et l'équipement requis, ainsi qu'à présenter les différents sauts.

    b) Comparez votre affiche avec celles des autres équipes. Ensemble, déterminez laquelle résume le mieux l'essentiel des renseignements fournis dans le texte.

3. As-tu préféré lire le texte *Chute libre* ou le texte *Spéléologie*? Justifie ta réponse.

Bagage de connaissances

La reprise de l'information

La reprise de l'information permet de reprendre un élément déjà indiqué dans un texte dans le but de maintenir la continuité du propos et de ne pas en perdre le fil. Lorsqu'on recourt à de tels procédés, il faut s'assurer que le texte demeure cohérent malgré les différents substituts employés.

Voici quelques procédés courants de reprise de l'information.

REPRISES	EXEMPLES
Par répétition	❯ Les **écoles** de parachutisme sont rares. La plupart de ces **écoles** se trouvent dans des régions éloignées.
Par un synonyme	❯ Elle pose sa **lampe** sur son casque. Grâce à cette **lumière,** la caverne prend forme.
Par le remplacement d'un mot par une suite de mots	❯ Le danger guette quelquefois les **sportifs**. Ces **amateurs de sensations fortes** en sont bien avisés.
Par un mot générique	❯ De nombreux **sports extrêmes** se pratiquent à l'extérieur. Parmi ces **loisirs,** on trouve le saut libre.
Par un mot de même famille	❯ Il faut être **équipé** adéquatement pour pratiquer le saut libre. Un bon **équipement** peut sauver des vies.
Par une partie d'un groupe de mots	❯ Le **groupe de parachutistes** s'apprête à sauter. La nervosité des **parachutistes** est palpable.

a) Lorsqu'il écrit, dans le chapeau du texte *Chute libre,* «une descente verticale vers la terre», quel groupe de mots de la phrase précédente l'auteur reprend-il?

b) La première phrase du texte se sert de la reprise de l'information à l'aide d'un mot générique. Explique ce procédé.

c) Aux lignes 63 et 64 du texte, quelle information du paragraphe précédent l'auteur reprend-il à l'aide du groupe de mots «saut groupé»?

L'aventure →

Au moment de rédiger ton intrigue, tu utiliseras divers procédés de reprise de l'information.

Boussole

Lorsqu'on recourt à la répétition, il est fréquent que l'on change le déterminant du mot répété. Même si elle permet d'assurer la progression du texte, la répétition doit être utilisée avec modération.

Planche à neige

p. 96

Planification

1. Avant de lire le texte *Planche à neige,* jette un coup d'œil sur les premières de couverture des autres ouvrages de cette collection à la page 97.

a) Quels sont les différents sports dont traite cette série de volumes?

b) Selon toi, s'agit-il de sports extrêmes? Explique ta réponse.

c) Explique en quoi les photographies qui apparaissent sur les couvertures évoquent le côté extrême de la pratique de ces sports.

d) Selon toi, si les sportifs et les sportives avaient été captés alors qu'ils touchaient le sol, l'effet aurait-il été le même? Explique ta réponse.

e) «Il est très important que les images, illustrations, dessins ou photographies qui accompagnent un texte reflètent ou évoquent le contenu et le sujet du texte.» Es-tu d'accord avec cette affirmation? Pourquoi?

2. Observe l'organisation du texte. Remarque la disposition des paragraphes.

a) Sont-ils placés les uns à la suite des autres, ou dispersés un peu partout sur la page?

b) Comment prévois-tu procéder pour lire ce texte? De gauche à droite? De haut en bas? Autrement?

- Lis le texte *Planche à neige* afin de te représenter le sport de surf des neiges. Tu te prépareras ainsi pour la rédaction de ton intrigue.

- Au fil de ta lecture, remarque la manière dont certains renseignements sont repris dans le but d'assurer leur continuité.

Compréhension et interprétation

1. Selon toi, le texte *Planche à neige* est-il un texte courant ou un texte littéraire? Explique ta réponse.

2. a) Repère la phrase du texte où les auteurs mentionnent que l'évolution de l'équipement du surf des neiges a toujours été dirigée par ceux et celles qui connaissent le mieux ce sport.

b) Explique ce que les auteurs ont voulu dire par cette phrase.

c) Relève la reprise de l'information à laquelle on a recouru dans cette phrase en te référant au tableau de la page précédente.

d) Nomme ce procédé de reprise de l'information.

3. À l'aide des renseignements contenus dans le texte *Planche à neige*, complète le dessin que te remettra ton enseignant ou ton enseignante.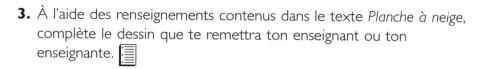

 a) Dessine **tous** les accessoires qui composent l'équipement nécessaire à la surfeuse pour pratiquer le surf des neiges.

 b) Écris le nom de chaque pièce d'équipement et, à l'aide d'une flèche, associe chaque nom à la pièce d'équipement appropriée.

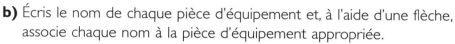

L'aventure →

Afin que le texte de ton intrigue soit cohérent, tu devras reformuler en tes mots, selon le contexte de ton récit, les renseignements que tu tires des divers textes.

4. Imagine que tu es sur une pente et que tu observes un surfeur ou une surfeuse plutôt malhabile qui exécute sa toute première rotation. Dans un court paragraphe, décris ce que tu vois.

5. As-tu appris quelque chose sur le surf des neiges en lisant ce texte? Si oui, qu'as-tu appris?

Bagage de connaissances

L'organisation de l'information

Pour que les idées exprimées dans un texte soient bien comprises, on doit organiser les renseignements de manière cohérente. La plupart du temps, l'organisation par paragraphes est privilégiée, mais ce n'est pas toujours le cas.

Par exemple, dans un texte qui vise à informer le ou la destinataire sur la façon de faire une chose (recette, mode d'emploi, plan de montage, trajet à suivre, etc.), l'auteur ou l'auteure organise généralement son propos d'une manière particulière.

Cette organisation de l'information est bien illustrée dans l'extrait du texte qui décrit la procédure à suivre pour réaliser une rotation. Relis ce passage et remarque les éléments suivants :

- la **numérotation** des 10 étapes pour réaliser une rotation ;
- l'utilisation fréquente de la **phrase impérative** ;
- l'utilisation de **phrases courtes** et d'un **vocabulaire précis** ;
- le recours à des **illustrations** ou à des **schémas**.

1. Apporte en classe des recettes, des modes d'emploi ou des plans de montage. Relève les divers éléments utilisés pour organiser l'information de ces textes.

2. Rédige le trajet à suivre pour se rendre chez toi à partir de l'école :

   a) adresse-toi à un ou à une camarade de classe ;

     b) fais précéder chaque étape d'un gros point ou d'un numéro ;

       c) utilise des phrases impératives ;

       d) illustre la description de ton trajet.

Planification

En survolant les pages du texte *Le saut du lièvre,* tente de relever des indices qui te permettent d'en prévoir le contenu.

a) S'agit-il d'un texte descriptif ou d'un texte narratif ?

b) Quelles sont les caractéristiques du texte qui te conduisent à ton hypothèse ?

• Lis le texte *Le saut du lièvre* pour stimuler ton imaginaire et découvrir l'univers littéraire que le surf des neiges a inspiré à l'auteure. Remarque de quelle manière on peut recourir aux renseignements contenus dans un texte courant pour rédiger une intrigue vraisemblable.

• Au fil de ta lecture, repère les discours rapportés directs qui sont insérés dans le texte.

Cap sur les mots

Le champ lexical

Avant d'écrire un texte, il est conseillé de dresser une ou plusieurs listes de mots qui se rapportent au sujet exploité. En rassemblant ainsi des mots autour d'une idée centrale, on crée un **champ lexical.**

En utilisant aussi souvent que possible des mots qui sont liés au sujet de ton texte, tu crées des liens entre tes idées, et il est plus facile pour tes destinataires de suivre le fil de ton texte.

Voici un exemple de champ lexical ayant pour thème les sports extrêmes.

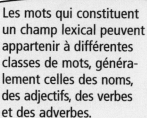

Boussole

Les mots qui constituent un champ lexical peuvent appartenir à différentes classes de mots, générale-ment celles des noms, des adjectifs, des verbes et des adverbes.

défi • hauteur • caverne • spéléologie • se surpasser • montagnes • **sports extrêmes** • équipement • plongée • ski de vitesse • peur • nervosité • surf aérien

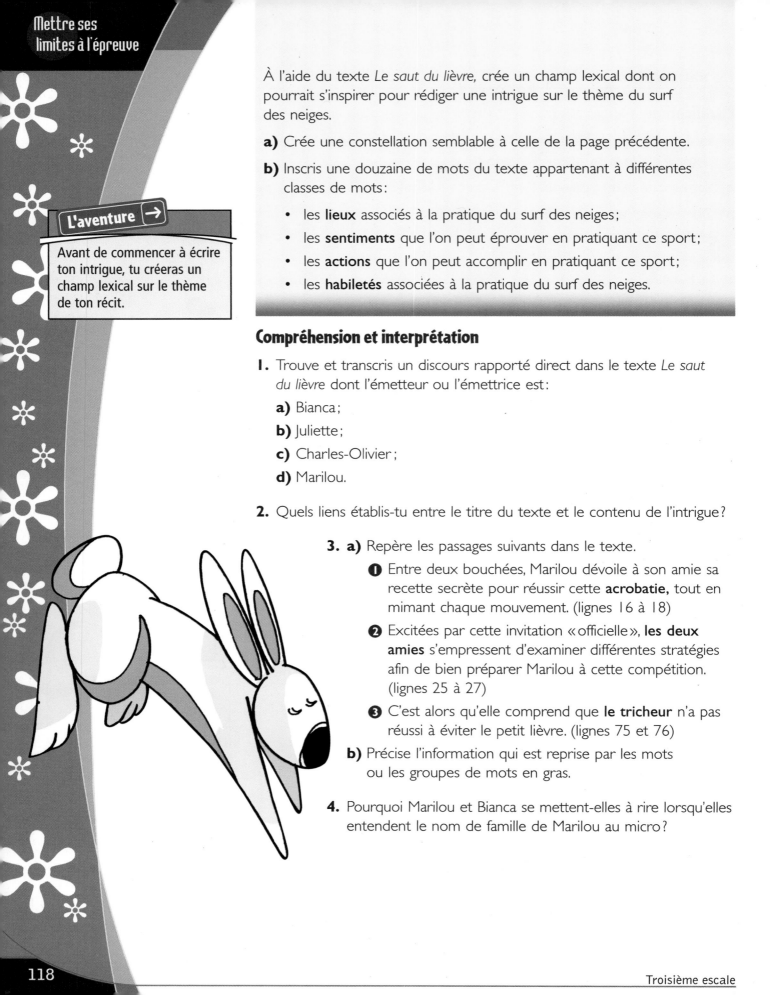

À l'aide du texte *Le saut du lièvre*, crée un champ lexical dont on pourrait s'inspirer pour rédiger une intrigue sur le thème du surf des neiges.

a) Crée une constellation semblable à celle de la page précédente.

b) Inscris une douzaine de mots du texte appartenant à différentes classes de mots:

- les **lieux** associés à la pratique du surf des neiges;
- les **sentiments** que l'on peut éprouver en pratiquant ce sport;
- les **actions** que l'on peut accomplir en pratiquant ce sport;
- les **habiletés** associées à la pratique du surf des neiges.

L'aventure →

Avant de commencer à écrire ton intrigue, tu créeras un champ lexical sur le thème de ton récit.

Compréhension et interprétation

1. Trouve et transcris un discours rapporté direct dans le texte *Le saut du lièvre* dont l'émetteur ou l'émettrice est:

a) Bianca;

b) Juliette;

c) Charles-Olivier;

d) Marilou.

2. Quels liens établis-tu entre le titre du texte et le contenu de l'intrigue?

3. a) Repère les passages suivants dans le texte.

❶ Entre deux bouchées, Marilou dévoile à son amie sa recette secrète pour réussir cette **acrobatie,** tout en mimant chaque mouvement. (lignes 16 à 18)

❷ Excitées par cette invitation «officielle», **les deux amies** s'empressent d'examiner différentes stratégies afin de bien préparer Marilou à cette compétition. (lignes 25 à 27)

❸ C'est alors qu'elle comprend que **le tricheur** n'a pas réussi à éviter le petit lièvre. (lignes 75 et 76)

b) Précise l'information qui est reprise par les mots ou les groupes de mots en gras.

4. Pourquoi Marilou et Bianca se mettent-elles à rire lorsqu'elles entendent le nom de famille de Marilou au micro?

Bagage de connaissances

Le schéma narratif

Le saut du lièvre est un texte narratif parce qu'il raconte les péripéties d'un personnage principal, dans un lieu précis et à une époque donnée. Un texte narratif, ou récit, comporte habituellement cinq parties : une situation initiale, un élément perturbateur, un déroulement, un dénouement et une situation finale. Ces cinq parties composent le schéma narratif.

SITUATION INITIALE (ÉTAT D'ÉQUILIBRE)	• Il s'agit de la situation de départ. • On y présente l'état initial d'équilibre avant que l'événement perturbateur survienne. • On y présente habituellement les lieux (où?), les personnages (qui?), ce qu'ils font (quoi?) et l'époque (quand?).
ÉLÉMENT PERTURBATEUR (ÉTAT DE DÉSÉQUILIBRE)	• Il s'agit de l'événement qui perturbe la situation initiale, qui provoque un déséquilibre en changeant les choses. • Cet événement qui atteint le personnage principal peut prendre la forme d'un problème à résoudre, d'un projet à réaliser ou d'un désir à combler.
DÉROULEMENT (QUÊTE D'ÉQUILIBRE)	• Cette partie est composée d'une série d'actions et de péripéties qui font progresser le récit et qui font vivre des événements au personnage principal. • On y raconte la façon dont ce personnage s'y prend pour résoudre son problème, réaliser son projet ou combler son désir.
DÉNOUEMENT (FIN DU DÉSÉQUILIBRE)	• Il s'agit de l'événement qui vient régler la situation de déséquilibre provoquée par l'élément perturbateur. • On y raconte comment le personnage a réussi ou non à résoudre son problème, à réaliser son projet ou à combler son désir.
SITUATION FINALE	• Il s'agit de l'état dans lequel se trouve le personnage principal après les événements qui se sont produits tout le long du récit. • On y raconte ce qu'est devenu le personnage principal à la suite des événements qu'il a vécus.

Les personnages

Lorsque tu écris un récit, tu dois y inclure un ou plusieurs personnages. Sans personnages, il n'y aurait pas de récit, puisque ce sont eux qui vivent les événements relatés dans le récit. Voici, selon leur importance, les différents personnages qui animent généralement une bonne histoire.

- **Un personnage principal** : il s'agit du personnage autour duquel gravitent tous les autres personnages. C'est lui qui donne un sens aux événements du récit.

- **Des personnages secondaires** : ces personnages interviennent de façon accessoire dans le déroulement des événements en aidant le personnage principal ou en lui nuisant.

- **Des personnages figurants** : ces personnages n'interviennent pas directement dans le déroulement des événements. Toutefois, ils contribuent à rendre le récit vraisemblable.

L'aventure →

Avant de rédiger ton intrigue, tu dresseras une liste de tes personnages selon leur importance et tu attribueras un rôle à chacun.

En dressant la liste de tes personnages, pense à déterminer leur **rôle**. Ainsi, il te sera plus facile de les faire intervenir dans le déroulement des événements selon le lien qui les unit au personnage principal. On peut définir les rôles de la façon suivante.

- **Héros ou héroïne** : personnage principal qui mène à bien un projet ou qui échoue dans sa tentative de résoudre un problème.

- **Adjuvant ou allié** : personnage secondaire qui aide le héros ou l'héroïne dans la réalisation de son projet.

- **Opposant ou adversaire** : personnage secondaire qui s'oppose au héros ou à l'héroïne en faisant obstacle à son projet.

1. À l'aide du tableau que te remettra ton enseignant ou ton enseignante, dresse le schéma narratif du texte *Le saut du lièvre*. 📋

2. **a)** Dresse la liste des personnages de ce récit.

   b) Précise l'importance et le rôle de chaque personnage.

Quelle vague!

📖 p. 101

Planification

a) En pensant aux romans francophones que tu as lus, peux-tu déterminer l'univers que tu préfères? Précise ta réponse.

b) Y a-t-il un auteur ou une auteure francophone dont l'écriture te plaît particulièrement? Quel est son nom? S'agit-il d'un Québécois ou d'une Québécoise?

c) En lisant des romans francophones, mais non québécois, quel genre de difficultés as-tu connues?

- Lis le texte *Quelle vague!* afin de comparer les descriptions qui y sont faites avec celles du texte *Le saut du lièvre.* Tu te prépareras ainsi à la rédaction de ton intrigue.

- Au fil de ta lecture, observe l'organisation du texte et tente de reconnaître les diverses parties du schéma narratif: la situation initiale, l'élément perturbateur, le déroulement, le dénouement et la situation finale.

Compréhension et interprétation

1. Explique le sens de la phrase suivante, tirée du texte *Quelle vague!*: « Dans son dos: le regard de Gary Ross, telles les deux lames d'un couteau suisse bien affûtées. » (lignes 74 et 75).

2. Selon toi, pourquoi l'inspecteur est-il nostalgique alors qu'il gare sa voiture?

3. a) Dresse une liste des personnages de ce récit.

    b) Précise l'importance de chaque personnage en écrivant PP (personnage principal), PS (personnage secondaire) ou PF (personnage figurant).

    c) Précise le rôle de chaque personnage: héros, adjuvant ou opposant.

4. Avec un ou une autre élève, imagine et résume la suite de cette histoire à l'aide d'un court paragraphe.

    a) Ensemble, inventez la suite du déroulement.

    b) Rédigez le dénouement.

    c) Discutez de la situation finale.

5. As-tu aimé lire ce texte sur le surf? Justifie ta réponse.

Bagage de connaissances

L'auteur et le narrateur

Quelle différence y a-t-il entre l'auteur et le narrateur?

Derrière chaque texte se cache un auteur ou une auteure, c'est-à-dire une personne qui a écrit le texte.

Le narrateur, quant à lui, n'est présent que dans les textes narratifs. Il raconte l'histoire. Il en existe trois types:

- Lorsqu'un narrateur n'est pas un personnage de l'histoire et qu'il décrit les actions, les pensées et les attitudes des personnages, on le dit **omniscient.** Ces narrations sont rédigées à la troisième personne du singulier.

- Lorsque le narrateur ne participe pas à l'histoire et raconte seulement ce qu'il voit, on le dit **témoin.** Ces narrations sont rédigées à la troisième personne du singulier.

- Lorsque le narrateur est un personnage de l'histoire, on le dit **participant.** Facile à reconnaître, cette narration est souvent rédigée à la première personne du singulier.

a) Qui est l'auteure du texte *Quelle vague!*?

b) Le narrateur de ce texte est-il omniscient, témoin ou participant? Explique ta réponse.

Bilan

1. Parmi les textes de cette escale, lequel as-tu préféré? Justifie ton choix.

2. As-tu préféré lire les textes courants ou les textes littéraires? Explique ta réponse.

3. En te basant sur ce que tu as lu dans ces textes, explique ce qui t'amènerait un jour à pratiquer ou non un sport extrême.

4. a) Quel texte as-tu trouvé le plus difficile à comprendre?

   b) Indique les principales difficultés que tu as éprouvées.

   c) Décris les moyens que tu as utilisés pour surmonter ces difficultés.

5. La lecture des textes de cette escale a-t-elle amélioré tes compétences de lecteur ou de lectrice? Justifie ta réponse.

Fonctionnement de la langue

Le pronom

Point de repère

Le pronom, tout comme le nom, est le noyau d'un groupe nominal (GN). Il exerce les mêmes rôles que le nom, soit sujet, complément direct ou indirect du verbe, ou attribut du sujet.

Exploration

a) Lis les phrases ci-dessous en prêtant une attention particulière aux mots en gras.

❶ Le surf des neiges est très divertissant. **Il** peut même créer une dépendance.

❷ J'aimerais que **tu** viennes m'aider à revêtir mon équipement.

❸ Les fixations constituent le lien le plus important puisqu'**elles** retiennent le surfeur ou la surfeuse des neiges.

❹ Chers apprentis, il faut **vous** engager dans la manœuvre à 100 %!

❺ Ta manœuvre est trop compliquée, je préfère répéter **la mienne.**

❻ Il est préférable qu'**on les** aide à enfiler les parachutes.

❼ Prête-moi ton parachute, **celui-là** est défectueux.

b) À quelle classe de mots les mots en gras appartiennent-ils?

c) Ces mots sont-ils variables ou invariables? S'ils varient, comment leur donne-t-on un genre, un nombre et une personne?

d) Dans quelles phrases les mots en gras reprennent-ils une information déjà donnée? Quel lien établis-tu entre l'information déjà donnée et l'accord du mot en gras?

e) Dans la phrase ❻, lequel des mots en gras a la même forme qu'un déterminant? Comment fais-tu pour distinguer un déterminant d'un pronom lorsqu'ils ont la même forme?

Tour d'horizon

1. Il existe plusieurs types de pronoms.  p. 305

Les pronoms peuvent être de forme simple (*je, te, nous, celle, ils, on,* etc.) ou de forme complexe (*celui-ci, la mienne, celles-là,* etc.).

2. Les pronoms varient en genre (féminin ou masculin), en nombre (singulier ou pluriel) et en personne (première, deuxième ou troisième personne).

Ils sont tous donneurs d'accord : le verbe, l'adjectif et le participe passé peuvent recevoir le genre, le nombre ou la personne du pronom.

3. Le pronom permet parfois d'assurer la reprise de l'information d'une phrase à l'autre en remplaçant un groupe de mots. Il permet ainsi d'éviter les répétitions d'une information inutiles dans le texte. On dit alors qu'il est un **pronom substitut** puisqu'il a un **antécédent** (groupe de mots inscrit précédemment dans le texte).

> Mon surf des neiges est **celui** que tu vois là-bas.

Le pronom substitut prend le genre, le nombre et la personne de son antécédent. L'antécédent peut être un groupe nominal (GN), un groupe prépositionnel (GPrép), un groupe adjectival (GAdj) ou, encore, une ou plusieurs phrases.

4. Certains pronoms n'ont pas d'antécédent. Ce sont des pronoms de communication qui servent à désigner la personne qui parle et la personne à qui l'on parle.

5. Il y a des pronoms qui ont la même forme que certains déterminants (*le, la, l', les, leur*). C'est en observant leur fonction et leur position dans la phrase qu'on peut les distinguer.

> Ces techniques, je **les** ai pratiquées.
> pron. pers. —— verbe

> J'ai bien pratiqué **les** techniques.
> dét. —— nom

Le groupe verbal (GV)

Point de repère

Le groupe verbal (GV) est un groupe obligatoire de la phrase de base. Le noyau de ce groupe est un verbe conjugué. Le GV est habituellement placé à droite du groupe sujet (GS).

Exploration

a) Lis les phrases ci-dessous et observe les GV soulignés afin de trouver les groupes de mots qui peuvent accompagner les noyaux en gras.

❶ Le parachutiste **attend**.

❷ Elle **dévale** la pente.

❸ Les spéléologues **entrent** dans la caverne.

❹ Son saut **devrait** suffire.

❺ Assis devant leur moniteur, les nouveaux **écoutent** attentivement.

❻ L'instructeur **prétend** que cette technique est facile.

❼ Ces skieuses **semblent** confiantes.

❽ Cette experte **donnera** des conseils à la parachutiste.

❾ Elle **a parlé** de son exploit à la foule.

b) À quelle classe de mots les mots en gras appartiennent-ils?

c) Dans quelle phrase le GV n'est-il formé que d'un verbe noyau?

d) Dans quelle phrase le mot en gras est-il un verbe attributif?

e) Dans quelle phrase le mot en gras est-il accompagné:

❶ d'un seul groupe nominal (GN)?

❷ d'un groupe verbal infinitif (GVinf)?

❸ d'une phrase subordonnée?

❹ d'un groupe adverbial (GAdv)?

❺ d'un seul groupe prépositionnel (GPrép)?

❻ de deux GPrép?

❼ d'un GN et d'un GPrép?

❽ d'un groupe adjectival (GAdj)?

f) Les mots en gras sont-ils variables ou invariables? S'ils varient, comment s'accordent-ils?

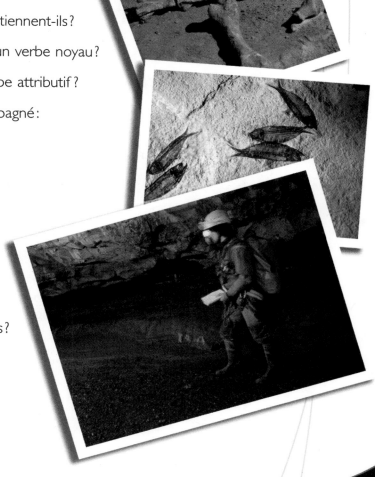

Tour d'horizon

1. Le groupe verbal (GV) peut être constitué d'un verbe noyau seul ou d'un verbe accompagné des expansions suivantes:

- un groupe nominal (GN);

    > Ce skieur **mange** <u>une barre énergisante</u>. *(GN)*

    > Cette athlète **est** <u>une championne</u>. *(GN)*

- un groupe prépositionnel (GPrép);

    > Le surf des neiges se **pratique** <u>sur des pistes enneigées</u>. *(GPrép)*

    > Cette surfeuse **semble** <u>en colère</u>. *(GPrép)*

- un groupe verbal infinitif (GVinf);

    > L'équipe de surfeurs **peut** <u>gagner</u>. *(GVinf)*

- un groupe adverbial (GAdv);

    > Les skieuses **accélèrent** <u>dangereusement</u>. *(GAdv)*

    > Elles **sont** <u>là-bas</u>. *(GAdv)*

- une phrase subordonnée;

    > Cet homme intrépide **croit** <u>que tout est sans risques</u>. *(phrase subordonnée)*

- un groupe adjectival (GAdj).

    > Les fixations de ce surf **sont** <u>très résistantes</u>. *(GAdj)*

Un verbe peut parfois être accompagné de plus d'une expansion.

> Il donne <u>des cours</u> <u>à ce garçon</u>.
>   *(GN)*   *(GPrép)*

2. Le verbe noyau reçoit le nombre et la personne de son groupe sujet (GS). Ce GS est généralement un groupe nominal (GN) dont le noyau est un nom ou un pronom. Le verbe reçoit alors le nombre et la personne du noyau de ce GN.

> Les <u>**sports**</u> extrêmes **exigent** de la prudence.
>   *3e pers. pl.*   *3e pers. pl.*
>   *GS*   *GV*

3

L'accord du verbe avec des groupes sujets (GS) particuliers

Point de repère

Le verbe noyau reçoit le nombre et la personne de son groupe sujet (GS). Ce GS est généralement un groupe nominal (GN) dont le noyau est un nom (commun ou propre) ou un pronom. Dans ce cas, le verbe reçoit alors le nombre et la personne du noyau de ce GN.

Exploration

a) Lis les phrases suivantes en prêtant une attention particulière aux mots en gras ainsi qu'aux groupes de mots soulignés.

❶ <u>Vincent, Noémie et Tristan</u> **skient** toujours ensemble.

❷ <u>Le surfeur professionnel et toi</u> **avez donné** un bon spectacle.

❸ <u>La foule entière</u> **encourageait** l'équipe de surfeuses.

❹ <u>Les spéléologues</u> nous **ont avisés** d'être prudents.

b) Quelle est la fonction des groupes de mots soulignés?

c) Dans le groupe de mots souligné de la phrase ❶:

❶ combien y a-t-il de GN?

❷ à quelle personne et à quel nombre sont chacun de ces GN?

❸ quel est le nombre et la personne du verbe?

d) Dans le groupe de mots souligné de la phrase ❷:

❶ combien y a-t-il de GN?

❷ à quelle personne et à quel nombre sont chacun de ces GN?

❸ quel est le nombre et la personne du verbe?

e) Dans quelle phrase le noyau du groupe de mots souligné est-il formé d'un nom collectif? Compare le nombre et la personne du verbe de cette phrase avec ceux de ce noyau.

f) Dans quelle phrase y a-t-il un mot entre le groupe de mots souligné et le verbe noyau? Le verbe s'accorde-t-il avec le groupe de mots souligné ou ce mot?

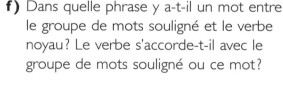

Tour d'horizon

Tu sais déjà que le verbe noyau reçoit le nombre et la personne de son groupe sujet (GS), et que ce GS est généralement un groupe nominal (GN) dont le noyau est un nom (commun ou propre) ou un pronom. Toutefois, comme tu as pu le constater à la page précédente, les GS sont parfois particuliers.

Boussole

Il arrive parfois que le GS soit placé après le GV.

❯ Sur cette piste descendent **des surfeurs.**

- Lorsque le GS est constitué de **plusieurs GN à la troisième personne** du singulier ou du pluriel, le verbe s'accorde à la troisième personne du pluriel puisque le GS peut être remplacé par le pronom *ils* ou *elles*.

  ❯ <u>Mes frères</u>, <u>ma sœur</u> et <u>mon ami</u> **font** du parachutisme.

3ᵉ pers. pl.

- Lorsque le GS est constitué de **plusieurs GN de la 2ᵉ et de la 3ᵉ personne** du singulier ou du pluriel, le verbe s'accorde à la 2ᵉ personne du pluriel, puisque le GS peut être remplacé par le pronom *vous*.

  ❯ <u>Andréa</u> et <u>toi</u> irez skier.

2ᵉ pers. pl.

- Lorsque le GS est constitué de **plusieurs GN dont l'un est à la 1ʳᵉ personne** du singulier ou du pluriel, le verbe s'accorde à la 1ʳᵉ personne du pluriel, puisque le GS peut être remplacé par le pronom *nous*.

  ❯ <u>Eux</u>, <u>toi</u> et <u>moi</u> sauterons en parachute.

1ʳᵉ pers. pl.

- Lorsque le GS est constitué d'un **GN qui a pour noyau un nom collectif au singulier non complété par un GPrép,** le verbe s'accorde à la troisième personne du singulier.

  ❯ <u>L'équipe canadienne</u> **gardait** le silence.

3ᵉ pers. sing.

- Même si le GS est séparé du verbe noyau par un mot écran, le verbe reçoit la personne et le nombre de son GS.

  ❯ <u>L'équipe</u> nous **invite** à garder le silence.

3ᵉ pers. sing.　　3ᵉ pers. sing.

Le pronom

a) Lis les phrases suivantes en prêtant une attention particulière
aux pronoms en gras.

❶ Audrey et Catherine prirent de la vitesse, puis **elles** glissèrent
et virèrent.

❷ Les gens étaient en délire : la performance du surfeur était parfaite
et **les** avait emballés. Même **ceux-là,** qui jamais n'ont touché un surf
de leur vie, **le** reconnaissaient.

❸ **Vous** avez cherché le surfeur mais ne **l'**avez trouvé nulle part.

❹ « Montrez-**moi** les traces de morsure. »

❺ L'inspecteur Pitakis ne laissait personne indifférent : les femmes **lui**
trouvaient du charme, les hommes, **eux, lui** reprochaient sa sensibilité.

❻ La femme du surfeur dit qu'**elle** ignore où **il** est.

b) Remplis un tableau semblable à celui ci-dessous pour vérifier
si les pronoms ont un antécédent ou non.

Boussole

Le genre d'un pronom peut
parfois être impossible à
trouver si l'on ne se réfère
pas à l'antécédent.

	PRONOMS		
PHRASES	**PRONOMS**	**GENRES / NOMBRES / PERSONNES**	**ANTÉCÉDENTS**
❶	> elles	> fém. / pl. / 3ᵉ	> Audrey et Catherine
❷			
❸			
❹			

Le groupe verbal (GV)

1. a) Lis les phrases ci-dessous en prêtant une attention particulière aux groupes verbaux (GV) soulignés.

❶ J'ai prévenu Hossam qu'il se souviendrait de mon nom.

❷ Elle excelle.

❸ Elle parle secrètement à son amie de son succès.

❹ Les moniteurs semblent compétents.

❺ Tous les jours, Marilou pratique son sport favori.

❻ Une blessure compromettrait sa saison à tout moment.

❼ Vous offrez un surf des neiges à cette jeune fille.

❽ Tu utiliseras la force de ta colère pour poursuivre la compétition.

❾ Nous avons aperçu la foule dès notre arrivée au bas de la piste.

❿ Elle comprend que le tricheur n'a pas évité l'obstacle.

b) Encercle les noyaux de ces GV.

c) À l'aide de traits obliques (/), sépare les différents constituants de chaque GV.

d) Identifie les constituants en écrivant, au-dessus d'eux, leur nom. Reporte-toi aux explications données à la page 126.

2. a) Rédige des phrases dont les GV respectent les constructions décrites ci-dessous.

❶ V + GN

❷ V + GPrép

❸ V + GVinf

❹ V + GN + GPrép

❺ V + phrase subordonnée

b) Encadre les noyaux de ces GV.

c) Accorde correctement le noyau de chaque GV avec son GS.

Boussole

Le noyau du GV s'accorde toujours avec le noyau du GS.

L'accord du verbe avec des groupes sujets (GS) particuliers

1. Souligne les groupes sujets (GS) des verbes en gras dans les phrases ci-dessous. 🗒

❶ Enfin équipé de son harnais, Nacim nous **rejoint.**

❷ Puisque toute la troupe et toi **êtes** là, nous pouvons commencer.

❸ À bout de souffle, je leur **rends** mon équipement.

❹ Les moniteurs nous **entraînent** près du mont.

❺ Les fervents et ferventes de spéléologie **voyagent** en équipe.

❻ Un casque, des genouillères, un petit sac à dos, une paire de bonnes chaussures et des gants **constituent** l'équipement essentiel.

❼ Ensemble, la spéléologue expérimentée, toi et moi **pénétrerons** dans l'obscurité.

❽ La spéléologie exige les mêmes compétences que celles dont **font** preuve les grimpeurs et les grimpeuses à la lumière du jour.

❾ Les grottes, dans certaines régions du monde, **offrent** un intérêt historique.

❿ Tout le monde **risque** un jour de s'empêtrer dans son parachute.

2. a) Trouve et souligne le GS dans les phrases ci-dessous.

❶ L'eau, l'espace et le vent (être) ▮▮▮▮▮▮ au rendez-vous.

❷ Toi et ton amie (sauter) ▮▮▮▮▮▮ sur votre surf des neiges.

❸ La foule vous (attendre) ▮▮▮▮▮▮ impatiemment.

❹ La surfeuse, confiante, (commencer) ▮▮▮▮▮▮ sa descente.

❺ Le crâne et les côtes (risquer) ▮▮▮▮▮▮ des blessures graves.

❻ L'équipe complète (dévaler) ▮▮▮▮▮▮ la pente à toute allure.

❼ Ta femme, son fils et moi (songer) ▮▮▮▮▮▮ à pratiquer la spéléologie.

❽ Toi et toute ta troupe (prendre) ▮▮▮▮▮▮ des risques calculés.

❾ Des rebords métalliques et une configuration courbée et arrondie à l'avant et à l'arrière du surf (être) ▮▮▮▮▮▮ maintenant la norme.

❿ Le virage et l'arrêt (représenter) ▮▮▮▮▮▮ les bases du surf des neiges.

b) Conjugue et accorde les verbes entre parenthèses à l'indicatif présent.

L'aventure →

Action-réaction

Tout le long de cette escale, tu as plongé dans un monde de sensations fortes. Grâce à cette excursion dans l'univers des sports extrêmes, tu as exploré les environnements dans lesquels ils se pratiquent et tu connais les précautions à prendre ainsi que l'importance d'un équipement bien adapté pour écarter les dangers. Maintenant que tu as apprivoisé cet univers, tu peux inventer des intrigues où se côtoieront réalisme et imaginaire.

Rédige une intrigue dont le thème sera lié à l'un ou l'autre des sports présentés. Afin que ton intrigue soit vraisemblable, tu devras y inclure des renseignements crédibles (liés aux dangers, aux précautions, à l'équipement ou aux lieux, par exemple) extraits des textes descriptifs de cette escale.

Durant ta rédaction, assure-toi de respecter les consignes suivantes.

Journal de bord

As-tu déjà lu des livres ou vu des films portant sur les sports extrêmes ? Raconte-les dans ton journal de bord.

TÂCHE	Écrire un récit d'aventures à l'aide de faits vraisemblables puisés dans les lectures faites au cours de cette escale ou ailleurs.
SUJET	Un sport extrême de ton choix.
CONTEXTE DE RÉALISATION	Travail individuel.

Préparation

Comme un sportif ou une sportive qui considère le nouvel univers auquel il ou elle fait face et qui prévoit une façon d'affronter les épreuves avant même de s'y frotter, détermine tout d'abord les principaux éléments de ton récit.

Planifier sa production

a) Déterminer si le narrateur du récit sera omniscient, témoin ou participant afin de cibler le point de vue qui sera adopté au cours de la rédaction du récit.

b) Se référer à diverses sources (textes de cette escale et autres textes, connaissances et expériences personnelles, apprentissages et travaux réalisés dans cette escale) pour :

❶ décider des éléments qui contribueront à créer le thème du récit ;

❷ imaginer les caractéristiques des personnages et la nature des liens qui les unissent ;

❸ caractériser les lieux et l'époque du récit.

c) Déterminer les caractéristiques de son destinataire dans une fiche semblable à celle ci-dessous.

d) Regrouper et organiser ses idées de manière à créer un fil conducteur qui fera progresser l'intrigue selon le schéma narratif.

e) Penser aux difficultés vécues au cours des précédentes productions écrites ou aux difficultés possibles et se lancer un défi personnel relatif à la réalisation de la présente production.

Destinataires

Noms : Cynthia, David, Simon, Marie-Ève

Âge : 12 à 13 ans

Nationalités : canadienne, chinoise, haïtienne, etc.

Signes particuliers : élèves de ma classe. Ils font partie de l'équipe de surf des neiges de l'école.

Réalisation

Voici maintenant le moment de revêtir ton équipement d'écrivain ou d'écrivaine et de rédiger ton récit. Redouble de prudence et suis les directives qui se trouvent sur la fiche suivante.

Rédiger un brouillon

a) Utiliser, si possible, un logiciel de traitement de texte.

b) Relire son texte régulièrement au cours de la rédaction.

c) Établir des liens entre les éléments suivants :

❶ la situation initiale ;

❷ l'élément perturbateur ;

❸ les actions ou les événements du déroulement ;

❹ le dénouement.

d) Privilégier un mode d'organisation permettant :

❶ de raconter les événements du récit dans un ordre chronologique ;

❷ d'insérer des descriptions et des dialogues pour créer une impression de vraisemblance.

e) Assurer la cohérence de son texte en employant des procédés de reprise de l'information.

f) Utiliser des paragraphes pour regrouper les phrases qui composent les différentes parties du schéma narratif.

g) Donner un titre évocateur à son texte.

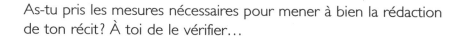

As-tu pris les mesures nécessaires pour mener à bien la rédaction
de ton récit? À toi de le vérifier…

Réviser, améliorer et corriger son texte

a) Relire son texte plusieurs fois afin de s'assurer que la réponse
à chacune des questions suivantes est «oui».

❶ Ce texte respecte-t-il les caractéristiques du schéma
narratif?

❷ Le thème de ce texte est-il évoqué par des renseignements
crédibles relatifs à un sport extrême?

❸ Les différentes parties du schéma narratif sont-elles
présentées dans des paragraphes distincts?

❹ Les événements du récit sont-ils présentés dans l'ordre
chronologique?

❺ Des descriptions et des dialogues contribuent-ils à créer
une impression de vraisemblance dans ce texte?

b) Vérifier la pertinence des éléments retenus pour créer
son thème.

c) Vérifier la pertinence des descriptions et des dialogues présentés
dans le texte.

d) Vérifier si l'on peut améliorer son texte en ajoutant des
précisions, en éliminant des redondances, en reformulant des
éléments avec plus de précision ou en variant son vocabulaire.

e) Vérifier la construction de ses phrases, les accords dans les GN
ainsi que l'accord des verbes avec leur sujet.

f) Vérifier l'orthographe des mots à l'aide du dictionnaire.

g) Apporter les corrections nécessaires à la suite des vérifications
effectuées.

h) Rédiger une version définitive de son texte où sont pris
en compte les éléments révisés, améliorés et corrigés.

Fin de l'épreuve!

Voici enfin le moment de terminer ta production. Assure-toi que tu as bien recopié ton texte, sans faire d'erreurs, en le relisant plusieurs fois. Si le cœur t'en dit (et s'il te reste un peu de souffle), crée une page couverture ou insère quelques illustrations ou dessins dans ton récit. Tu peux maintenant reprendre ton souffle en lisant les productions de tes pairs…

Bilan

Afin de faire le bilan de ton parcours, réponds aux questions ci-dessous.

a) Quelles sont les difficultés que tu as dû surmonter au cours de la rédaction de ton récit?

b) En comparant cette production avec tes productions précédentes, explique les progrès que tu as réalisés.

c) Dans quelle mesure les commentaires des autres élèves ont-ils contribué à améliorer ton texte?

d) Quelles nouvelles connaissances as-tu acquises grâce à la rédaction de ce texte?

e) Dans quelle mesure as-tu relevé le défi que tu t'étais lancé?

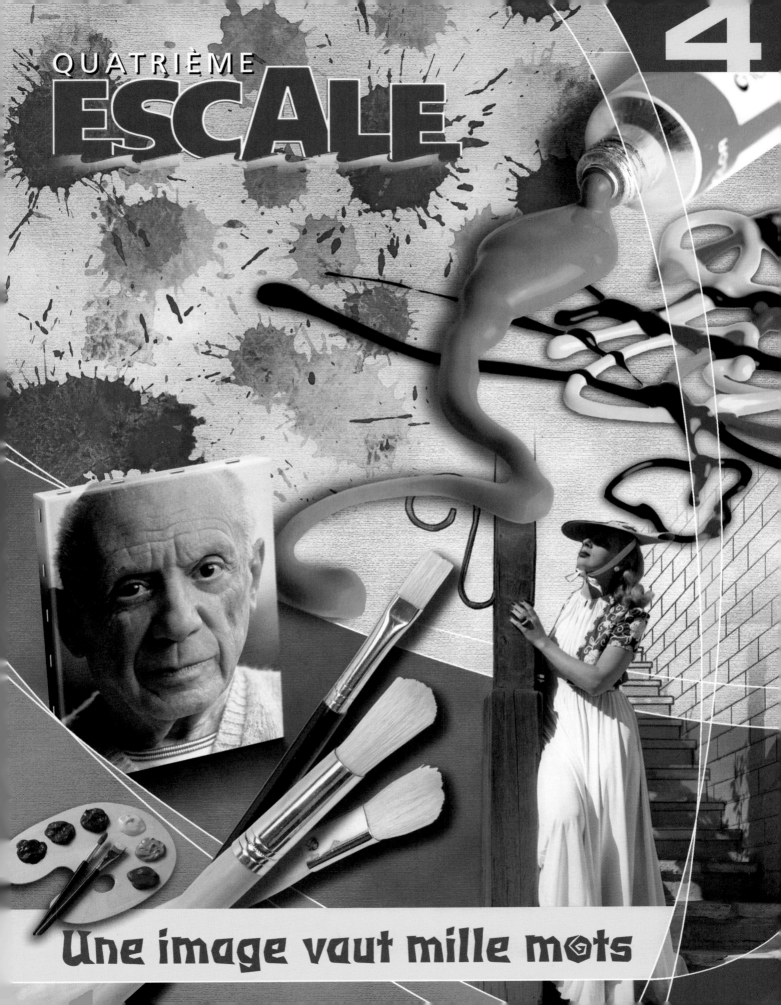

Fiche signalétique de Vincent **Van Gogh**

Prénom : **Vincent Willem**

Nom : **Van Gogh**

Date de naissance : **30 mars 1853**

Lieu de naissance : **Groot-Zundert, village du Brabant (Hollande)**

Date de décès : **29 juillet 1890**

Lieu de décès : **Auvers-sur-Oise (France)**

Profession : **Peintre**

Carrière artistique : **Elle commence au début des années 1880.**

Ses premiers tableaux : **Des natures mortes[1]**

10 Ses principaux thèmes : **Des paysages**

Ses amis peintres : **Toulouse-Lautrec, Monet, Renoir, Degas et Gauguin**

Signe distinctif : **La partie inférieure de son oreille gauche est amputée.**

Son style : **Il peint des paysages dans un style réaliste avec des couleurs vivantes et expressives.**

Peintures célèbres : *Les tournesols* **(1888),** *Nuit étoilée* **(1889)**

Son legs[2] : **Près de 800 tableaux et presque autant de dessins**

1853-1890

Vincent Van Gogh, *Les tournesols*, 1888.

Vincent Van Gogh, *Pêcher en fleurs*, 1889.

1. natures mortes : représentations d'objets ou d'êtres inanimés faisant le sujet central d'un tableau.

2. legs : héritage.

Vincent Van Gogh, *Nuit étoilée*, 1889.

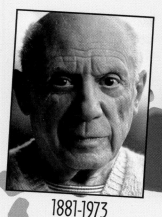

Picasso

1881-1973

À 16 ans, l'artiste espagnol Pablo Picasso étudie l'art à Madrid et fait preuve d'un grand talent, tant en dessin qu'en peinture. En 1901, il part pour Paris.

Entre 1901 et 1904, le bleu domine ses peintures : c'est la période bleue. De 1905
10 à 1906, il peint des artistes de cirque et des clowns en couleurs plus chaudes : c'est la période rose.

En 1907, il peint *Les demoiselles d'Avignon* dont le style révolutionnaire marque la naissance du cubisme. Avec Georges Braque, Picasso défie les manières tradition-
20 nelles de représenter les personnes et les objets. Il dessine également des décors et des costumes pour les ballets et le théâtre. Il est également céramiste, lithographe et graveur. Son chef-d'œuvre *Guernica* est une réponse aux horreurs de la guerre civile espagnole.

Pablo Picasso est sans
30 doute l'artiste le plus influent du 20e siècle. Durant ses 75 ans de carrière, il maîtrise tous les moyens d'expression qu'il utilise, de la peinture et la sculpture à la céramique et à la gravure.

Pablo Picasso, *Portrait de Nush Eluard.*

Pablo Picasso, *Femme au chapeau blanc,* 1921.

Pablo Picasso, *Guernica,* 1937.

Rachel HUTCHINGS et Sarah LAVER, *Les grands personnages du monde,* 1000 ans d'histoire, Saint-Lambert, Éditions Héritage Jeunesse, 2003, p. 164.

Tamara de Lempicka, *Chapeau de paille*, 1930.

TAMARA DE *Lempicka*

1898-1980

1898 – Tamara Gorska naît dans une famille aisée de Varsovie[1].

1910 – La mère de Tamara commande un portrait de sa fille chez une femme peintre, célèbre pour ses pastels. Poser est une torture pour Tamara qui n'est guère satisfaite du résultat. Persuadée de ses dons, elle prie
10 sa sœur de lui servir de modèle, et son œuvre lui plaît davantage que le travail de l'artiste célèbre.

1911 – Tamara s'ennuie à l'école, elle réussit à la quitter en feignant la maladie. Avec sa grand-mère, qui l'aime plus que tout et la gâte, elle entreprend un voyage en Italie. C'est là que va se développer sa passion de l'art.

20 1914 – Tamara passera l'été chez sa tante Stéfa à Petrograd[2]. À partir de ce moment, elle est absolument décidée à ne plus mener d'autre vie que la vie luxueuse qu'elle apprend à apprécier durant ce séjour. Tamara tombe amoureuse de Tadeusz Lempicki, un grand brun de belle apparence, qui
30 est avocat à Petrograd.

1916 – Tamara Gorska et Tadeusz Lempicki se marient dans la chapelle des Chevaliers de Malte à Petrograd.

1918-1923 – Tamara et Tadeusz s'installent à Paris. Tadeusz ne trouve pas de travail.
40 Leur fille Kizette naît. Tamara

---

1. Varsovie : capitale de la Pologne.

2. Petrograd : ville de Russie qui porte aujourd'hui le nom de Saint-Pétersbourg.

prend des cours de peinture chez André Lhote dans le but de vivre de la vente de ses tableaux. Elle peint des natures mortes ainsi que des portraits de Kizette et de sa voisine. Elle vend ses premiers tableaux. Elle peut à nouveau mener la vie qu'elle aime : elle voyage
50 à l'étranger, loge dans les meilleurs hôtels et s'entoure d'artistes et d'écrivains renommés.

1925 – La première exposition Art déco a lieu à Paris. Tamara se fait un nom dans cette tendance stylistique. Des journaux de mode américains commencent à s'intéresser
60 à elle. Tamara se rend en Italie avec Kizette pour étudier les chefs-d'œuvre de l'époque classique.

1926-1929 – *Kizette au balcon* reçoit en 1927 le Premier Prix de l'Exposition internationale des beaux-arts de Bordeaux. *Kizette, la première communion* obtient la médaille de bronze en
70 Pologne en 1929, à l'Exposition internationale de Poznan.

1928 – Le divorce est prononcé entre Tamara et Tadeusz.

1929 – Tamara se rend en Amérique.

1931-1939 – Tamara continue de travailler malgré la crise économique mondiale, et ses tableaux sont exposés dans
80 différentes galeries parisiennes.

L'Art déco est un mouvement artistique du début du 20ᵉ siècle qui s'exprime également dans l'architecture, dans le mobilier et les objets de grande consommation, dans les affiches.

Un jour, au cours d'une réception, quelqu'un lui demanda pourquoi elle avait choisi un style si particulier de peinture. Elle lui déclara : « Je veux qu'au milieu de cent autres, on remarque une de mes œuvres au premier coup d'œil. »

Tamara de Lempicka, *Kizette au balcon*, 1927.

Tamara de Lempicka, *Saint-Moritz*, 1929.

Gilles NÉRET, *Lempicka,* Cologne (Allemagne),
Éditions Taschen, 2001, p. 42, 78-79.

1939 – La Galerie Paul Reinhart
à Los Angeles organise une
exposition réservée aux œuvres
de Tamara.

1960 – Tamara change de style
et fait ses débuts dans
l'« abstraction [1] », elle commence
à travailler au couteau.

1963 – Tamara s'installe à
90 Houston pour être aux côtés
de Kizette.

1973 – Une rétrospective des
œuvres de Tamara a lieu dans la
Galerie du Luxembourg à Paris.

1974 – Tamara emménage
à Cuernavaca au Mexique.

1980 – Tamara de Lempicka
meurt le 18 mars dans son
sommeil. Kizette respecte
100 ses vœux et répand ses cendres
au-dessus du cratère
du Popocatépetl.

1. abstraction : art abstrait qui ne
s'attache pas à la représentation
fidèle des personnes, des lieux,
des objets.

Tamara de Lempicka, *Les arums*, 1941.

Marc-Aurèle Fortin, *Val-Morin*, 1945.

Marc-Aurèle **Fortin**

1888-1970

Crois-tu qu'un artiste peut se faire remarquer en peignant principalement des ormes? Crois-tu qu'il est possible de vivre son rêve sans restriction? Crois-tu que l'amour de l'art peut permettre à un artiste de surmonter de nombreux obstacles?

10 C'est ce qu'a fait Marc-Aurèle Fortin. Sa passion démesurée pour la peinture l'a mené au-delà de ses rêves. Mais ne va pas croire que sa vie a été de tout repos. Avant d'être reconnu comme l'un des grands de l'histoire de la peinture québécoise, Marc-Aurèle Fortin a vécu
20 bien des tourments.

Il est né le 14 mars 1888 à Sainte-Rose, un petit village situé tout près de Montréal. Il a reçu une première formation en peinture au Monument national, vers l'âge de 15 ans. Malheureusement, son père ne partageait pas son intérêt pour l'art. Pour
30 convaincre son fils de se diriger vers une autre carrière, il a décidé de lui couper les vivres[1]. Malgré le manque d'argent, Marc-Aurèle Fortin a poursuivi son rêve. Après avoir occupé divers emplois et accumulé assez d'argent, il est allé suivre quelques cours de peinture aux États-Unis.
40 Puis, il a entrepris un long voyage en Europe.

1. couper les vivres : enlever à une personne ses moyens de subsistance.

Marc-Aurèle Fortin, *Les ormes à Sainte-Rose*, vers 1926.

1. **huiles**: tableaux peints à l'huile.

2. **aquarelles**: tableaux peints à l'aide d'une peinture légère avec des couleurs transparentes délayées dans de l'eau.

3. **œuvre (masc.)**: ensemble de la production d'un ou d'une artiste.
œuvre (fém.): résultat d'un travail créateur, d'une production.

4 **sanatorium**: maison de santé située dans des conditions climatiques favorables, où l'on soigne des personnes atteintes de tuberculose.

À son retour, au début des années 1920, Marc-Aurèle Fortin était totalement transformé. Il a repris son pinceau et a dévoilé tout son génie d'artiste en réalisant des toiles poétiques et romantiques. Pendant près de douze ans, 50 il a surtout peint les ormes majestueux qui peuplaient les paysages de son village natal. Avec leurs couleurs saisissantes et leurs contrastes percutants, les huiles [1] et les aquarelles [2] de ce peintre ont peu à peu occupé une place de choix dans le monde des arts.

60 Quelques années plus tard, durant un autre voyage en Europe, Marc-Aurèle Fortin a étudié une nouvelle technique, qui consistait à peindre sur une toile d'une couleur autre que blanc. Puis, vers 1938, l'artiste a officiellement été reconnu alors que ses œuvres étaient exposées à la 70 Tate Gallery de Londres (Angleterre).

Quand il est revenu au Québec, Marc-Aurèle Fortin s'est installé en Gaspésie. Jusqu'en 1945, il a produit des toiles d'une grande beauté représentant des paysages gaspésiens. Vers l'âge de 60 ans, l'artiste est retourné à 80 Sainte-Rose, où il a poursuivi son œuvre [3].

Puis la maladie l'a atteint. Amputé des deux jambes et accablé de souffrances, le peintre a dû mettre un terme à sa passion. Il a vécu les derniers moments de sa vie dans un sanatorium [4] à Macamic. Il s'est éteint le 90 2 mars 1970, à l'âge de 82 ans.

Marc-Aurèle Fortin est un exemple de courage et de passion. Tout le long de sa vie, il a ignoré les épreuves pour se laisser guider par ses rêves et son inspiration afin de nous léguer des œuvres uniques et incomparables.

Marie Sylvie LEGAULT

Marc-Aurèle Fortin, vers 1921.

Marcelle Ferron

1924-2001

Marcelle Ferron naît à Louiseville, en 1924, dans une famille bourgeoise. Elle n'a que sept ans lorsque sa mère meurt. Son père, notaire de profession, assure l'éducation de toute sa famille. Après le décès de sa femme, il emménage à la campagne. Garçons et filles profitent des activités de la vie rurale et développent auprès de leur père une libre pensée.

De santé précaire, Marcelle Ferron souffre, à trois ans, d'une tuberculose osseuse ; elle fera de fréquents séjours à l'hôpital. Toute sa vie sera marquée physiquement et intellectuellement par les séquelles de sa maladie, qui lui laisse une « mauvaise patte », comme elle se plaît elle-même à le dire. En dépit de ces problèmes, Marcelle Ferron mène une vie pleine et lumineuse ; elle est une fonceuse, une féministe avant le temps, une battante, une femme droite et intègre. Après ses études secondaires, faites à Montréal, Marcelle Ferron s'inscrit à l'École des beaux-arts de Québec. Mais elle abandonne ses études avant la fin de sa formation, insatisfaite des réponses que l'on apporte à ses questions sur l'art moderne.

Après quelques années de tâtonnements, durant lesquelles elle se marie et a trois enfants, elle rencontre Paul-Émile Borduas, qui se révélera son maître à penser et lui enseignera la base de la peinture automatiste.

Paul-Émile Borduas (1905-1960) est un peintre qui a été très influent sur le développement des arts au Québec. Il est le chef de fil du mouvement automatiste.

Marcelle Ferron, *Verrière*, station de métro Champ-de-Mars à Montréal, 1968.

Marcelle Ferron, *Verrière*, palais de justice de Granby, 1979.

Peu de temps après, elle expose ses œuvres pour la première fois, à la Librairie Tranquille. Elle commence à se faire remarquer dans le monde des arts. Vers 1953, Marcelle Ferron décide de partir pour la France.

Elle se sépare de son mari, René Hamelin, et s'installe en France avec ses trois filles. Elle passera la majorité de ses 13 ans d'absence en banlieue de Paris, où elle loue une maison et y aménage son atelier. C'est une période très fertile. Elle pose les bases de sa carrière de peintre, séduit les galeristes, se fait remarquer par des personnes influentes dans le domaine des arts en France.

Marcelle Ferron fréquente aussi assidûment les cafés de Paris et entretient des liens avec les artistes installés ou de passage à Paris. C'est une artiste reconnue internationalement qui revient au Québec en 1966.

Sa rencontre avec le verrier Michel Blum marquera un tournant dans sa vie. Le travail du verre lui permettra d'explorer à fond la lumière et les couleurs qui constituent déjà le fondement de sa peinture.

Elle se consacrera intensément au travail du verre pendant les sept années qui suivront. Sa première réalisation est une murale pour l'Expo 67, mais celle qu'elle crée pour la station de métro Champ-de-Mars à Montréal la fera connaître et apprécier de

Marcelle Ferron, *Congo*, 1960.

l'ensemble de la population québécoise. Par ailleurs, plusieurs édifices publics s'enrichiront de ses verrières dont, entre autres, le palais de justice de Granby et l'hôpital de Trois-Rivières.

Durant cette période, Marcelle Ferron enseigne aussi l'architecture et l'art à l'Université Laval. Elle revient à la peinture vers 1985. Elle peint et crée par passion et, aussi, par nécessité.

En 1983, elle est la première femme à recevoir le prix Paul-Émile-Borduas. Elle recevra également d'autres distinctions importantes. Le gouvernement du Québec reconnaît sa valeur en la décorant de l'Ordre national du Québec.

Sa vie de peintre et ses prises de position politiques et sociales tout le long de sa vie en font une artiste incontournable dans notre paysage culturel. Marcelle Ferron est décédée en 2001.

Marcelle Ferron, *Composition*, 1955.

Le mouvement automatiste cherche à transposer sur la toile une production sans idée spontanée. Plusieurs peintres se joignent à ce mouvement et lancent le manifeste *Refus global*.

Adapté de Marcelle Ferron, *Femmes à l'honneur : leurs réalisations*, site Internet de la Bibliothèque nationale du Canada.

Songo
et la liberté

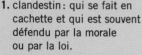
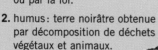
---

1. clandestin : qui se fait en
cachette et qui est souvent
défendu par la morale
ou par la loi.

2. humus : terre noirâtre obtenue
par décomposition de déchets
végétaux et animaux.

Quand la nuit fut faite sur le port et qu'on n'entendit plus que le clapotis constant entre les bateaux et les quais, Songo, chimpanzé futé et passager clandestin[1] de son état, descendit lentement de la chaloupe de sauvetage qui lui avait tenu lieu de cabine de luxe durant les sept jours de voyage.

Tout d'abord, il ne reconnut rien de ce qu'il connaissait d'une forêt. Les arbres, les oiseaux, l'herbe, l'humus[2] même, les sons, et les odeurs… Tout était nouveau. Ici, c'était l'automne et les érables avaient commencé leur merveilleux manège de couleurs.
10 À plusieurs reprises, il ferma les yeux pour les rouvrir brusquement aussitôt et constater qu'il n'avait pas rêvé. C'étaient vraiment les feuilles qui faisaient, ainsi, chanter l'air.

Puis, après avoir vérifié toutes les différences, il commença à se demander s'il allait trouver dans l'immensité de ces bois quelque chose ou quelqu'un d'un peu familier, lorsqu'il vit bouger une sorte de masse assez sombre à trois pas de lui. Il grimpa rapidement dans le premier arbre venu et regarda aussitôt par terre… Une grosse pierre bougeait encore et s'approchait du pied de l'arbre. « Hou ! Hou ! », « Hé ! Hé ! », dit-il tout haut.
20 « Je connais ça, moi. C'est une tortue. » Mais pour s'assurer quand même :

– Vous êtes bien une tortue ?

– Oui… Et vous êtes bien un singe ? Je ne me trompe pas ?

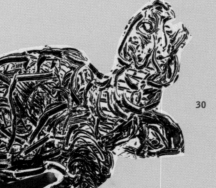

Jean-Paul Riopelle, *Tortue,* 1968.

– Vous ne vous trompez pas beaucoup.
Je suis un chimpanzé et je m'appelle
Songo.

– Eh bien, moi, je m'appelle Patience.
Depuis quand êtes-vous par ici ?

30 – Je viens d'arriver et je suis très
content de rencontrer quelqu'un
que je reconnais !

– Si vous avez la patience de me suivre, dit la tortue, je vais vous conduire
à la Grande Source où vous pourrez
boire et je pourrai vous présenter
aux autres. Ils y viennent tous, à un
moment ou l'autre.

Songo descendit de son arbre. Ils prirent le
reste de l'avant-midi, au pas de la tortue, pour
40 arriver à une clairière au milieu de laquelle un
étang imposant semblait le rendez-vous de
toute la faune des alentours. Il y avait là l'aigle,
que la tortue lui présenta comme «le grand
Planard», des poules faisanes et quelques
centaines d'oies qui cacardaient, mais qui se
turent toutes ensemble quand elles aperçurent
Songo. Patience se retourna pour dire à Songo:
«Ne vous en faites pas, elles voyagent
beaucoup et parlent fort, mais elles n'ont
50 jamais rien vu… Elles ont une cage dans la
tête… Et tous les automnes, elles vont se faire
tuer bêtement sur les battures[1].» Puis, elle lui
présenta Vigile, le hibou. Un grand duc énorme
qui, levant sur le petit singe un œil sévère et
inquisiteur[2], lui dit quand même: «Bonjour».
Puis, s'adressant à Patience:

– Qu'est-ce qu'un singe vient faire par ici?

– Je me le suis demandé aussi, dit la tortue.
Figurez-vous qu'il est arrivé par bateau
60 de l'autre côté de la terre et, par camion,
jusqu'ici. Je l'ai trouvé tout près du Grand
Chemin humain.

Le hibou sembla réfléchir avant de reprendre:

Jean-Paul Riopelle, *Hibou X*, 1970.

– Je vois… mais l'avez-vous averti des dangers qu'il court,
de ce qu'est l'hiver et combien il sera difficile de se nourrir,
et… et de tout le reste?

– Voyez-vous, Vigile, j'ai pensé l'accueillir d'abord et discuter
de tout cela ensuite. On a le temps, quand même…

– Oh! les feuilles ont commencé à tomber… Enfin, c'est
70 votre invité après tout. On va l'aider, c'est sûr… Mais vaut
mieux prévenir!

– Ah! pour ça, vous avez raison. Nous en reparlerons tous
ensemble dès demain.

Sur les entrefaites, Pistor, le loup, sortit d'un boisé et pointa
sa truffe[3] dans la direction de Songo…

– Qu'est-ce que je sens là? C'est nouveau… c'est fort…
c'est qui?

1. battures: portions étendues
et plates d'un rivage que
la marée descendante laisse
à découvert.

2. inquisiteur: qui interroge
indiscrètement, de façon
autoritaire.

3. truffe: dans ce texte, extrémité
du museau.

Jean-Paul Riopelle, *Singe*, 1968.

1. transgresser: désobéir.
2. anfractuosité: cavité profonde et irrégulière, crevasse.

– C'est Songo, un chimpanzé, répliqua Patience. Et attention, Pistor, c'est un invité… Tu me comprends bien?

– Mais oui, Madame Patience… Un invité… pour combien de temps?

– Pour le temps qu'il faudra, Monsieur Pistor. Compris?

– Bon, d'accord. Compris.

Pistor s'en retourna, évidemment déçu. Mais quand Dame Patience avait dit, il n'était pas question de transgresser[1] ses dires; sous peine d'être de travers avec tout le monde.

La nuit tombait. La journée de Songo avait été bien remplie. On se retira donc, chacun dans ses quartiers. L'aigle Planard retrouva son aire au sommet d'un grand pin, le loup Pistor réintégra sa tanière et la tortue indiqua à son invité un renfoncement de rocher où la mousse lui ferait un bon lit en attendant les grandes décisions d'avant la neige.

Bien entendu, lorsqu'il sentit que tout le monde était au repos, Songo sortit de sa cachette et grimpa dans un grand frêne pour dormir jusqu'à ce que le premier rayon de soleil l'éveille avant tout le monde. Puis, il retourna faire un dernier somme «de politesse» dans le lit de mousse où Dame Patience avait voulu le mettre à l'abri. Mais pour son deuxième réveil dans son nouveau monde, Songo eut la surprise peu rassurante de voir un énorme museau le renifler. Un grognement terrifiant l'avait sorti de son rêve.

Un gros ours noir bloquait entièrement toute échappatoire de l'anfractuosité[2] où il avait fini par se rendormir. C'est la voix de Patience qui le rassura un peu.

– Enlève-toi de la porte, Pataud, que j'aille voir mon invité.

L'ours grogna de plus belle, mais retira sa montagne de poils à l'écart en demandant:

– Mais… c'est qui… ça? C'est qui?

– C'est un singe, Pataud. Un chimpanzé. C'est gentil. Ce n'est pas un chasseur. Ce n'est pas un humain. Il n'a pas de fusil.

Songo était plus impressionné encore par l'autorité de la tortue que par l'ours. Il demanda :

– Veux-tu bien m'expliquer, Madame Patience, pourquoi tout le monde a peur d'une tortue par ici ? Tu as l'air d'être l'impératrice de toute la forêt.

La tortue le regarda, hochant la tête à gauche, puis à droite, et finit par répondre :

– Mon pauvre ami, c'est bien plus simple que tu ne le crois. D'abord, je suis la plus vieille de tous. Et puis, ils n'ont pas peur de moi ; tu me fais rire !

Je ne fais peur à personne, moi. Je n'ai pas de grands moyens. Je n'attaque personne et je ne prends pas beaucoup de place. Je prends du temps, c'est tout.

Ils ne me craignent pas. Il me respectent. Je me fais écouter d'eux sans les humilier… À l'exception, peut-être, de Pistor et de Planard, aux instincts desquels il ne faut pas toujours se fier, je ne crains personne. Mais je reste prudente quand même. Un jour, l'aigle a voulu m'enlever pour faire déjeuner ses petits, mais je lui ai mordu une serre et, de plus, il n'est pas arrivé à me soulever de terre : je m'étais ancrée à une grosse racine. Il n'a jamais compris, mais il a retenu la leçon et je me suis débrouillée pour que tout le monde soit au courant. Il me fout la paix depuis… Voilà !

– Vous êtes plus maligne qu'on ne le croirait à vous voir, Madame la tortue. Je suis bien heureux de vous avoir rencontrée en premier.

– Bien, maintenant, dit Patience, il faut discuter de ton cas avec Vigile ! Parce que la neige, c'est beau… mais ce n'est pas nouveau longtemps. Et, par ici, dans les arbres, il n'y a rien en hiver : ni cocos, ni bananes, ni fruits à pain[1], ni rien ! Et comme chacun a du mal à trouver de quoi se nourrir, il faudrait que tu te débrouilles seul. Allez, va te débarbouiller un peu qu'on aille voir le vieux hibou.

Vigile, le vieux hibou, grand duc de son espèce, les attendait visiblement…

Jean-Paul Riopelle

Jean-Paul Riopelle naît à Montréal le 7 octobre 1923. Sa carrière artistique prend son envol en 1945, alors qu'il découvre la peinture abstraite. Cet art lui procure un sentiment de libération. Ses créations prennent forme par des gestes impulsifs et spontanés inspirés de l'émotion que lui procure la splendeur de la nature. Grâce au succès de ses nombreuses expositions, il se bâtit une réputation sur le plan international. Reconnu surtout pour ses grandioses mosaïques, il a également exploré plusieurs autres styles, médiums et techniques au cours de sa prodigieuse carrière. En 1981, il reçoit le prix Paul-Émile-Borduas, la plus haute distinction québécoise dans le domaine des arts visuels. Un an plus tard, il entreprend sa fameuse série de tableaux consacrés aux oies sauvages. Riopelle s'éteint le 12 mars 2002, à L'Isle-aux-Grues.

1. fruits à pain : fruits comestibles à chair blanche provenant de l'arbre à pain.

Jean-Paul Riopelle, *Ombrette,* 1983.

– Voyons ce que l'on pourrait trouver pour te faire passer l'hiver. J'y songe depuis ton arrivée et j'y ai pensé toute la nuit. Je n'ai pas fermé l'œil. Et j'en ai parlé à Pataud, à Planard et à Ombrette…

– À Ombrette ? l'interrompit la tortue, étonnée qu'une oie puisse être de quelque utilité dans ces circonstances…

– Oui, Dame Tortue, reprit Vigile. À Ombrette… Et elle nous aura été d'un très grand secours, si vous trouvez notre idée pertinente.

160 – Bon, allez-y ! dit Patience. Il faut toujours être prêt à apprendre de moins… de moins… je veux dire de plus jeune que soi !

– Eh bien, je discutais avec l'ours et l'aigle, lorsque nous avons senti une présence dans les alentours… C'était Ombrette qui picorait des algues au bord de la source. Planard, qui a comme vous, Dame Patience, l'opinion qu'on sait à propos des oies, lui demanda son avis… par genre de moquerie ! Il fut le premier surpris de l'entendre répondre : « Votre problème est très simple. Vous devriez, à mon humble avis, aller conduire votre invité au jardin zoologique qui est à une journée d'ici, à pied. Le gardien est très gentil. Il sera ravi d'accueillir un nouveau pensionnaire de cette qualité. Songo sera nourri tout l'hiver et il retrouvera plein de ses congénères[1] et d'autres animaux de son pays natal, et puis, au printemps… »

170

– Oui, au printemps… Mademoiselle Ombrette…, dit Patience.

– J'allais demander à notre jeune amie, ajouta Vigile, comment elle espérait revoir notre invité au printemps, étant donné que lorsqu'on est en cage… c'est pour longtemps et il n'est pas facile… « Allons ! Monsieur le Grand Duc, coupa-t-elle. Au printemps, il s'évadera discrètement et reviendra vivre

180 avec nous tous ! »

1. congénères : qui appartient au même genre, à la même espèce.

Gilles VIGNEAULT, *Songo et la liberté,*
d'après l'œuvre de Jean-Paul Riopelle,
Québec, Musée du Québec, 2002, p. 9, 12-20.

«Des goûts et des couleurs on ne discute pas.»
«Tous les goûts sont dans la nature.»

Connais-tu ces proverbes? Le premier te rappelle que chaque personne a droit à son opinion quand vient le temps d'évaluer ou d'apprécier une chose. Le second te rappelle qu'il faut accepter que les gens ne pensent pas tous comme toi.

Dans cette escale, tu découvriras différents peintres qui ont fait leur marque au cours des deux derniers siècles. Tu te familiariseras avec certaines de leurs œuvres, tu les compareras et tu évalueras ton appréciation. Tu observeras que la peinture est une forme d'expression esthétique et artistique, qu'elle permet à un ou à une artiste, grâce à l'image, de livrer ses idées, ses sentiments, ses émotions.

L'aventure →

À la suite de tes lectures, tu développeras certaines compétences qui te rendront habile à défendre une idée. Dans ta classe, tes camarades et toi jouerez aux critiques. En effet, parmi les artistes présentés, tu choisiras le ou la peintre que tu préfères et tu justifieras ton choix au cours d'une discussion avec d'autres élèves. Cette discussion te permettra de t'exercer à exprimer oralement ton opinion et à justifier ta position.

Une image vaut mille mots

Itinéraire

Tout comme les critiques qui observent et étudient les œuvres d'art avant de les apprécier, tu devras, avant de choisir l'artiste que tu préfères et de justifier ton choix, développer des compétences en t'appuyant sur des connaissances et des stratégies.

Lecture

Grammaire

Écriture

Communication orale

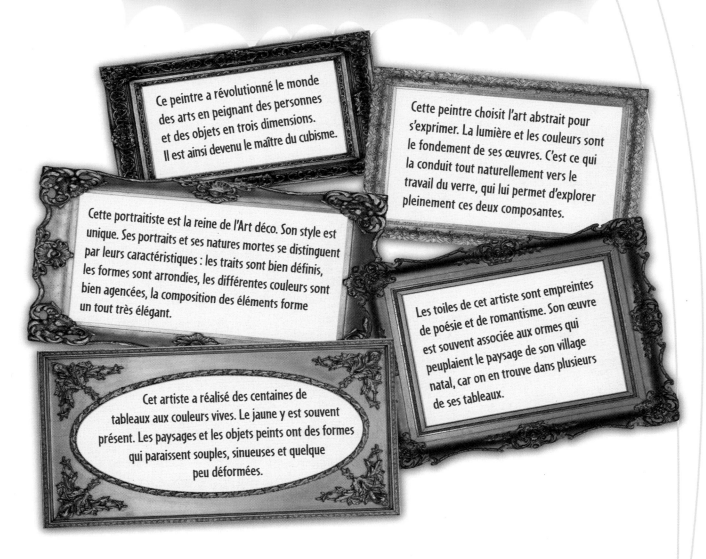

Embarquement

Avis de recherche

Ce peintre a révolutionné le monde des arts en peignant des personnes et des objets en trois dimensions. Il est ainsi devenu le maître du cubisme.

Cette peintre choisit l'art abstrait pour s'exprimer. La lumière et les couleurs sont le fondement de ses œuvres. C'est ce qui la conduit tout naturellement vers le travail du verre, qui lui permet d'explorer pleinement ces deux composantes.

Cette portraitiste est la reine de l'Art déco. Son style est unique. Ses portraits et ses natures mortes se distinguent par leurs caractéristiques : les traits sont bien définis, les formes sont arrondies, les différentes couleurs sont bien agencées, la composition des éléments forme un tout très élégant.

Les toiles de cet artiste sont empreintes de poésie et de romantisme. Son œuvre est souvent associée aux ormes qui peuplaient le paysage de son village natal, car on en trouve dans plusieurs de ses tableaux.

Cet artiste a réalisé des centaines de tableaux aux couleurs vives. Le jaune y est souvent présent. Les paysages et les objets peints ont des formes qui paraissent souples, sinueuses et quelque peu déformées.

Les textes ci-dessus décrivent sommairement cinq peintres que tu découvriras au cours de cette escale. Tente de trouver de qui il s'agit.

a) Lis ces textes descriptifs.

b) Survole les textes de la quatrième escale et observe les œuvres qui y sont présentées.

c) Tente d'associer chaque texte à un ou à une artiste d'après ce qu'on dit des œuvres.

Lecture et appréciation des textes

**Vincent Van Gogh
et Pablo Picasso** *p. 138 et 139*

Planification

1. **a)** Compare l'organisation des renseignements qui sont donnés sur chacun de ces deux peintres.

   b) Crois-tu qu'une fiche signalétique comme celle sur Van Gogh fournit moins de renseignements qu'un texte suivi? Explique ta réponse.

   c) D'après tes observations, quel est le principal avantage d'une fiche signalétique?

2. Cette fiche et ce texte te feront davantage connaître ces deux peintres. Tu y trouveras des renseignements biographiques.

   a) Selon toi, qu'est-ce que des renseignements biographiques?

   b) Donne des exemples de renseignements biographiques.

- Lis la fiche sur Vincent Van Gogh et le texte sur Pablo Picasso pour te faire une idée sur les œuvres de ces artistes. Tu te prépareras ainsi à ton entretien critique.

- Établis des liens entre des éléments du texte, certaines toiles reproduites dans ces pages et ce que tu connais déjà de ces artistes.

Compréhension et interprétation

1. À la fin de cette escale, tu devras jouer au ou à la critique en choisissant un des peintres présentés et en justifiant ton choix. Afin d'avoir en tête un bon portrait de ces deux premiers peintres et de leur œuvre, remplis un tableau semblable à celui ci-dessous.

PEINTRES		
RENSEIGNEMENTS	**VAN GOGH**	**PICASSO**
Nationalité	▉▉▉▉▉▉▉	❯ Espagnole.
Nombre d'années de carrière	▉▉▉▉▉▉▉	▉▉▉▉▉▉▉
Style de peinture	❯ Un style réaliste.	▉▉▉▉▉▉▉
Thèmes les plus exploités	▉▉▉▉▉▉▉	▉▉▉▉▉▉▉
Principaux moyens d'expression	▉▉▉▉▉▉▉	▉▉▉▉▉▉▉

2. Au cours de ta lecture, tu as observé les différents tableaux qui accompagnent cette fiche et ce texte.

    a) D'après ce que tu as lu, quelle toile de Van Gogh est une nature morte?

    b) Quelles toiles de Picasso représentent le cubisme?

3. Imagine que tu dois présenter une œuvre de Van Gogh ou de Picasso à une personne qui a perdu la vue. Comment y arriveras-tu? En recourant à la description.

    a) Parmi les toiles de Van Gogh et de Picasso qui figurent dans la quatrième escale, choisis celle que tu préfères.

    b) Dresse une liste d'aspects qui caractérisent cette toile, comme les couleurs employées, le thème du tableau, son style, la disposition des éléments les uns par rapport aux autres, etc.

    c) Dans un paragraphe d'environ cinq lignes, fais une description précise de cette œuvre.

4. Après avoir lu ces textes, trouves-tu toujours pertinente la réponse que tu as donnée en **1b)**, dans la section *Planification* de la page précédente? Explique ta réponse.

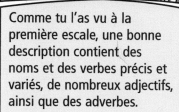

Boussole

Comme tu l'as vu à la première escale, une bonne description contient des noms et des verbes précis et variés, de nombreux adjectifs, ainsi que des adverbes.

Bagage de connaissances

La justification

a) Lis les notes critiques suivantes.

> Parmi toutes les toiles de Van Gogh, celle que je préfère est *La méridienne*. J'adore cette peinture parce que les couleurs sont douces. Quand je la regarde, je me sens apaisé et détendu, tout comme les personnes qui y sont peintes. Les teintes me permettent d'imaginer facilement la présence du soleil, l'odeur du foin coupé et le silence qui règne dans le champ. J'apprécie ce tableau parce qu'il met à contribution plusieurs de mes sens: la vue, le toucher, l'ouïe et l'odorat.

Vincent Van Gogh, *La méridienne*, 1889-1890.

> *La méridienne* est une toile de Van Gogh que je n'aime guère pour plusieurs raisons. D'abord, cette peinture me semble fade parce qu'elle ne contient que deux teintes: le jaune et le mauve. Ensuite, le visage des personnes peintes n'est pas bien défini; je ne peux deviner les émotions que ces gens ressentent. De plus, les coups de pinceau contribuent à rendre l'image moins réaliste. Je préfère les œuvres qui ressemblent à des photographies tellement elles respectent la réalité. Finalement, je considère qu'il manque d'action dans cette toile. Je n'y perçois aucun mouvement, à l'exception de celui des deux bêtes qui mangent dans le haut de la scène.

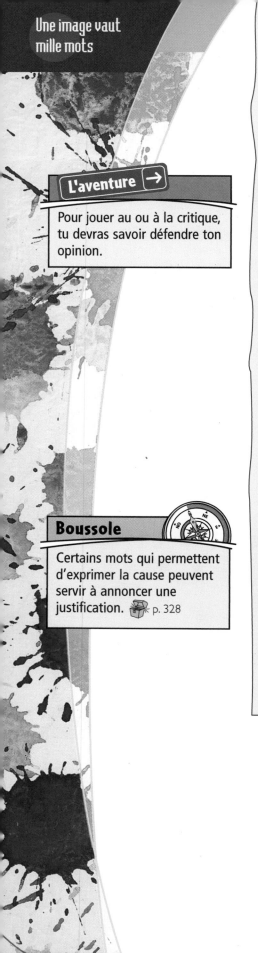

L'aventure →

Pour jouer au ou à la critique, tu devras savoir défendre ton opinion.

b) Quelle est l'opinion des personnes qui ont écrit ces textes?

c) Sais-tu pourquoi ces personnes pensent ainsi? Explique ta réponse.

La **justification** d'une opinion est l'action d'**expliquer son point de vue.** Justifier une opinion ou un choix consiste à **appuyer ses propos** en présentant aux autres les faits sur lesquels on se base pour prendre position.

❯ J'adore cette peinture parce que les couleurs sont douces.
    <u>opinion</u>   <u>fait</u>

Le jugement de ces faits permet de se faire une opinion. Ce jugement est lié aux **goûts,** aux **valeurs,** aux **sentiments,** aux **émotions,** etc. Il est personnel à chaque personne. Un même fait peut donc générer des opinions contraires selon le jugement favorable ou défavorable qu'il suscite.

❯ J'aime cette toile parce que ses teintes sont vivantes et expressives.
                                 jugement favorable du fait

❯ Je n'aime pas cette toile parce que ses teintes **sont trop** vivantes
  et expressives.   **jugement défavorable du fait**

La **description** est un regroupement d'aspects qui aide à construire et à justifier une opinion. Ces **aspects** sont des faits que tu peux **évaluer favorablement** ou **défavorablement** et qui permettent d'émettre une opinion.

Pour écrire une justification, tu dois te servir de mots tels que *parce que, puisque, car, étant donné que, à cause de, les raisons,* etc.

À toi maintenant de justifier ton opinion. Au numéro **3** de la page précédente, tu as choisi, parmi les peintures de Van Gogh et de Picasso, l'œuvre que tu préférais. Tu en as ensuite fait la description. Reprends ton paragraphe descriptif et sers-toi des aspects présentés pour justifier ton choix en un paragraphe d'une dizaine de lignes.

Boussole

Certains mots qui permettent d'exprimer la cause peuvent servir à annoncer une justification. 📦 p. 328

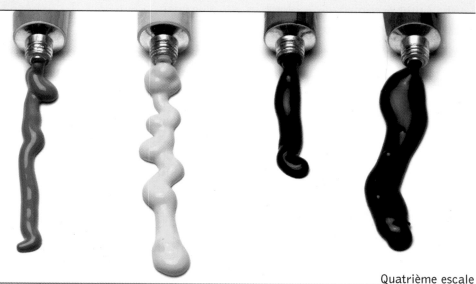

4

Tamara de Lempicka

p. 140

Planification

1. Survole le texte et remarque ce qui caractérise son organisation.

a) À première vue, en quoi l'organisation de ce texte se distingue-t-elle de celle des autres textes lus jusqu'à présent?

b) D'après tes observations, dans quel ordre les événements décrits sont-ils présentés?

2. Quels moyens comptes-tu employer pour relever des éléments importants qui te permettront de mieux comprendre l'œuvre de Tamara de Lempicka (par exemple la prise de notes, le regroupement dans un tableau, la construction d'un schéma, la construction d'une ligne du temps, etc.)?

- Lis le texte *Tamara de Lempicka* pour te faire une idée sur les œuvres de cette artiste. Tu te prépareras ainsi à ton entretien critique.

- Au cours de ta lecture, utilise différents moyens pour bien comprendre les mots et les phrases du texte. Par exemple, observe le contexte, analyse les phrases, cherche les antécédents des pronoms de la 3e personne, émets des hypothèses, trouve des synonymes et des mots de la même famille, etc.

Compréhension et interprétation

1. Imagine que tu es dans un musée. Des textes biographiques présentent les peintres dont les œuvres sont exposées. En lisant ces textes, tu vois des mots nouveaux, mais aucun dictionnaire ne peut t'aider à en connaître le sens.

a) Énumère des moyens que tu pourrais employer pour deviner le sens de ces mots.

b) Sers-toi des indices ci-contre pour deviner le sens des mots suivants, tirés du texte *Tamara de Lempicka*.

❶ aisée (ligne 2)

❷ feignant (ligne 14)

❸ renommés (ligne 53)

❹ rétrospective (ligne 92)

Indices

- célèbre
- *rétro-*: en arrière
- vivre dans l'aisance
- feinte

Boussole

Lorsqu'un organisateur textuel est placé au début d'une phrase, il est généralement suivi d'une virgule.

Organisateurs textuels

- En 1927,
- D'abord,
- Puis,
- Après s'être établie en Amérique,
- Au début des années 1960,

2. Dans le texte, l'auteur n'a pas eu à employer d'organisateurs textuels pour marquer la séquence des faits décrits. L'inscription des années devant les paragraphes permet d'ordonner ces faits dans le temps.

a) Lis les phrases suivantes. Elles résument la carrière de Tamara de Lempicka.

❶ Tamara change son style et fait ses débuts dans l'art abstrait.

❷ Au cours de la première exposition Art déco à Paris, son talent est reconnu.

❸ Tamara prend des cours de peinture à Paris.

❹ Les œuvres de Tamara sont exposées dans différentes galeries parisiennes.

❺ Cette artiste gagne le Premier Prix de l'Exposition internationale des beaux-arts de Bordeaux avec son tableau *Kizette au balcon.*

b) Replace ces événements par ordre chronologique.

c) Regroupe-les dans un paragraphe en utilisant les organisateurs textuels inscrits ci-contre.

3. Compte tenu de l'époque à laquelle Tamara de Lempicka vivait, en quoi sa vie pouvait-elle être particulière? Explique ta réponse.

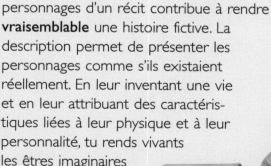

Bagage de connaissances

La description d'un personnage

Les textes descriptifs biographiques que tu as lus jusqu'à présent t'ont permis de découvrir des peintres. Ces textes **décrivent** la vie de ces artistes et **décrivent** ce qu'ils ont fait.

Dans un **récit,** tu découvres aussi des personnes ou des personnages. Non seulement un récit **décrit** ces personnes ou ces personnages, mais il **raconte** ce qu'ils ont fait. Décrire les personnages d'un récit contribue à rendre **vraisemblable** une histoire fictive. La description permet de présenter les personnages comme s'ils existaient réellement. En leur inventant une vie et en leur attribuant des caractéristiques liées à leur physique et à leur personnalité, tu rends vivants les êtres imaginaires qui composent ton récit.

160

DESCRIPTION D'UN PERSONNAGE

CARACTÉRISTIQUES LIÉES À SA VIE	Nom, surnom	❯ Mathias, Émilie, Mat, Lili, etc.
	Nationalité	❯ belge, suisse, canadienne, etc.
	Statut dans la société	❯ boucher, étudiante, retraité, etc.
	Statut dans la famille	❯ aînée d'une famille de trois, mère de jumeaux, père, soeur, etc.
	Événements vécus	❯ a remporté plusieurs prix, a souffert d'une maladie, etc.
	Autres	❯ loisirs, relations avec les amis et la famille, habitudes, etc.
CARACTÉRISTIQUES LIÉES À SON ASPECT PHYSIQUE	Ensemble du corps	❯ sexe, âge, taille, démarche, posture, handicap, etc.
	Parties du corps	❯ tête, visage, yeux, bouche, membres (mains, jambes, pieds), dos, etc.
	Style	❯ vêtements, coiffure, maquillage, etc.
CARACTÉRISTIQUES LIÉES À SA PERSONNALITÉ	Qualités	❯ patience, politesse, attention, courage, persévérance, etc.
	Défauts	❯ paresse, lâcheté, hypocrisie, etc.
	Sentiments ressentis	❯ joie, tristesse, amour, surprise, peur, regret, passion, etc.
	Autres	❯ goûts, peurs, désirs, aptitudes, habiletés, talents, etc.

Boussole

Les caractéristiques liées à la personnalité ainsi que la nationalité du personnage peuvent être devinées grâce à ses gestes, à ses paroles et aux indications données par le narrateur.

Pour que ton récit soit cohérent, tu dois t'assurer que les **actions des personnages** et la **façon dont ils s'expriment** correspondent aux **caractéristiques** que tu leur as attribuées. Par exemple, si le personnage est une jeune fille très timide, solitaire et ayant peur des hauteurs, il serait étonnant qu'elle participe tout à coup à une compétition de chute libre en groupe sous les yeux de milliers de spectateurs et de spectatrices. Il serait possible que cette jeune fille fasse une telle activité, mais seulement à la fin du récit. Le cœur de ton histoire raconterait alors comment elle y est parvenue.

a) Choisis un portrait de Tamara de Lempicka.

b) Observe la personne peinte et imagine qu'elle est le personnage d'un récit.

c) En fonction de tes observations, décris cette personne dans un paragraphe d'une dizaine de lignes en te servant des caractéristiques présentées dans le tableau ci-dessus.

Marc-Aurèle Fortin et Marcelle Ferron

 *p. 143 et 145*

Planification

1. **a)** Connais-tu l'homme et la femme dont il est question dans ces textes?

   b) As-tu déjà vu, auparavant, les œuvres de ces artistes?

   c) Selon toi, de quelle nationalité ces personnes sont-elles?

2. Connais-tu des peintres d'ici dont le talent est reconnu? Si oui, nomme-les.

- Lis les textes *Marc-Aurèle Fortin* et *Marcelle Ferron* pour te faire une idée sur les œuvres de ces artistes. Tu te prépareras ainsi à ton entretien critique.

- Prête une attention particulière à l'organisation des textes et de ceux que tu as lus afin de trouver des similitudes et des différences.

Cap sur les mots

Boussole

Le ou les sens figurés d'un mot apparaissent généralement dans les dictionnaires. L'abréviation *fig.* est alors inscrite devant la définition.

Le sens propre et le sens figuré

Tous les mots de la langue française possèdent un ou plusieurs **sens propres,** c'est-à-dire une ou plusieurs significations courantes.

> Marc-Aurèle Fortin est l'un des **grands** de l'histoire de la peinture. (Il est célèbre pour ses mérites et son talent.)

> Il aimait peindre de **grands** ormes. (Des ormes dont la taille dépasse la moyenne.)

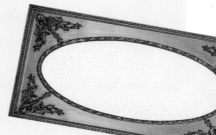

En plus de leur sens propre, certains mots possèdent également un ou plusieurs **sens figurés,** c'est-à-dire une ou plusieurs significations abstraites. En créant des associations inhabituelles avec d'autres termes, un mot peut perdre son sens propre et produire un effet chez le ou la destinataire; des images lui viennent alors à l'esprit.

> La vie de Marc-Aurèle Fortin prend une **couleur** tragique quelques années avant sa fin.

   Le mot *couleur* est employé au sens figuré. Il signifie «tournure que prennent les choses selon la situation» plutôt que «teinte qui s'oppose au noir, au gris et au blanc».

a) À l'aide du contexte et du dictionnaire, trouve le sens des mots suivants, employés dans la biographie de Marcelle Ferron. Si un mot est employé au sens figuré, inscris l'abréviation *fig.* devant la définition.

❶ tâtonnements (ligne 41)

❷ fertile (ligne 63)

❸ tournant (ligne 80)

❹ paysage (ligne 123)

b) Utilise chaque mot dont le sens est figuré pour composer une phrase dans laquelle ce mot sera employé au sens propre.

Compréhension et interprétation

1. Utilise un tableau semblable à celui ci-dessous pour comparer l'organisation des textes cités.

a) Écris *oui* ou *non* dans les cases en fonction de la présence ou de l'absence des éléments d'organisation indiqués.

b) Si ta réponse est *non,* donnes-en la raison.

ORGANISATION DES TEXTES				
ÉLÉMENTS D'ORGANISATION	VINCENT VAN GOGH	TAMARA DE LEMPICKA	MARC-AURÈLE FORTIN	MARCELLE FERRON
Il s'agit d'un texte descriptif biographique.	❯ Oui.			
Le sujet est divisé en aspects.				
Les faits sont présentés par ordre chronologique.				
Les aspects s'enchaînent grâce à la présence d'organisateurs textuels qui précisent le temps.				
Il y a une introduction et une conclusion.		❯ Non. Le 1er paragraphe n'introduit pas les autres. Il est lié à l'année 1898.		
Dans la 1re phrase, on annonce de qui il sera question.				
Dans certaines phrases, on interpelle directement le ou la destinataire.				

2. Dans le cadre d'une exposition qu'organisent les élèves de ton école, tu as la responsabilité de résumer la carrière et l'œuvre des peintres Marc-Aurèle Fortin et Marcelle Ferron. À l'aide des renseignements contenus dans les textes lus, crée deux fiches signalétiques pour présenter les principaux faits qui décrivent la carrière et l'œuvre de ces artistes.

Choisis des aspects liés à la vie et à l'œuvre de ces artistes qui te semblent importants et décris-les. Inspire-toi de la fiche signalétique de Van Gogh, à la page 138.

FICHE SIGNALÉTIQUE I	
Prénom :	▮▮▮▮▮▮▮▮▮▮▮▮▮▮
Nom :	▮▮▮▮▮▮▮▮▮▮▮▮▮▮
Date de naissance :	▮▮▮▮▮▮▮▮▮▮▮▮

3. Pour présenter les renseignements contenus dans les textes descriptifs, tu peux utiliser des schémas qui les illustrent.

Inscris sur des lignes du temps semblables à celles ci-dessous les principaux faits relatifs à la vie et à la carrière des cinq peintres présentés (naissance, décès, début de carrière, expositions prestigieuses et prix reçus).

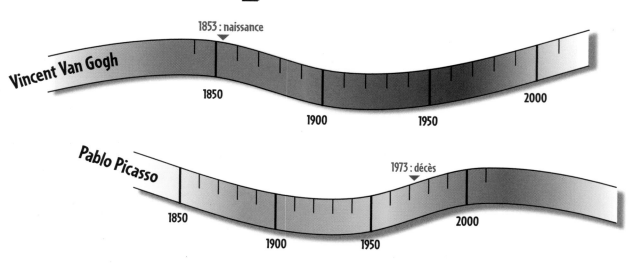

4. Le père de Marc-Aurèle Fortin, qui ne partageait pas l'intérêt de son fils pour la peinture, lui a coupé les vivres pour l'inciter à changer de carrière. Que penses-tu de cette façon d'agir?

Bagage de connaissances

La cohérence textuelle dans les textes courants

Différents éléments assurent la cohérence des textes que tu as lus. La reprise de l'information, étudiée à la troisième escale, en est un. En voici trois autres qui permettent de concevoir les textes courants comme des touts cohérents et sensés.

- **La pertinence de l'information**

  Les renseignements fournis doivent être appropriés au genre du texte. Par exemple, les textes que tu as lus sont des biographies. Pour être pertinents, les aspects choisis doivent être liés de près à la vie et à la carrière des peintres Marc-Aurèle Fortin et Marcelle Ferron.

- **La non-contradiction**

  Les faits indiqués ne doivent pas se contredire. Il est donc important de vérifier si les renseignements donnés dans un texte concordent les uns avec les autres. Par exemple, on dit que la vie de Marc-Aurèle Fortin a été difficile. Les faits décrits par la suite montrent les difficultés qu'il a connues. Les renseignements vont dans le même sens, il n'y a donc pas de contradiction.

- **La progression textuelle**

  Il est important d'assurer la progression de l'information. Le texte doit présenter des renseignements nouveaux qui permettent de découvrir graduellement le sujet. Pour y arriver, il faut que l'information nouvelle se rattache à des faits déjà présentés au lecteur ou à la lectrice.

  La répétition peut être utile pour reprendre de l'information donnée auparavant. Par exemple, la répétition dans les phrases suivantes assure la continuité de l'information et permet de greffer de l'information nouvelle qui fait progresser le texte.

  ❯ Malgré le manque d'**argent,** Marc-Aurèle Fortin a poursuivi son rêve. Après avoir occupé divers emplois et accumulé assez d'**argent,** il est allé suivre quelques cours de peinture aux États-Unis.

En te servant des explications données ci-dessus, justifie, en un paragraphe de six lignes, le fait que le texte *Marcelle Ferron* est cohérent.

Songo et la liberté

p. 148

Planification

1. a) Survole le texte et indique s'il s'agit d'un texte descriptif ou d'un texte narratif.

b) Énumère les indices qui t'ont permis de le déterminer.

2. Au primaire, tu as pu constater le pouvoir qu'ont les mots pour stimuler l'imaginaire des lecteurs et des lectrices. Associe à chacun des exemples ci-dessous un des procédés stylistiques inscrits ci-contre.

a) Songo veut être libre comme l'air.

b) « GGGrrrrr! » faisait l'ours.

c) Respectueuse est Patience envers les animaux de la forêt.

d) C'est qui… ça? C'est qui? Qui êtes-vous?

e) Patience est l'impératrice de la forêt.

• Lis le texte *Songo et la liberté* pour découvrir l'univers littéraire que les œuvres du peintre Jean-Paul Riopelle ont inspiré à Gilles Vigneault. Fais-toi une idée sur les œuvres de cet artiste afin de te préparer à ton entretien critique.

• Pendant ta lecture, tente de reconnaître les séquences de paroles et les séquences descriptives que ce texte narratif contient.

Procédés stylistiques

- répétition
- comparaison
- métaphore
- onomatopée
- inversion

Cap sur les mots

La comparaison et la métaphore

La comparaison et la métaphore sont deux **procédés stylistiques** qui permettent d'exprimer la pensée, les sentiments. Ils ne sont pas employés qu'en poésie; ils sont très utiles pour décrire un personnage, un lieu, une chose ou une atmosphère, par exemple.

• **La comparaison**
  Ce procédé met en relation deux éléments qui ont un point commun **à l'aide d'un ou de plusieurs mots permettant l'expression de la comparaison.** . . . . p. 328

  ➤ Cette foule bruyante ressemble à des oies qui cacardent.
    <small>1er élément   point commun   mots de comparaison   2e élément</small>

Boussole

La comparaison n'est pas toujours un procédé stylistique. Dans l'exemple suivant, la comparaison ne sert pas à donner du style à un texte, mais plutôt une précision.

➤ Cette foule est aussi bruyante que celle qui assiste à un match de hockey.

La comparaison entre les éléments est inattendue et produit une **image dans notre imaginaire**; il s'agit donc d'un **procédé stylistique**.

- **La métaphore**
  Ce procédé met en relation deux éléments qui ont un point commun **sans l'aide de mots permettant l'expression de la comparaison**. Il y a une métaphore lorsque la **relation** entre les éléments est **inhabituelle** et qu'elle produit une **image dans notre imaginaire**.

  > <u>Songo</u> <u>avait une faim</u> de <u>loup</u>. (Métaphore)
  >
  > 1er élément   point commun   2e élément

  > Songo avait une faim |comme| celle du loup. (Comparaison)

1. a) Trouve, dans le 4e paragraphe (lignes 38 à 73) du texte, une comparaison et une métaphore.

b) Transforme la comparaison en une métaphore et la métaphore en une comparaison.

2. a) Dans le 3e paragraphe (lignes 13 à 37), à quoi Songo compare-t-il Patience?

b) Écris cette comparaison de trois façons différentes.

Boussole

Le mot *comme* ne sert pas toujours à établir une comparaison entre deux éléments. Il peut marquer l'addition, la manière, l'attribution, la cause ou l'intensité.

> *Comme* chacun a du mal à trouver de quoi se nourrir, il faudrait que tu te débrouilles seul. (Cause)

Compréhension et interprétation

1. Tu sais déjà que les paroles d'une personne peuvent être rapportées directement ou indirectement dans un texte.

a) Dans le 3e paragraphe (lignes 13 à 37) du texte *Songo et la liberté*, les paroles des personnages sont-elles rapportées directement ou indirectement? Trouve des indices qui le prouvent.

b) Observe les paroles rapportées ci-dessous.

   ❶ Patience se retourna pour dire à Songo: «Ne vous en faites pas, elles voyagent beaucoup et parlent fort, mais elles n'ont jamais rien vu…»

   ❷ Patience dit à Songo de ne pas s'en faire, qu'elles voyagent beaucoup et qu'elles parlent fort, mais qu'elles n'ont jamais rien vu.

c) Relève les éléments qui différencient ces paroles rapportées et précise si elles appartiennent au discours direct ou indirect.

d) Dans les six dernières lignes du texte, les paroles de deux personnages sont rapportées. À qui attribue-t-on ces paroles rapportées? Précise ce que chacun des personnages a dit.

Boussole

Afin de déterminer qui parle dans un dialogue, il faut parfois relire le paragraphe en entier.

2. Dans un texte narratif, les séquences de paroles dévoilent aux lecteurs et aux lectrices des renseignements sur les personnages. Par la façon de répondre, par le choix des mots, par les propos tenus, il est possible de deviner les traits de personnalité d'un personnage.

Dans le texte, sélectionne des paroles dites par Patience qui confirment ses traits de personnalité :

a) accueillante

d) méprisante envers les oies

b) respectueuse

e) prudente

c) autoritaire

f) maligne

3. Les organisateurs textuels sont des mots, des groupes de mots ou des phrases qui permettent au narrateur de créer des ponts entre certaines parties d'un texte afin d'en faciliter la compréhension. Ils ont, entre autres, une valeur de temps, de lieu ou de séquence.

a) Relève, entre les lignes 98 et 106, quatre organisateurs textuels qui servent à situer les actions racontées dans le **temps.**

b) Relève, entre les lignes 13 et 37, cinq organisateurs textuels qui servent à situer les actions racontées dans le **lieu.**

c) Relève, entre les lignes 74 et 85, trois organisateurs textuels qui servent à préciser la **séquence** des actions racontées.

4. Les événements de ce texte se déroulent en automne, avant l'arrivée de la neige. Discute avec d'autres élèves pour trouver une suite à cet extrait.

a) Ensemble, choisissez ou rejetez la suggestion d'Ombrette, qui consiste à conduire Songo au jardin zoologique. Si vous la rejetez, trouvez une autre solution pour protéger Songo des rigueurs de l'hiver.

b) Imaginez ce que fera Songo pendant l'hiver et ce qu'il fera au printemps.

c) Présentez oralement votre récit aux autres élèves de la classe.

5. D'après ce que tu as lu, peux-tu dire que Gilles Vigneault fait bien vivre les animaux peints par Riopelle ? Explique ta réponse en t'appuyant sur des éléments du texte.

Bagage de connaissances

L'harmonisation des temps verbaux dans un récit

1. a) Lis l'extrait suivant et observe les verbes en gras.

> Il **grimpa** rapidement dans le premier arbre venu et **regarda** aussitôt par terre… Une grosse pierre **bougeait** encore et **s'approchait** du pied de l'arbre. «Hou! Hou!», «Hé! Hé!», dit-il tout haut. «Je **connais** ça, moi. **C'est** une tortue.»

b) À quel mode et à quel temps ces verbes sont-ils conjugués?

c) Laquelle de ces phrases raconte des actions qui se sont produites?

d) Laquelle de ces phrases décrit ce qui se passe?

e) Lesquelles de ces phrases constituent des paroles rapportées?

Les principaux temps verbaux utilisés dans un récit sont le passé simple, l'imparfait et le présent de l'indicatif. Chacun de ces temps est choisi pour des raisons précises.

- Le **passé simple** est employé pour raconter une succession d'actions qui se sont déroulées dans le passé et qui sont terminées, ou qui se sont produites de façon instantanée.

  ❯ Songo **sortit** de sa cachette et **grimpa** dans un grand frêne.

- L'**imparfait** est employé pour décrire un personnage, un lieu, un objet ou des sentiments, ou pour informer le lecteur ou la lectrice sur l'état d'une personne ou de quelque chose. On l'utilise aussi pour raconter des actions qui se sont déroulées dans le passé, mais d'une manière répétitive ou habituelle.

  ❯ Un gros ours noir **bloquait** entièrement l'anfractuosité. (Description)

  ❯ Un étang imposant **semblait** le rendez-vous de toute la faune des alentours. (État)

  ❯ Les animaux de la forêt **écoutaient** toujours Dame Patience. (Action habituelle)

- Le **présent** est souvent employé pour rapporter les paroles de quelqu'un. On l'utilise aussi pour parler d'une vérité ou de faits toujours actuels.

  ❯ Vous **êtes** bien une tortue? (Paroles rapportées)

  ❯ **C'est** la voix de Patience qui le rassura un peu. (Fait toujours actuel)

Boussole

Il est possible de raconter un récit qui est passé et terminé en se servant de l'indicatif présent. Ce temps contribue à faire voir les actions comme si elles se déroulaient sous nos yeux.

2. a) Lis le texte suivant.

> L'homme **regardait** autour de lui, cherchant un endroit pour s'installer. Ses yeux se **posèrent** sur un grand érable; il **peignait** toujours ses toiles à l'ombre d'un arbre. Une jeune fille **vint** alors le voir. «Bonjour! lui dit-elle. Je m'**appelle** Camille. **Puis**-je vous observer travailler?» L'artiste **fut** ravi par sa demande. Trop souvent les gens l'**ignoraient** à cause de son handicap. La différence **fait** malheureusement peur à bien des personnes. L'homme s'**exécuta** sous le regard attentif de la jeune fille. Ce jour-là, le paysage lui **paraissait** plus beau qu'à l'habitude.

b) Précise à quels temps de l'indicatif sont conjugués les verbes en gras.

c) À l'aide des explications de la page précédente, justifie dans tes mots le choix de chacun des temps.

> ❯ **regardait :** imparfait ; description.

Bilan

1. Parmi toutes les biographies que tu as lues dans cette escale, laquelle as-tu préférée ? Justifie ton choix.

2. As-tu préféré lire les biographies ou le récit de Gilles Vigneault ? Explique ta réponse.

3. a) Quelles ont été les principales difficultés que tu as connues au cours de la lecture de ces textes ?

b) Quels moyens as-tu pris pour les surmonter ?

4. L'organisation des textes biographiques a-t-elle joué un rôle dans ta compréhension de ces textes ? Si oui, quelle organisation a rendu un texte plus facile à lire qu'un autre, pour toi ?

5. a) Quel progrès réalisé depuis le début de l'année te donne le plus de fierté ?

b) Quel point aimerais-tu améliorer au cours des prochaines escales ?

c) Comment comptes-tu t'y prendre ?

Fonctionnement de la langue

La fonction de complément du verbe

Point de repère

Le groupe verbal (GV) est un groupe obligatoire de la phrase. Il a pour noyau un verbe conjugué. Ce noyau peut être accompagné ou non d'expansions. Dans une phrase, il y a donc un GV chaque fois qu'on rencontre un verbe conjugué.

Exploration

a) Lis les phrases ci-dessous et observe les groupes verbaux (GV) soulignés afin de trouver des caractéristiques des expansions qui accompagnent les noyaux en gras.

❶ Riopelle **adorait** les oies sauvages.

❷ Tamara **voulait** peindre.

❸ Marcelle Ferron **disait** qu'elle avait une «mauvaise patte».

❹ Entre 1901 et 1904, le bleu **plaît** à Picasso.

❺ Amputé des deux jambes, Fortin **avait besoin** qu'on s'occupe de lui.

❻ Ce peintre aimait Sainte-Rose. Il **habitait** là.

b) Où les expansions des GV se trouvent-elles par rapport aux noyaux?

c) Peux-tu effacer ces expansions sans nuire au sens ou à la construction des phrases?

d) À quels groupes de mots les expansions des phrases ❶, ❷ et ❸ appartiennent-elles?

e) Remplace l'expansion de la phrase ❸ par le pronom *cela,* puis par le pronom *le.* Quelle place chacun de ces pronoms occupe-t-il dans le GV?

f) À quels groupes de mots les expansions des phrases ❹, ❺ et ❻ appartiennent-elles?

g) Remplace l'expansion de la phrase ❹ par le pronom *celui-ci,* puis par le pronom *lui.* Quelle place chacun de ces pronoms occupe-t-il dans le GV?

h) Quel mot dois-tu garder devant le pronom *celui-ci* pour que ta phrase ait du sens?

i) Dans quelles phrases peux-tu remplacer l'expansion par *quelque chose* ?

j) Dans quelles phrases peux-tu remplacer l'expansion par *à quelqu'un, de quelqu'un* ou *quelque part* ?

Tour d'horizon

1. Les expansions qui accompagnent les verbes non attributifs remplissent la fonction de complément du verbe. Un verbe peut avoir plus d'un complément. Les compléments sont généralement placés après le verbe.

2. On ne peut généralement pas effacer ou déplacer les compléments du verbe sans nuire au sens ou à la construction de la phrase. Il en existe deux sortes : le complément direct (CD) et le complément indirect (CI).

COMPLÉMENT DIRECT (CD)	
CARACTÉRISTIQUES	*EXEMPLES*
Peut être : • un groupe nominal (GN); • un groupe verbal infinitif (GVinf); • une phrase subordonnée.	❯ Ce peintre **a produit** de superbes toiles. ❯ Marc-Aurèle Fortin **adorait** peindre. ❯ Cet artiste **savait** qu'il avait du talent.
Peut toujours être remplacé par un pronom. Certains pronoms sont placés devant le verbe (*le, la l', les*).	❯ Ce peintre **a poursuivi** son rêve. 🔧 Ce peintre **a poursuivi** le sien. ❯ Ce peintre l'**a poursuivi**.
Peut être remplacé par les GN *quelqu'un, quelque chose, cela*.	❯ Fortin nous **a légué** des œuvres uniques. 🔧 Fortin nous **a légué** quelque chose.

COMPLÉMENT INDIRECT (CI)	
CARACTÉRISTIQUES	*EXEMPLES*
Peut être : • un groupe prépositionnel (GPrép); • une phrase subordonnée; • un groupe adverbial (GAdv).	❯ Ferron **a participé** à plusieurs expositions. ❯ Vers 1953, elle **convient** qu'il lui faut partir en France. ❯ Cette artiste **ira** là-bas.
Peut être remplacé par un pronom. Certains pronoms sont placés devant le verbe (*en, lui, leur, y*).	❯ Marcelle Ferron **souffrait** d'une tuberculose osseuse. 🔧 Marcelle Ferron **souffrait** de cela. ❯ Marcelle Ferron **en souffrait**.
Peut être remplacé par un GPrép contenant les mots *quelqu'un, quelque chose* ou *cela*, ou par *quelque part* ou *à cet endroit*.	❯ Marcelle Ferron **raffolait** d'art. 🔧 Marcelle Ferron **raffolait** de quelque chose. ❯ En 1966, elle **retourne** au Québec. 🔧 En 1966, elle **retourne** à cet endroit.

La jonction de phrases

Point de repère

Une phrase est une suite de mots bien ordonnés et qui a du sens. Elle commence par une lettre majuscule et se termine par un point. Une phrase de base contient les deux groupes obligatoires, le groupe sujet (GS) et le groupe verbal (GV), qui sont parfois suivis d'un groupe facultatif, le groupe complément de phrase (GCP).

Exploration

a) Lis les phrases suivantes pour découvrir ce qui distingue les phrases simples des phrases complexes.

PHRASES	
SIMPLES	**COMPLEXES**
❶ Cette jeune fille a du talent. ❷ Ses toiles seront bientôt exposées.	❽ Cette jeune fille a du talent, ses toiles seront bientôt exposées.
❸ Cette artiste peint des aquarelles. ❹ Elle sculpte le bois.	❾ Cette artiste peint des aquarelles et elle sculpte le bois.
❺ Le collectionneur a acheté un tableau de Riopelle. ❻ Je t'ai parlé de ce collectionneur. ❼ Ce tableau de Riopelle représente une oie.	❿ Le collectionneur dont je t'ai parlé a acheté un tableau de Riopelle qui représente une oie.

b) Combien de verbes conjugués chacune des phrases simples contient-elle?

c) Combien de verbes conjugués chacune des phrases complexes contient-elle?

d) Qu'a-t-on fait pour former ces trois phrases complexes?

e) Quels moyens a-t-on employés pour permettre la création de chacune de ces phrases?

f) Pourrait-on former une phrase complexe avec les phrases ❶ et ❻? Explique ta réponse.

g) Pourrait-on former une phrase complexe avec les phrases ❶ et ❹? Explique ta réponse.

Tour d'horizon

1. Il existe deux catégories de phrases : les phrases simples et les phrases complexes. Une phrase complexe se construit à l'aide de deux ou de plusieurs phrases simples. Elle contient donc plus d'un verbe conjugué.

> Hier, Sophia **a lu** une biographie de Van Gogh. (Phrase simple)
> GCP GS GV

> Elle **adore** les tableaux de ce peintre. (Phrase simple)
> GS GV

> Hier, Sophia **a lu** une biographie de Van Gogh :
> GCP GS GV +

> elle **adore** les tableaux de ce peintre. (Phrase complexe)
> GS GV

2. Les phrases simples qui s'unissent pour former une phrase complexe forment un tout. Elles sont liées par le sens.

> Hier, Sophia **a lu** une biographie de Van Gogh :
> conséquence +

> elle **adore** les tableaux de ce peintre.
> cause

> ⊘ Hier, Sophia **a lu** une biographie de Van Gogh :
> aucun lien

> elle **chante** très bien.
> aucun lien

3. Il existe trois procédés de jonction de phrases pour former des phrases complexes : la juxtaposition, la coordination et la subordination.

PHRASES COMPLEXES		
JONCTION	PROCÉDÉS	CARACTÉRISTIQUES
Juxtaposition	Signes de ponctuation : • virgule (,) • point-virgule (;) • deux-points (:)	La phrase juxtaposée à une autre est indépendante de cette dernière. Elle n'exerce aucune fonction grammaticale. > Amélie **suit** des cours de peinture ; elle **aime** s'inspirer de Fortin.
Coordination	Coordonnants > *mais, ou, et, car, ni, or,* etc.	La phrase coordonnée à une autre est indépendante de cette dernière. Elle n'exerce aucune fonction grammaticale. > Érica **ira** au musée ou elle **lira** un livre.
Subordination	Subordonnants > *que, parce que, quand, lorsque, dont, pour que, qui, afin que, comme, si, alors que,* etc.	La phrase subordonnée à une autre est dépendante de cette dernière. Elle exerce une fonction grammaticale (GCP, CD, CI, comp. du nom, comp. de l'adj. etc.). > Kim **souhaitait** que son amie l'**invite** au musée. CD du verbe *souhaitait*

La juxtaposition

Point de repère

Une phrase complexe est formée de phrases simples qui peuvent être réunies de diverses façons. Dans une phrase, il est possible de réunir des groupes de mots à l'aide de virgules pour former une énumération.

Exploration

a) Lis les phrases suivantes et observe les éléments soulignés.

❶ Après cette rencontre, <u>l'aigle retrouva la cime d'un pin</u>, <u>le loup réintégra sa tanière</u>, <u>Songo s'installa dans sa cachette pour dormir</u>.

❷ Vigile a parlé de Songo <u>à Pataud</u>, <u>à Planard</u> ou <u>à Ombrette</u>?

❸ «Ils n'ont pas peur de moi; tu me fais rire!»

❹ ⊘ Songo a quitté son pays, l'auteur est Gilles Vigneault, le gardien du zoo est très gentil.

❺ L'aigle n'a pas réussi à soulever la tortue: elle s'était ancrée à une grosse racine.

❻ <u>Songo</u>, <u>Patience</u>, <u>l'aigle</u>, <u>des poules faisanes</u> et <u>quelques centaines d'oies</u> étaient à la Grande Source.

❼ Dans cette forêt, il n'y a rien en hiver: <u>pas même un coco</u>, <u>pas même une banane</u>, <u>pas même quelques fruits à pain</u>, rien!

b) À quoi les virgules servent-elles dans les phrases ❶ et ❷?

c) Parmi toutes ces phrases, lesquelles sont des phrases complexes?

d) Quels liens ont servi à réunir les phrases simples à la base des phrases complexes?

e) Pourquoi la phrase ❹ n'est-elle pas une phrase complexe acceptable?

f) Par quels marqueurs de relation pourrais-tu remplacer le deux-points de la phrase ❺?

g) Dans les phrases ❷ et ❻, les groupes de mots soulignés qui forment une énumération exercent-ils tous la même fonction? Si oui, laquelle?

h) Qu'est-ce qui unit les deux derniers éléments de ces énumérations?

i) Dans la phrase ❼, pourrais-tu effacer les mots *pas même* dans le 2e et le 3e groupe de mots soulignés?

Tour d'horizon

1. La juxtaposition se fait à l'aide de signes de ponctuation tels que la virgule, le point-virgule et le deux-points. Elle consiste à réunir des groupes de mots à l'intérieur d'une phrase pour former une énumération ou à réunir des phrases simples pour former une phrase complexe.

> ❯ Peintre⸡ sculpteure⸡ verrière, voilà ce qu'a été l'artiste Marcelle Ferron.

> ❯ Mathilde attend le métro depuis plusieurs minutes⸵ elle en profite pour admirer la verrière de Ferron.

2. a) Dans une énumération, les groupes de mots juxtaposés doivent exercer la même fonction syntaxique dans la phrase.

> ❯ Riopelle aimait par-dessus tout **la peinture, la chasse, la pêche.**
>
> CD

b) Très souvent, à la fin d'une énumération, les deux derniers groupes sont coordonnés par les mots *et* ou *ou*.

> ❯ *Singe, Tortue, Hibou X, L'ours* **et** *Ombrette* sont des œuvres dont s'est inspiré Vigneault pour écrire *Songo et la liberté*.

c) La juxtaposition de groupes de mots rend possible et même souhaitable l'effacement des éléments qui se répètent d'un groupe à l'autre.

> ❯ Cette femme sur cette peinture semble éprouver beaucoup de tristesse, ~~beaucoup~~ d'inquiétude et ~~beaucoup~~ d'angoisse.

3. a) Dans une phrase complexe, les phrases juxtaposées doivent être liées par le sens. Sinon, la phrase perd sa signification.

> ❯ J'aurais tant aimé rencontrer ce peintre, j'aurais eu tant à lui dire.

> ❯ ⊘ J'aurais tant aimé rencontrer ce peintre, Alex monte les escaliers.

b) Seul l'emploi du deux-points peut préciser la relation qui existe entre les phrases juxtaposées. La phrase introduite par le deux-points peut être une explication, une cause ou une conséquence.

> ❯ J'adore cette toile : je l'achète ! (Conséquence)

La fonction de complément du verbe

I. a) Lis les phrases ci-dessous et observe les groupes verbaux (GV) soulignés.

   ❶ Van Gogh <u>peignait des natures mortes</u>.

   ❷ Ce peintre <u>nous a légué près de 800 tableaux</u>.

   ❸ La période rose de Picasso <u>succède à sa période bleue</u>.

   ❹ Peu importe les moyens d'expression utilisés, Pablo <u>les maîtrise</u>.

   ❺ Marc-Aurèle Fortin <u>aimait les ormes</u>.

   ❻ Il <u>a habité en Gaspésie</u>.

   ❼ Malgré tout, la vie <u>sourit à Marcelle Ferron</u>.

   ❽ Quelqu'un <u>lui parle du verrier Michel Blum</u>.

   ❾ Elle <u>le rencontre</u> peu de temps après.

   ❿ Jean-Paul Riopelle <u>crée des peintures abstraites</u>.

   ⓫ Cet art <u>lui procure un sentiment de libération</u>.

   ⓬ Il <u>en retire des bienfaits</u>.

b) Encercle les noyaux de ces GV.

c) En te servant des caractéristiques énumérées à la page 172, précise si les expansions de ces GV sont des compléments directs (CD) ou des compléments indirects (CI).

> ### Boussole
> Les pronoms *le, la, l', les* et *que* sont toujours des CD, alors que les pronoms *lui, leur* et *dont* sont toujours des CI.

2. a) Lis les phrases suivantes et observe les verbes en gras.

   ❶ Songo **parle** à Patience de son voyage.

   ❷ Elle le **conduit** à la Grande Source.

   ❸ La tortue lui **présente** Vigile.

   ❹ Le chimpanzé **veut** dormir.

   ❺ Il **va** là-haut.

   ❻ Songo **croit** que Patience fait peur à tout le monde.

   ❼ Tous les animaux **témoignent** du respect à cette tortue.

   ❽ Tous **doutent** que Songo puisse passer l'hiver dans la forêt.

   ❾ Toute la nuit, Vigile y **a songé**.

   ❿ Planard lui **demanda** son avis.

b) Souligne les GV dont ces verbes sont les noyaux.

c) Encadre la ou les expansions de chacun de ces GV.

d) Écris, au-dessus de chaque expansion, CD ou CI, selon le cas.

La jonction de phrases

1. a) Lis le texte suivant et découvre une autre peintre.

> ### Miyuki Tanobe
>
> Depuis 1959, les œuvres de Miyuki Tanobe font l'objet de plusieurs expositions. Sa passion pour la peinture remonte à son enfance : à 11 ans, elle étudiait avec le maître japonais de la peinture à l'huile. Cette Canadienne d'origine japonaise, qui est diplômée de l'université des Beaux-Arts de Tokyo, a perfectionné son art en France, en Grèce et en Afrique. Elle a choisi le Québec pour établir son atelier. La plupart de ses créations qui présentent des scènes de la vie québécoise sont facilement reconnaissables, car sa façon de reproduire les lieux et de créer ses personnages est unique. Son style et sa technique sont enseignés dans les universités et les écoles du Québec, ainsi qu'en Nouvelle-Angleterre.

Miyuki Tanobe, *Vive l'hiver,* 1998.

b) Sépare par un trait oblique (/) les différentes phrases de ce texte.

c) Souligne les verbes conjugués dans chacune des phrases.

d) Au-dessus de chaque phrase, écris *phrase simple* ou *phrase complexe,* selon le cas.

e) Lorsqu'il s'agit d'une phrase complexe, encercle le ou les liens ayant servi à la former.

f) Indique le ou les procédés de jonction de phrases employés dans chaque phrase complexe.

2. a) Compose cinq phrases complexes en te servant des liens suivants.

- et
- qui
- , (virgule)
- ou
- parce que

b) Échange tes phrases avec celles d'un ou d'une autre élève et vérifie l'exactitude de son travail en répondant aux questions suivantes.

❶ Les phrases contiennent-elles plus d'un verbe conjugué ?

❷ Quelles sont les phrases simples à la base de ces phrases complexes ?

❸ Les phrases simples qui ont été réunies sont-elles liées par le sens ?

c) Modifie tes phrases, au besoin, selon les indications de l'élève qui a révisé ton travail.

Boussole

Dans une phrase complexe, il est possible qu'une virgule précède un coordonnant ou un subordonnant. Ces phrases sont tout de même coordonnées ou subordonnées.

La juxtaposition

1. a) Lis le texte suivant et découvre une autre peintre.

> ### Frida Kahlo
>
> Le Mexique est fier de Frida Kahlo : cette Mexicaine est une peintre reconnue partout dans le monde. Frida est née le 6 juillet 1907. Son intérêt pour la peinture se manifeste à la suite d'un terrible accident où son dos, son bassin, ses épaules et un de ses pieds sont écrasés. Cette tragédie l'oblige à rester alitée pendant plusieurs semaines ; elle commence donc à peindre pour tenter d'oublier sa souffrance. Grâce au chevalet fixé à son lit, elle peint des vues de sa chambre, des portraits et des autoportraits. Elle réussit à remarcher malgré sa douleur : rien n'arrête Frida. Puis, elle fait la rencontre du peintre Diego Rivera ; elle l'épouse quelque temps après. Elle poursuit sa carrière artistique jusqu'à son décès, le 13 juillet 1954.

b) Souligne les phrases complexes formées par la juxtaposition de phrases simples.

c) Encadre les groupes de mots juxtaposés contenus dans les énumérations.

2. a) Lis le texte suivant.

> J'aime cette peinture pour plusieurs raisons. D'abord, elle contient **des couleurs** qui la rendent vivante. Ensuite, **les personnages** qui sont représentés dans ce tableau semblent heureux et enthousiastes ; ils me font sourire. De plus, **tous les objets** qui sont peints sur cette toile contribuent au réalisme de la scène. En effet, contrairement à **mes amis,** je préfère l'art figuratif. Finalement, cette œuvre me fait ressentir **des sentiments agréables** quand je la regarde.

b) Remplace les groupes de mots en gras par une énumération d'au moins trois groupes de mots. Assure-toi que ton énumération cadre bien avec le reste du texte.

c) Ponctue correctement tes énumérations.

L'aventure →

Montre tes couleurs!

Au cours de cette escale, tu as observé différents styles de peinture.
Ce saut dans le monde des arts t'a permis de découvrir ou de redécouvrir
des artistes d'ici et d'ailleurs, et d'apprécier quelques-unes de leurs œuvres.
En te référant à tes goûts, à tes valeurs et à tes sentiments, il t'est maintenant
possible de choisir parmi ces artistes celui ou celle que tu préfères.

Au cours d'une discussion, présente ton choix à d'autres élèves et justifie-le
comme tu as appris à le faire au cours de cette escale. Mets-toi dans la
peau d'un ou d'une critique qui doit expliquer son appréciation d'une œuvre.
Écoute les commentaires des autres élèves et réponds à leurs questions,
au besoin. Prête attention aux justifications de tes interlocuteurs et de tes
interlocutrices, et réagis à ton tour à leurs propos en émettant des commentaires ou en posant des questions.

Pour bien mener cette discussion, assure-toi de respecter les consignes
suivantes.

Journal de bord

Fais le compte rendu d'une
visite au musée dans ton
journal de bord. Décris ce
que tu as appris et ce que
tu as ressenti au cours
de cette activité.

TÂCHE	Participer à une discussion au cours de laquelle il faut justifier son choix.
SUJET	Expliquer sa préférence pour un ou une peintre parmi ceux et celles présentés au cours de cette escale, ou tout autre de ton choix.
DESTINATAIRES	Des élèves qui incarneront, eux et elles aussi, des critiques.
CONTEXTE DE RÉALISATION	Déterminer sa préférence parmi les peintres présentés. Trouver des critères descriptifs pour appuyer ce choix. Présenter l'artiste à trois élèves. Justifier son choix en présentant des faits qui expliquent cette prise de position. Défendre son idée en répondant aux questions ou aux commentaires des autres élèves.

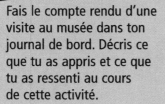

Préparation

Comme l'artiste qui détermine son sujet et qui planifie sa façon de le représenter, choisis un ou une peintre et définis les raisons qui te mènent à ce choix.

Planifier son écoute et sa prise de parole au cours de la discussion

a) Tenir compte des conditions de réalisation de la discussion ainsi que de ses caractéristiques comme interlocuteur ou interlocutrice.

❶ Sélectionner les personnes qui participeront à la discussion.

❷ Déterminer l'ordre de la prise de parole des interlocuteurs et des interlocutrices.

❸ Préciser s'il sera possible de poser des questions au moment de l'écoute ou si les questions ne seront permises qu'une fois que chaque membre de l'équipe aura justifié son choix.

b) Cibler individuellement les éléments à privilégier.

❶ Décrire brièvement deux ou trois peintres pour lesquels tu as une attirance en relevant les caractéristiques liées à leur personnalité et des caractéristiques liées à leur art.

❷ Juger en fonction de ses goûts, de ses valeurs, de ses sentiments et de ses émotions chacune des caractéristiques décrivant ces deux ou trois peintres.

❸ Choisir le ou la peintre pour qui le jugement est le plus favorable.

❹ Faire une description plus élaborée de la personne choisie et de son œuvre en trouvant d'autres caractéristiques que tu juges favorables et qui les représentent bien.

❺ Parmi l'ensemble des caractéristiques relevées, choisir celles qui serviront à appuyer ton choix.

c) Noter sur une feuille les éléments qui appuieront ton choix à l'aide de mots clés.

Calepin

Au cours d'une discussion, il existe plusieurs façons de demander ou d'attribuer le droit de parole. On peut nommer un animateur ou une animatrice, on peut également faire un tour de table, lever la main, choisir des gens au hasard.

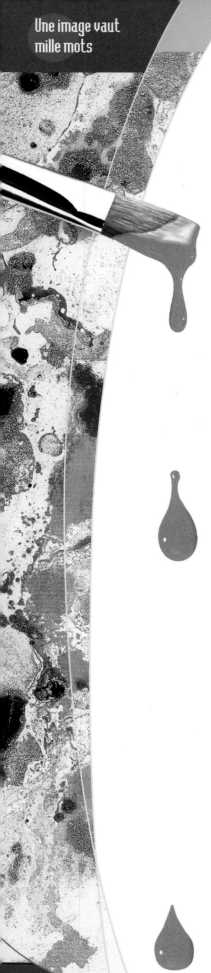

Réalisation

Il est maintenant temps de présenter ton choix aux élèves de ton équipe et de le justifier. Place à la discussion ! Suis les conseils qui se trouvent sur la fiche qui suit.

Prendre la parole en interaction

a) Établir le contact et maintenir la communication tout le long de la discussion en équipe.

❶ Faire attention à la position de son corps.

❷ Diriger son regard vers ses interlocuteurs et ses interlocutrices.

❸ Manifester son intérêt ou sa compréhension par un signe de la tête ou une expression faciale.

❹ Poser des questions au fur et à mesure qu'elles surviennent ou les garder en mémoire pour les poser une fois la justification terminée, selon la décision qui a été prise au cours de la préparation.

b) Faire ressortir les éléments utiles à la compréhension de sa justification.

❶ Présenter une à une les caractéristiques sélectionnées qui justifient ton choix. Pour leur donner plus de poids, lorsque cela est possible, les enrichir d'un exemple en relatant un fait mettant en évidence cette caractéristique ou en montrant un aspect visuel qui démontre cette caractéristique.

❷ Informer les interlocuteurs et interlocutrices de l'équipe sur la nature de ses propos : préciser, en employant un vocabulaire approprié, si ceux-ci sont des opinions, des faits ou des hypothèses.

❭ **Pour ma part,** je trouve cet artiste très intéressant. (Opinion)

❭ C'est un **fait,** les couleurs sont vives. (Fait)

❭ Je **crois** que, par ses œuvres, cette peintre a voulu exprimer son amour de la nature. (Hypothèse)

❸ Préciser si vos réactions aux justifications entendues sont des questions ou des commentaires en employant ou non des expressions ou des mots interrogatifs.

> **Qu'est-ce qui** te fait penser ainsi? (Question)

> Je ne vois pas ce qui te fait penser ainsi. (Commentaire)

c) Utiliser des procédés de mise en relief pour rendre la conversation plus dynamique.

❶ Formuler des phrases interrogatives ou exclamatives.

❷ Changer les intonations de sa voix selon les propos tenus.

❸ Ajuster le débit et le volume de sa voix à la situation de communication.

❹ Se servir de gestes ou de mimiques qui appuieront ses propos.

d) Utiliser la langue standard.

e) S'appuyer sur des marques d'organisation pour établir un fil conducteur et baliser la progression de ses propos.

❶ Utiliser des marqueurs de relation qui expriment une cause ou une justification. .... p. 328

> *parce que, car, en effet*, etc.

❷ Faire des pauses entre les différents éléments qui constituent sa justification.

❸ Faire précéder chacun de ces éléments d'un organisateur textuel qui marque la séquence.

> *d'abord, deuxièmement, troisièmement, ensuite, finalement*, etc.

❹ Énoncer des phrases courtes qui reflètent clairement ses idées.

f) Se situer par rapport aux propos entendus.

❶ Poser des questions au moment opportun pour clarifier sa compréhension ou son interprétation.

❷ Reformuler les propos entendus dans ses propres mots pour vérifier sa compréhension ou son interprétation.

❸ Commenter les propos entendus au moment opportun.

Ton équipe et toi, partagez vos couleurs!

Une fois la discussion terminée, écoute les différentes équipes pour connaître le choix des autres élèves.

Bilan

Afin de faire le bilan de ton parcours, réponds aux questions ci-dessous.

1. Après avoir entendu les propos tenus par les autres élèves, ton choix est-il toujours celui que tu as fait précédemment? Explique ta réponse.

2. a) As-tu trouvé intéressant de connaître les goûts d'autres élèves?

 b) Le choix fait par les élèves te surprend-il? Si oui, donne des exemples et explique pourquoi ce choix est surprenant à tes yeux.

3. As-tu employé des organisateurs textuels et des marqueurs de relation pour relier tes idées entre elles et les organiser? Si oui, lesquels?

4. a) Te sentais-tu à l'aise de partager tes perceptions avec d'autres élèves? Explique ta réponse.

 b) Dans l'ensemble, ta participation à cette discussion te satisfait-elle?

5. a) Si cette discussion était à recommencer, que ferais-tu de différent? Comment pourrais-tu modifier les choses?

 b) Si cette discussion était à recommencer, que ferais-tu de semblable? Pourquoi cette discussion t'apparaît-elle satisfaisante?

CINQUIÈME ESCALE

5

La force de la nature

• Montréal samedi 27 décembre 2003 Le plus grand quotidien français d'Amérique 120e année no 67 193 pages 12 cahiers

LA PRESSE

SPORTS
LES PERSONNALITÉS
SPORTIVES 2003
DE LA PRESSE
PAGE 1

CAHIER PLUS
ENVOYÉS SPÉCIAUX
ET LE GRAND QUIZ
DE FIN D'ANNÉE

Lourd bilan du séisme en Iran, selon les premières estimations

25 000 MORTS

Coups de cœur 2003

Les légendes du G

2 millions d

le jour
mo

Tremblement de terre

25 000 MORTS
en Iran
Page 5

ÉCONOMIE
Parmalat,
ou la vulnérabilité
du capitalisme italien
Page C 1

IRAK
Noël sans trêve ni repos
pour les soldats
américains
Page A 6

www.ledevoir.com

LE DEVOIR
LES SAMEDI 27 ET DIMANCHE 28 DÉCEMBRE 2003

Vol. XCIV N° 294

Environnement:
le modèle allemand

Un séisme
fait plus
de 20 000
morts
en Iran

HOSSEIN JASSER
AGENCE FRANCE-PRESSE

AU MOINS 25 000 MORTS

Un séisme de 6,3 sur l'échelle de Richter détruit la ville historique de Bam, en Iran.

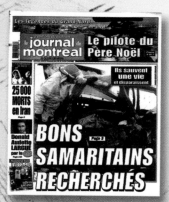

Bam, Iran (AFP) – Au moins 25 000 personnes sont mortes dans un séisme dévastateur qui a frappé tôt hier matin le sud-est de l'Iran et détruit la citadelle de la ville de Bam, l'une des merveilles du patrimoine du pays.

Outre les 25 000 personnes qui ont perdu la vie, plus de 50 000 habitants ont été blessés dans le séisme, d'une magnitude de 6,3 sur l'échelle de Richter.

Ainsi, au moins le dixième de la population du district de Bam a péri dans le séisme le plus meurtrier depuis 1990, alors que le quart de ses habitants ont été blessés.

Quelque 60 % des habitations du district de Bam, qui comptait quelque 200 000 habitants – dont 90 000 pour la seule ville de Bam – , et des villages environnants, ont été entièrement ou partiellement détruites.

La plupart des rescapés se retrouvent sans abri pour la nuit alors qu'un froid glacial a envahi la cité dévastée.

Selon le Centre de géophysique de l'université de Téhéran, le tremblement de terre s'est produit à 5 h 28 à 180 km à l'est de la ville de Kerman et à environ 1 000 km au sud-est de Téhéran.

Un député de la province de Kerman, Ali Hachemi, a expliqué à l'AFP que « dans la région, la majorité des habitations sont en briques d'argile », donc peu résistantes aux secousses telluriques.

Qu'est-ce que la forteresse de Bam ?

La forteresse de Bam était l'une des merveilles du patrimoine iranien. Construite il y a plus de deux millénaires au sommet d'une colline au cœur du désert iranien, cette ville fortifiée a été témoin de plusieurs affrontements entre les différentes dynasties qui cherchaient à contrôler l'Empire perse pendant le premier millénaire de l'ère chrétienne. Selon plusieurs experts, il s'agissait du plus vieil édifice et du plus imposant monument en brique crue[1] à avoir survécu à une histoire mouvementée de plus de 2000 ans ainsi qu'à de nombreux séismes.

---

1. brique crue : brique fabriquée avec de la terre argileuse, de l'eau et de la paille hachée, et séchée au soleil.

Des morts et des pleurs

40 Un journaliste de l'AFP, arrivé sur les lieux de la catastrophe à Bam au début des opérations de secours, a vu des dizaines de corps retirés des décombres, dans cette cité dont la partie ancienne, construite en pisé, a été détruite à 90 %. De nombreux habitants pleuraient dans les
50 rues autour de leurs morts et déploraient la lenteur des opérations de secours.

Devant l'ampleur du désastre et le manque de moyens de secours, l'Iran a lancé un appel à l'aide internationale qui a été entendu promptement dans les grandes capitales
60 et dans les États voisins.

Débordé par l'ampleur de la catastrophe, Téhéran a ouvert ses portes pour recevoir au plus vite l'aide humanitaire et tentait d'organiser au mieux les secours.

Un porte-parole du ministère de l'Intérieur
70 iranien a annoncé tard vendredi soir que les secouristes étrangers se portant volontaires pour aider les victimes du séisme n'auraient pas besoin de visa pour entrer en Iran.

« Les secouristes étrangers qui viendront porter secours aux sinistrés de Bam n'ont
80 pas besoin de visa », a déclaré Jahanbakhsh Khanjani à Irna.

D'où proviennent les nouvelles des médias ?

Une bonne partie des nouvelles proviennent d'agences de presse. Ces agences embauchent des journalistes pour suivre l'actualité dans le monde et vendent ces nouvelles aux médias qui y sont abonnés. C'est donc dire que ces derniers paient pour recevoir des articles de correspondants et de correspondantes de ces agences. Au Canada, les médias s'abonnent surtout aux agences suivantes :

AFP : l'Agence France-Presse, de Paris
REUTER : de Londres
TASS : de Moscou
UPI : United Press International, de New York
AP : Associated Press, de Washington
PC/CP : Presse canadienne / Canadian Press

Jacqueline ASCAH, « Où les médias prennent-ils leurs nouvelles ? », *Les médias, ces grands conteurs*, Montréal, Éditions Médiaspaul, 1986, p. 162-165.

Aide internationale

«Selon une décision prise par le Centre des catastrophes naturelles de la République islamique, l'aéroport international de Kerman a été choisi pour recevoir les aides et les équipes de secours étrangères et fonctionnera 24 heures sur 24 », a-t-il ajouté.

Un responsable du bureau du gouverneur de la province de Kerman, cité par Irna, a pour sa part précisé que « trois avions sont en route pour Kerman venant d'Italie, d'Allemagne et de Grande-Bretagne et doivent atterrir samedi matin à l'aéroport » de cette ville.

« Un autre avion en provenance de Suisse doit arriver dans la nuit » de vendredi à samedi, a-t-il ajouté.

Selon un autre député de Kerman, Hossein Marachi, cité par Irna, les autorités ont créé à Kerman une cellule de crise.

Un pont aérien a été en outre mis en place entre

Bam et Kerman pour évacuer les blessés. Des hélicoptères ont été déployés sur la zone sinistrée et l'armée de l'air a envoyé deux avions de transport C-130 chargés de moyens de secours et médicaux.

130   Le gouvernement iranien a décrété trois jours de deuil national.

Totalement détruite, la citadelle médiévale Arg-e-Bam était un joyau en pisé de 300 mètres de long et 200 mètres de large.

Le séisme est le plus important enregistré dans 140 cette région depuis 1998, selon l'Observatoire des sciences de la terre de Strasbourg.

Les séismes sont très fréquents en Iran.

Près d'un millier de secousses ont fait depuis 1991 environ 17 600 tués et 53 000 blessés, selon 150 des chiffres officiels.

■ «Au moins 25 000 morts», *Journal de Montréal,* samedi, 27 décembre 2003, p. 5.

25 000 MORTS

Lourd bilan du séisme en Iran, selon les premières estimations
25 000 MORTS.

Impôt: Ottawa plus généreux que Québec

AP, PC et AFP

TÉHÉRAN – Le violent séisme qui a secoué Bam hier, dans le sud-est de l'Iran, a fait au moins 25 000 victimes, selon un responsable médical de la province de Kerman. On dénombre aussi des dizaines de milliers de blessés graves et un nombre considérable de sans-abri.

Jusqu'à maintenant, 5000 personnes ont déjà été enterrées et plus de 20 000 autres seraient bloquées sous les décombres. Le gouvernement a décrété trois jours de deuil national.

Qualifié de « tragédie nationale » par le président Mohammad Khatami, le tremblement de terre, d'une magnitude de 6,3 sur l'échelle ouverte de Richter, a détruit 60 % de cette ville historique de 80 000 habitants située à un millier de kilomètres au sud-est de Téhéran.

Le tremblement de terre a surpris la cité à l'aube, à 5 h 28, faisant s'écrouler la forteresse médiévale de tours et de dômes en glaise rouge qui surplombait les remparts de la vieille ville et attirait des milliers de touristes. Les pans les plus anciens remontent à 2000 ans, mais la plus grande partie date du 15e au 18e siècle.

Le gouverneur de la province de Kerman, Mohammed Ali Karimi, estimait au cours de la journée que de 5000 à 6000 personnes au moins avaient péri, selon l'agence de presse officielle Irna, mais un député de la province, Hassan Khoshrou, a déclaré à l'Associated Press qu'il pourrait y avoir jusqu'à 10 000 morts. Des responsables locaux qui ont requis l'anonymat parlaient de 10 000 à 20 000 morts. Et tard hier soir, ce nombre a été révisé à la hausse.

Ottawa cherchait toujours à savoir, hier après-midi, si des ressortissants canadiens

figuraient parmi les victimes.
D'après les registres du
ministère des Affaires
étrangères, il semblerait
cependant qu'aucun
Canadien ne vit ni ne travaille
dans cette région.

Les Iraniens se portent au secours de la ville de Bam

La télévision iranienne
faisait état d'au moins
30 000 blessés, dont 90 %
dans un état critique.
Les hôpitaux locaux étant
détruits, des avions dépêchés
par le gouvernement ont
commencé à évacuer les
victimes.

C'est l'une des deux priorités
définies à la télévision par le
ministre de l'Intérieur,
Abdolvahed Mousavi Lari.
L'autre consiste à dégager les
personnes ensevelies à Bam,
où selon lui 70 % des
habitations sont tombées et
où l'électricité, le téléphone
et l'eau sont coupés.

À l'issue d'une réunion
de crise, le président Khatami
a dépêché ses ministres
de l'Intérieur et des Transports
pour évaluer les besoins et
a ordonné l'accélération
de l'aide. Mais à la tombée
de la nuit, aucune aide
extérieure n'était visible à Bam.

Au crépuscule, alors
que l'on s'attendait à des
températures de 6 degrés sous
zéro pour la nuit, les rescapés
ont allumé des feux au milieu
des ruines. Ayant perdu tous
leurs biens, ils se tenaient
assis en tremblant dans leurs
vêtements de nuit. Des tentes
devaient être montées.

Au cimetière municipal,
un millier de personnes
pleuraient et se frappaient
la poitrine ou la tête devant
les dépouilles de quelque
500 victimes déposées sur le
sol. Les morts étaient enterrés
dans des fosses communes
creusées au bulldozer.
Mohammed Karimi, âgé d'une
trentaine d'années, a perdu
sa femme et sa fille de 4 ans,
Nazenine. « Hier soir au
coucher, elle m'a fait un dessin
et donné quatre baisers,
raconte-t-il. Quand j'ai
demandé pourquoi quatre,
elle m'a répondu : *Peut-être
que je ne te reverrai pas…* »

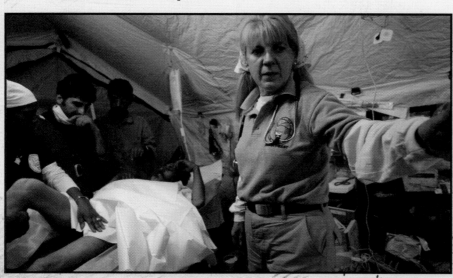

Les Iraniens se sont mobilisés pour aider Bam.

Les secours ont dû s'installer sur une place de Bam, leurs bureaux étant détruits. Selon les médias officiels, le séisme a aussi endommagé des villes et villages de cette région d'environ 230 000 habitants. Des répliques, dont une de magnitude 5,3 d'après l'Institut géophysique de l'Université de Téhéran, ont suivi dans la journée, semant la panique.

En Iran, les tremblements de terre sont généralement meurtriers au-delà de 5 degrés. Rares sont les bâtiments construits pour résister à ces phénomènes bien qu'ils soient fréquents, le pays étant traversé par d'importantes lignes de faille.

Les Iraniens se sont mobilisés pour aider Bam. On se pressait pour donner son sang à Téhéran, alors que le gouvernement a ouvert des comptes pour les dons. La province de Fars, voisine de celle de Kerman, a demandé des couvertures et des produits alimentaires non périssables et exhorté les hommes de moins de 25 ans à participer aux opérations de secours.

Le gouvernement a de son côté lancé un appel à l'assistance internationale. Outre des sauveteurs, le pays demande du désinfectant, des équipements pour tester la salubrité de l'eau, des pompes à eau et des générateurs électriques.

Outre le Canada, de nombreux pays comme la Grande-Bretagne, les États-Unis, l'Allemagne, la Russie, la Grèce, la Belgique et la Jordanie ont offert leur aide, en matériel et en hommes. La Suisse et l'Union européenne ont également débloqué des fonds.

Un deuxième séisme de magnitude 4 a frappé la ville de Masjid Soleiman, dans l'ouest, à 950 km au nord-ouest de Bam, hier à 8 h 10, sans faire de victimes, d'après la télévision. En 1990, un tremblement de terre d'une magnitude de 7,3 avait tué 50 000 personnes et un autre de 7,7 a fait 25 000 victimes en 1978.

AP, PC, AFP, « Lourd bilan du séisme en Iran, selon les premières estimations, 25 000 morts », *La Presse* (Montréal), n° 67 27 décembre 2003, p. 1 et A2.

Un séisme fait plus de 20 000 morts en Iran

Bam, Iran (AFP) – Au moins 20 000 personnes sont mortes, selon un nouveau bilan, dans un séisme dévastateur qui a frappé tôt hier le sud-est de l'Iran et détruit la citadelle de la ville de Bam, l'une des merveilles du patrimoine du pays.

Outre les 20 000 personnes qui ont perdu la vie, plus de 50 000 habitants ont été blessés dans le séisme, d'une magnitude de 6,3 sur l'échelle de Richter, a affirmé à l'AFP un responsable du gouvernorat de Kerman ayant requis l'anonymat.

Ainsi, au moins le dixième de la population du district de Bam a péri dans le séisme, le plus meurtrier depuis 1990, alors que le quart de ses habitants ont été blessés.

Quelque 60 % des habitations du district de Bam, qui comptait quelque 200 000 habitants – dont 90 000 pour la seule ville de Bam –, et des villages environnants, ont été entièrement ou partiellement détruites. La plupart des rescapés se retrouvent sans abri pour la nuit alors qu'un froid glacial a envahi la cité dévastée.

Selon le Centre de géophysique de l'université de Téhéran, le tremblement de terre s'est produit à 5 h 28 à 180 kilomètres à l'est de la ville de Kerman et à environ 1000 kilomètres au sud-est de Téhéran.

Un député de la province de Kerman, Ali Hachemi, a expliqué que *« dans la région, la majorité des habitations sont en briques d'argile »*, donc peu résistantes aux secousses telluriques.

« dans la région,
la majorité
des habitations
sont en briques
d'argile »

Un journaliste de l'AFP,
arrivé sur les lieux de la
catastrophe à Bam au début
des opérations de secours,
a vu des dizaines de corps
retirés des décombres dans
40 cette cité dont la partie
ancienne, construite en pisé,
a été détruite à 90 %. De
nombreux habitants
pleuraient dans les rues
autour de leurs morts et
déploraient la lenteur des
opérations de secours.

Devant l'ampleur du
désastre et le manque de
50 moyens de secours, l'Iran
a lancé un appel à l'aide
internationale qui a été
entendu promptement
dans les grandes capitales
et dans les États voisins.

Débordé par l'ampleur
de la catastrophe, Téhéran
a ouvert ses portes pour
recevoir au plus vite l'aide
60 humanitaire et tentait
d'organiser au mieux
les secours.

Un porte-parole du
ministère de l'Intérieur
iranien a annoncé tard hier
soir que les secouristes
étrangers se portant
volontaires pour aider
les victimes du séisme
70 n'auraient pas besoin de
visa pour entrer en Iran.

194

« *Les secouristes étrangers qui viendront porter secours aux sinistrés de Bam n'ont pas besoin de visa* », a déclaré Jahanbakhsh Khanjani à Irna.

« *Selon une décision prise par le Centre des catastrophes naturelles de la République* 80 *islamique, l'aéroport international de Kerman a été choisi pour recevoir l'aide et les équipes de secours étrangères et fonctionnera 24 heures sur 24* », a-t-il ajouté.

Un responsable du bureau du gouverneur de la province de Kerman, cité par Irna, a pour sa part précisé que 90 « *trois avions sont en route pour Kerman venant d'Italie, d'Allemagne et de Grande-Bretagne et doivent atterrir ce matin* [samedi] *à l'aéroport* » de cette ville. « *Un autre avion en provenance de Suisse doit arriver dans la nuit* [de dimanche] », a-t-il ajouté.

Selon un autre député de 100 Kerman, Hossein Marachi, cité par Irna, les autorités ont créé à Kerman une cellule de crise.

Un pont aérien a en outre été mis en place entre Bam et Kerman pour évacuer les blessés. Des hélicoptères ont été déployés sur la zone sinistrée et l'armée de l'air 110 a envoyé deux avions de transport C-130 chargés de moyens de secours et médicaux.

Le gouvernement iranien a décrété trois jours de deuil national.

Totalement détruite, selon le journaliste de l'AFP sur place, la citadelle médiévale 120 Arg-e-Bam était un joyau en pisé de 300 mètres de long et 200 mètres de large.

Le séisme est le plus important enregistré dans cette région depuis 1998, selon l'Observatoire des sciences de la terre de Strasbourg (France).

Les séismes sont très 130 fréquents en Iran. Depuis 1991, près d'un millier de secousses ont fait environ 17 600 tués et 53 000 blessés, selon des chiffres officiels.

Hossein JASSEB, « Un séisme fait plus de 20 000 morts en Iran », *Le Devoir* (Montréal), nᵒ 294, 27 et 28 décembre 2003, p. 1 et A8.

Qu'est-ce qu'un tremblement de terre ?

> Je crois que nous observons présentement le mouvement des plaques tectoniques...

La convection

Une partie du manteau terrestre est formée de magma[1]. L'écorce terrestre et la partie solide du manteau supérieur flottent à la surface de cette matière semi-liquide très chaude. La température élevée qui règne dans le manteau supérieur provoque des

10 mouvements de convection dans le magma, un peu comme lorsqu'on fait chauffer de l'eau dans une casserole. Ces mouvements de convection, combinés avec la pression accumulée sous l'écorce terrestre, déplacent les différentes plaques solides qui forment l'écorce.

Les déplacements des plaques tectoniques

20 Tous les jours, la terre est secouée par de petits tremblements de terre, ou séismes. Ces tremblements de terre accompagnent parfois l'activité d'un volcan mais, le plus souvent, ils sont le résultat du frottement des plaques tectoniques. Ces plaques solides se déplacent

30 de quelques centimètres par année. Elles peuvent

glisser les unes contre les autres, se rapprocher ou s'éloigner. Par exemple, la plaque de l'Amérique du Sud et celle de l'Afrique s'éloignent l'une de l'autre. La chaîne volcanique située au fond de l'océan Atlantique exerce

40 une pression qui provoque le déplacement de ces deux plaques.

Lorsque deux plaques tectoniques se rapprochent, il arrive que l'une des deux glisse sous l'autre. Parfois, les plaques tectoniques se frottent l'une contre l'autre et il en résulte une pression

50 extrêmement forte. Certaines parties des plaques peuvent alors se plisser, ce qui donne naissance aux chaînes de montagnes. En d'autres endroits, de grandes quantités d'énergie s'accumulent dans les plaques. Lorsque cette énergie devient trop grande, une plaque peut se fissurer et

60 libérer subitement l'énergie accumulée : cela provoque un séisme (ou tremblement de terre). Les tremblements de terre se produisent surtout aux jonctions des plaques tectoniques.

1. magma : résultat de la transformation de roches en une masse épaisse et pâteuse à la suite d'une exposition à une très grande chaleur.

L'échelle de Richter

Les tremblements de terre ne causent pas tous des catastrophes terribles. Il se produit constamment des tremblements de terre et, heureusement, la plupart sont à peine perceptibles. En 1935, Charles Francis Richter a mis au point une échelle pour mesurer l'intensité de ces phénomènes. L'échelle de Richter varie de 1 à 9.

2,5	Enregistré par un sismographe
3,5	Ressenti, mais n'occasionne pas de dégâts
4,5	Dégâts locaux
6,0	Séisme destructeur
7,0	Séisme gravement destructeur
8,0 et plus	Séisme dévastateur ou catastrophique

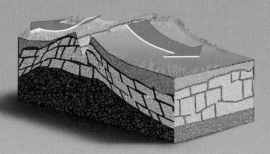

Les plaques tectoniques s'éloignent l'une de l'autre. La chaîne volcanique située au fond de l'Atlantique provoque l'éloignement des deux plaques.

Deux plaques tectoniques se rapprochent l'une de l'autre. L'une d'elles glisse sous l'autre et s'enfonce dans le manteau terrestre. Les régions où ce phénomène se produit sont les plus propices aux tremblements de terre.

Les plaques tectoniques glissent l'une contre l'autre.

48 SECONDES
et puis le chaos

Le terrible tremblement de terre qui a secoué la ville de San Francisco, aux États-Unis, le 18 avril 1906 à 5 h 12 n'aura duré que 48 secondes. Avec une magnitude de 8,25 à l'échelle de Richter, cette secousse aura détruit 28 000 habitations, et fait 700 morts et 250 000 sans-abri. Le Palace Hotel est l'un des rares édifices à avoir résisté au tremblement de terre, mais pas à l'incendie qui s'ensuivit.

198

BLOC 1

Il est cinq heures. Comme tous les mercredis matin, Laura se lève très tôt pour distribuer l'édition spéciale du journal. À cette heure-là, tout est calme à San Francisco. La ville sommeille encore. Assis devant son petit-déjeuner, elle repousse avec dédain son bol de gruau tandis qu'un fait curieux attire son attention. Laura se frotte les yeux puis regarde de nouveau son verre. Elle ne rêve pas : le lait vibre !
Soudainement, Doogy, son chien, se met à hurler comme si on lui avait coupé la queue. Et voilà maintenant qu'elle entend un bourdonnement sourd et lointain. Elle a l'impression qu'un malheur est sur le point d'arriver. Elle aimerait bien que ses parents soient auprès d'elle, mais ils travaillent tous deux de nuit au Palace Hotel et ils ne rentreront que vers neuf heures. Tout à coup, elle sent le plancher trembler sous ses pieds tandis que le bourdonnement devient de plus en plus intense.

— Sors de la maison immédiatement, crie brusquement Nanny, sa gardienne.

Laura obéit sur-le-champ, sans trop savoir pourquoi. Une fois sur le trottoir, elle se rend compte que Doogy n'est pas avec elle.

Si Laura retourne chercher Doogy dans la maison, passe au bloc n° 5.

Si Laura reste sur le trottoir, passe au bloc n° 8.

1

BLOC 2

En marchant tant bien que mal le long de la faille terrestre, elle trouve enfin une passerelle de fortune qui lui permet de traverser de l'autre côté. Durant de longues minutes, elle avance lentement parmi les débris et, finalement, elle aperçoit Doogy. À le voir courir vers elle, elle comprend vite que son chien n'est pas blessé. Soudainement, le sol vibre de nouveau et Laura entend un énorme craquement. Elle se retourne et voit que le chemin qui lui a permis de traverser la faille n'est plus accessible.

Si Laura longe la faille jusqu'à ce qu'elle puisse la traverser de nouveau, passe au bloc n° 11.

Si Laura emprunte un autre chemin qui la mènera au Palace Hotel, passe au bloc n° 6.

2

BLOC 3

Monsieur Diamond tente de se frayer un chemin dans ce minuscule trou.

— Laissez-moi y aller, monsieur Diamond. Le trou est beaucoup trop petit, lui dit Laura. Vous ne passerez pas.

Laura se coule péniblement dans l'abîme et elle se retrouve dans la maison. C'est sombre. Elle avance à tâtons jusqu'à madame Diamond, qui tient son nouveau-né dans ses bras.

— Je vais vous guider vers la sortie, lui dit-elle avec calme.

40 Dans l'intervalle, monsieur Diamond a eu le temps de dégager le trou. Il tend les bras vers son épouse et attrape son fils.

Laura poursuit ses recherches et trouve James coincé sous une poutre. Après plusieurs minutes d'efforts, les deux enfants sortent ensemble de la maison.

Tandis que Laura s'apprête à poursuivre son chemin vers le Palace Hotel, une détonation la fait sursauter.

— Ce sont les canalisations de gaz sous le grand boulevard… elles viennent de briser, pense tout haut monsieur Diamond.
50 Vite, mettez-vous à l'abri, s'exclame-t-il.

Abritée derrière un mur, Laura entend une, deux, trois explosions. Puis, à travers un épais écran de fumée, elle peut entrevoir un rideau de flammes s'élever vers le ciel. Décidément, Laura devra renoncer à se rendre au Palace Hotel.

Si Laura retourne vers sa maison, passe au bloc nº 7.

Si Laura reste avec la famille Diamond, passe au bloc nº 4.

3

Bloc 4

La misère, la peur et le désespoir se lisent sur le visage des gens qui circulent dans le quartier. Parmi ceux-ci, Laura reconnaît Nanny, qui avance péniblement, accompagnée d'une dame qu'elle reconnaît immédiatement. C'est une collègue de travail de sa mère. Elle s'élance vers elle.

60 — Avez-vous vu ma mère, madame ? lui demande-t-elle, la voix chargée d'espoir.

— Non, Laura, je suis désolée. Mais je suis certaine qu'elle est saine et sauve. Le Palace Hotel a été épargné. Je crois qu'il est le seul édifice encore debout dans cette ville, lui répond-elle avant de poursuivre sa route.

Laura est bien heureuse d'être de nouveau avec Nanny. Elle installe sa gardienne le plus confortablement possible puis grimpe sur le plus haut tas de débris afin de scruter l'horizon. Plus d'une heure s'est écoulée quand elle aperçoit
70 enfin deux silhouettes qui lui sont familières s'avançant lentement, accompagnées d'un chien.

4

Bloc 5

Laura part en courant vers sa maison.

— Laura, reviens ici, lance Nanny sur un ton impératif.

Laura ne l'écoute pas et se précipite à grands pas dans la maison. Dès son entrée, elle remarque les nombreuses lézardes qui tapissent tous les murs. Le vaisselier est déjà en mille morceaux et l'escalier est complètement détruit. Elle avance nerveusement en appelant son chien.

— Doogy, ici mon chien, Doogy viens !

80 Aucune trace de Doogy. La maison se démantèle de plus en plus. La porte arrière est encore loin et la porte avant qui lui permettrait d'atteindre le trottoir est assiégée par un mur de flammes. Sous ses pieds, le sol craque. Elle a juste le temps de sortir.

Si Laura emprunte la porte arrière, passe au bloc nº 10.

Si Laura emprunte la porte avant, passe au bloc nº 8.

5

Bloc 6

Laura ne sait plus trop où aller. Elle poursuit sa route droit devant elle en prenant soin de s'éloigner des édifices, par crainte de les voir s'effondrer sur elle. Finalement, elle aperçoit le père de James, un de ses camarades de classe. Laura remarque que l'homme est blessé au bras.

90 — Vous devriez aller à l'hôpital là-bas, monsieur Diamond, lui recommande-t-elle.

— J'irai plus tard, Laura. Je dois d'abord libérer Mary, mon épouse, et mes deux fils. Ils n'ont pas eu le temps de sortir de la maison.

Monsieur Diamond poursuit son sauvetage. Il soulève une planche et Laura entrevoit, par une brèche, l'intérieur de la maison.

Si Laura donne un coup de main à monsieur Diamond, passe au bloc n° 3.

Si Laura poursuit son chemin, passe au bloc n° 4.

6

Bloc 7

100 Laura a marché durant plus de deux heures pour arriver chez elle, ou du moins devant ce qu'il reste de sa maison. La faim et la soif la tenaillent et elle se demande bien pourquoi elle a repoussé son bol de gruau ce matin. Elle regarde sa rue délabrée, ruinée, détruite.

— Papa! Maman! Doogy! Où êtes-vous? crie-t-elle à qui veut bien l'entendre.

— Te voilà enfin! lui dit une voix.

Laura se retourne et aperçoit Nanny assise entre deux poutres.

— Nanny! Comment vas-tu? Et ta jambe? s'inquiète Laura.

— La blessure est profonde, mais ça ira. L'infirmière m'a fait une piqûre pour soulager la douleur.

110 Laura se blottit contre sa gardienne qui s'endort rapidement grâce au médicament. Les heures passent et Laura attend, le cœur déchiré. Finalement, un son qui ne lui est pas étranger la sort de sa torpeur. Les yeux remplis de larmes, Laura scrute l'horizon. Au loin, elle aperçoit Doogy, qui vient à sa rencontre et, derrière elle, une femme et un homme qu'elle reconnaîtrait à des kilomètres.

7

BLOC 8

Laura espère que Doogy a eu le temps de s'enfuir de son côté. Sur le trottoir, tout près de Nanny, elle regarde sa maison s'effriter lentement et se rend compte à quel point un bâtiment peut être fragile. Il s'ensuit un vacarme infernal de démolition.

120

— Regarde, Nanny, le sol s'est déchiré et une faille d'au moins un mètre de large traverse la maison de gauche à droite, s'exclame Laura d'une voix apeurée.

La scène est irréelle. Laura se croit en plein cauchemar. Finalement, elle reprend ses sens quand elle entend japper. C'est Doogy! Il est de l'autre côté de la faille, derrière la maison. Laura s'élance pour aller le sauver.

— Reste ici, Laura! Nous allons rejoindre tes parents au Palace Hotel, lui ordonne Nanny.

Si Laura accompagne Nanny au Palace Hotel, passe au bloc nᵒ 9.

Si Laura se rend derrière la maison rejoindre Doogy, passe au bloc nᵒ 10.

8

BLOC 9

130

Nanny et Laura marchent dans la rue. Les édifices s'écroulent. Les gens paniquent, crient, hurlent. Il y a des blessés partout. Les infirmières de l'hôpital situé tout près de la maison de Laura accueillent les blessés directement dans la rue. Tandis que Nanny tente de se frayer un chemin, un mur s'effondre. Nanny est blessée. Une plaie ouverte à son genou laisse s'écouler un large filet de sang le long de sa jambe.

— Appuie-toi sur moi. Je vais t'amener à l'hôpital, lui dit Laura en l'aidant à se soulever.

Dès leur arrivée, une infirmière accourt.

140

— Nous allons nous occuper de vous, madame, lui dit l'infirmière avant de se tourner vers Laura pour lui demander gentiment de s'éloigner afin de lui permettre de travailler.

Laura comprend vite qu'elle n'a rien à faire à cet endroit. Soudainement, elle pense à Doogy.

Si Laura poursuit seule son chemin vers le Palace Hotel, passe au bloc nᵒ 6.

Si Laura revient sur ses pas pour aller chercher Doogy, passe au bloc nᵒ 2.

9

BLOC 10

Laura saute par-dessus les obstacles à toute vitesse, elle pose le pied sur un reste de balcon qui lui sert de tremplin et elle plonge dans la cour arrière. Doogy est là, tout heureux de la revoir. Mais comment faire pour retourner vers Nanny. La faille terrestre qui traverse la maison s'élargit à vue d'œil.

150

– Je vais me rendre au Palace Hotel par mes propres moyens, crie Laura à sa gardienne de toutes ses forces.

Laura regarde autour d'elle et se demande bien quel chemin elle devrait prendre pour se rendre à cet hôtel.

Si Laura longe la faille jusqu'à ce qu'elle puisse la traverser de nouveau, passe au bloc n° 11.

Si Laura emprunte un autre chemin qui la mènera au Palace Hotel, passe au bloc n° 6.

10

BLOC 11

Laura marche durant des heures. La faille traverse des rues et des édifices. Elle enjambe les obstacles, escalade les montagnes de débris et contourne un incendie, puis un autre. Elle constate finalement que ces nombreux détours ont largement modifié son itinéraire. Elle n'est plus en direction du Palace Hotel ! Tandis qu'elle s'arrête pour réfléchir, Doogy repère un autre chien et part à sa rencontre. Laura tente de le rattraper, mais il y a trop de décombres et elle risque fort de s'égarer davantage en suivant son chien. Déjà, elle a de la difficulté à s'orienter, car le décor de son quartier est totalement différent. Laura n'a plus aucun repère visuel. Puis elle entend encore ce bourdonnement sourd qui lui annonce une nouvelle secousse.

160

Si Laura s'assoit et attend qu'on vienne la chercher, passe au bloc n° 4.

Si Laura poursuit son chemin vers le Palace Hotel, passe au bloc n° 6.

11

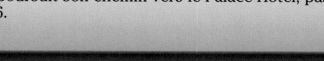

Marie Sylvie Legault

Cinquième escale

L'état d'équilibre auquel parviennent une région et ses habitants se trouve parfois tragiquement perturbé par les éléments. À grands tourbillons de vents déchaînés, de vagues tumultueuses ou de secousses intenses, la nature manifeste sa force… Les habitants de Bam en ont été témoins en décembre 2003, alors qu'un violent tremblement de terre a anéanti leur ville et tué des milliers de personnes.

Les tremblements de terre sont au cœur des textes de cette escale. Au fil de tes lectures, tu te rendras compte de leur ampleur et des conséquences de telles tragédies sur la vie des gens. Tu apprendras, grâce à un texte à caractère plus scientifique, ce qu'il se produit sous la terre lorsqu'elle se met à trembler. Enfin, à la lecture d'un récit d'aventures interactif, tu constateras que l'être humain a un certain pouvoir sur le cours des événements ; il s'agit simplement de faire les bons choix.

L'aventure →

Au terme de cette escale, on t'invitera à unir tes forces à celles de tes camarades de classe : tu participeras à la création d'une œuvre collective. Grâce à certaines compétences que tu développeras tout au long de l'escale, tu seras en mesure de t'engager activement dans la rédaction, en groupe classe, d'un récit interactif dont l'élément perturbateur sera nul autre qu'un tremblement de terre.

La force de la nature

Itinéraire

Tout comme les équipes de secouristes, qui évaluent les besoins et planifient leurs gestes avant de passer à l'action, tu devras, avant de participer à la rédaction, en groupe classe, du récit interactif, développer des compétences en t'appuyant sur des connaissances et des stratégies.

Lecture

Grammaire

Écriture

Communication orale

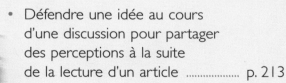

Embarquement

Douze forces de la nature

NEALHVAAC

          4 13

NEDISENIC DE OFRÊT

      21   25   9

DIONANTONI

    1   18   16

RAEGO

    7   24

RGÊLE

    22 14

DATNORE

   20   17   2

RANOUGA

   5

TETERMEMBLN DE ETRER

    23   6

ÉNUPROIT NAVLOCQEIU

  10 19 12

ITNUMSA

  3

ÉLEMNUBETO

  11

SNEETLMGSI DE TIRREAN

   8 15

Sur la feuille que te remettra ton enseignant ou ton enseignante, découvre les douze «forces de la nature» qui se cachent dans les groupes de lettres mélangées ci-dessus.

a) Place les lettres dans l'ordre afin de former un mot ou un groupe de mots qui désigne une «force de la nature». Écris ce mot dans les cases à la droite des lettres.

b) Transcris les lettres des cases numérotées dans les cases correspondantes ci-dessous et découvre l'autre titre que l'on aurait pu donner à cette activité.

  1 2 3   4 5 6 7 8 9 10 11 12 13 14 15   16 17 18 19 20 21 22 23 24 25

Lecture et appréciation des textes

Au moins 25 000 morts 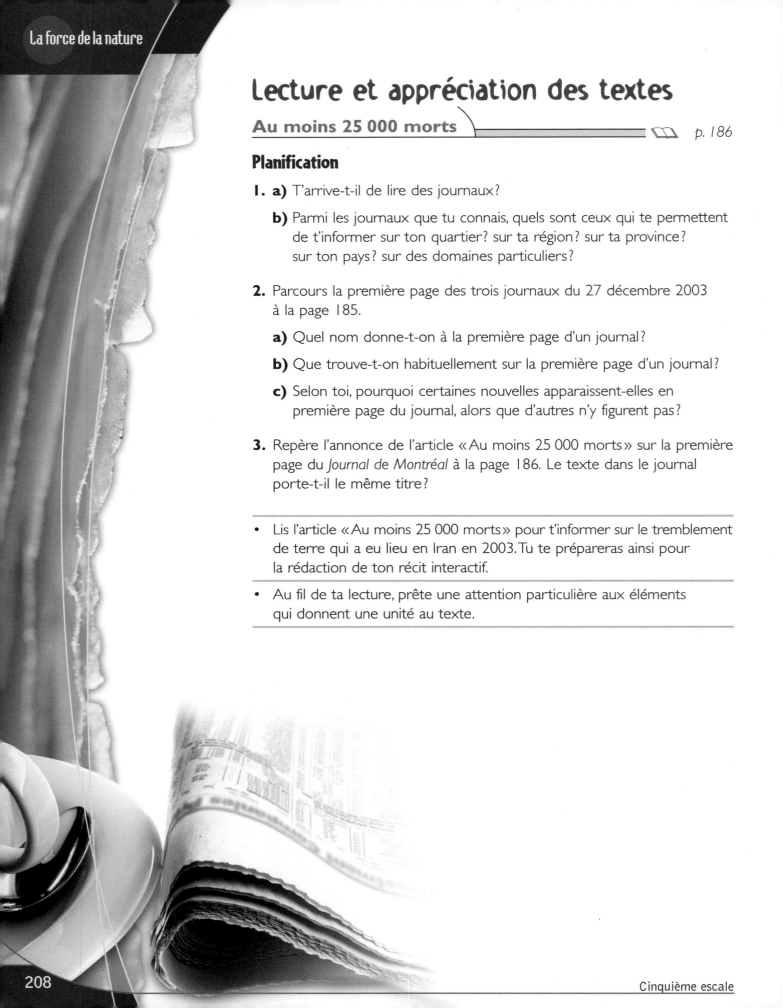 *p. 186*

Planification

1. a) T'arrive-t-il de lire des journaux?

b) Parmi les journaux que tu connais, quels sont ceux qui te permettent de t'informer sur ton quartier? sur ta région? sur ta province? sur ton pays? sur des domaines particuliers?

2. Parcours la première page des trois journaux du 27 décembre 2003 à la page 185.

a) Quel nom donne-t-on à la première page d'un journal?

b) Que trouve-t-on habituellement sur la première page d'un journal?

c) Selon toi, pourquoi certaines nouvelles apparaissent-elles en première page du journal, alors que d'autres n'y figurent pas?

3. Repère l'annonce de l'article «Au moins 25 000 morts» sur la première page du *Journal de Montréal* à la page 186. Le texte dans le journal porte-t-il le même titre?

• Lis l'article «Au moins 25 000 morts» pour t'informer sur le tremblement de terre qui a eu lieu en Iran en 2003. Tu te prépareras ainsi pour la rédaction de ton récit interactif.

• Au fil de ta lecture, prête une attention particulière aux éléments qui donnent une unité au texte.

Compréhension et interprétation

1. Quel mot ou groupe de mots utilise-t-on dans les lignes ci-dessous du texte «Au moins 25 000 morts» pour éviter la répétition du groupe de mots *tremblement de terre*?

   a) chapeau   **c)** ligne 41   **e)** ligne 62

   b) ligne 39   **d)** ligne 54

2. À l'aide du contexte, trouve le sens des mots suivants, utilisés dans cet article. N'hésite pas à consulter un dictionnaire, au besoin.

   a) citadelle (chapeau)   **d)** telluriques (ligne 39)

   b) patrimoine (chapeau)   **e)** déploraient (ligne 51)

   c) magnitude (ligne 5)

3. À l'aide des renseignements présentés dans cet article, précise la fonction des personnes suivantes.

   a) Ali Hachemi

   b) Jahanbakhsh Khanjani

   c) Hossein Marachi

4. a) Relis les lignes 116 à 119.

   b) À ton avis, qu'est-ce qu'une «cellule de crise»?

5. Discute avec d'autres élèves de ce que tu as ressenti à la lecture de cet article.

Bagage de connaissances

Les principales caractéristiques d'un article

Qu'ils se trouvent dans les journaux, les revues, les livres ou encore dans Internet ou sur cédérom, les articles, qu'ils concernent ou non l'actualité, présentent tous certaines caractéristiques.

Les articles ont pour but l'une des actions suivantes:

- rapporter des faits
  ou des événements en les décrivant;

- expliquer des faits,
  des situations problématiques,
  des phénomènes complexes;

- convaincre les gens de la valeur
  de certaines prises de position
  et de l'importance de modifier leurs opinions.

La structure des articles s'apparente généralement à celle d'un texte courant. Ainsi, on y trouve un ou plusieurs paragraphes présentant une introduction, un développement et une conclusion. Toutefois, la structure des articles se distingue parfois de celle du texte courant par la présence des éléments suivants :

- **des intitulés ;**

  Les intitulés renseignent les lecteurs et les lectrices sur le contenu de l'article. Ainsi, le titre, les sous-titres, les surtitres et les intertitres annoncent le sujet traité dans l'article et captent l'attention des lecteurs et des lectrices par les mots évocateurs qu'ils contiennent.

- **un chapeau ;**

  À l'occasion, comme dans cet article, un bref commentaire peut se trouver en tête d'un article. On appelle ce commentaire « un chapeau ». Il est habituellement écrit en caractères gras ou en italique.

- **le lieu ;**

  Le lieu où s'est produit l'événement rapporté est habituellement mentionné au début du chapeau ou du paragraphe d'introduction.

- **le nom du ou de la journaliste ou de l'agence de presse.**

  Le nom du ou de la journaliste ou de l'agence de presse y figure également. Toutefois, cette information peut aussi se trouver à la fin de l'article.

Reporte-toi à l'article « Au moins 25 000 morts » pour répondre aux questions ci-dessous.

a) Cet article vise-t-il à rapporter un fait, à expliquer un fait ou à convaincre les gens ? Explique ta réponse.

b) Dirais-tu que les intitulés de cet article te renseignent adéquatement sur son contenu ? Explique ta réponse.

c) Les renseignements contenus dans cet article proviennent-ils d'une agence de presse ? Si oui, de quelle agence s'agit-il ?

Planification

Survole la une de *La Presse* d'où est extraite une partie de l'article « 25 000 morts ».

a) Compare cette une avec celle du *Journal de Montréal*.

  ❶ À ton avis, quel journal accorde le plus d'importance à la nouvelle du tremblement de terre en Iran?

  ❷ Quel indice te conduit à cette conclusion?

b) Selon toi, pourquoi le *Journal de Montréal* accorde-t-il plus d'importance à un accident de voiture qu'au tremblement de terre?

c) À quelles agences de presse s'est-on référé pour écrire l'article « 25 000 morts »?

d) Il arrive qu'un article commence à la une et se termine à une autre page. À quelle page se trouve la suite de cet article?

- Lis l'article « 25 000 morts » pour t'informer sur le tremblement de terre qui a eu lieu en Iran en 2003. Tu te prépareras ainsi pour la rédaction de ton récit interactif.

- Au fil de ta lecture, remarque les différents éléments (organisateurs textuels, mots substituts, marqueurs de relation, etc.) qui permettent de relier les idées entre elles.

Cap sur les mots

La locution

La locution est constituée **de mots formant une expression figée** et désignant une réalité unique. L'ensemble des mots qui la constituent n'a qu'une seule fonction grammaticale.

QUELQUES LOCUTIONS COURANTES		
Locutions verbales *avoir faim, avoir mal, faire face, faire semblant,* etc.	**Locutions adverbiales** *tout à coup, en bas, là-bas, à jamais,* etc.	**Locutions prépositives** *jusqu'à, en cas de, par rapport à, grâce à,* etc.
Locutions conjonctives *afin que, bien que, dans le cas où, avant que,* etc.	**Locutions adjectivales ou adjectifs composés** *bleu ciel, aigre-doux, rouge vin, bon marché,* etc.	**Locutions nominales ou noms composés** *robe de chambre, pomme de terre, laissez-passer, savoir-faire,* etc.

Boussole

Une **expression figée** est un groupe de mots inséparables dont le sens global diffère de celui de chacun des mots qui le composent. Certaines expressions figées sont définies dans le dictionnaire.

Ce second tableau te permet de constater que plusieurs organisateurs textuels et marqueurs de relation sont des locutions qui servent à organiser le texte tout en apportant des précisions.

QUELQUES LOCUTIONS POUR PRÉCISER		
le début : *d'abord, en premier lieu, pour commencer, etc.*	**une transition :** *voyons maintenant, la seconde question, etc.*	**un rappel :** *nous avons vu que, comme il a déjà été dit, etc.*
une annonce : *nous reviendrons là-dessus, comme nous le verrons plus loin, etc.*	**la fin :** *terminons par, en conclusion, pour terminer, etc.*	**le temps :** *jusqu'à ce que, d'ici peu, de nos jours, etc.*
le lieu : *en haut de, jusqu'à, etc.*	**la cause :** *parce que, étant donné, etc.*	**le but :** *afin que, pour que, etc.*
la conséquence : *en effet, en conséquence, c'est pourquoi, etc.*	**la comparaison :** *de même que, comparativement à, etc.*	**l'addition :** *ainsi que, de même que, de plus, d'autre part, etc.*

Trouve les locutions demandées dans l'article « 25 000 morts ».

a) Deux locutions nominales (lignes 1 à 10).

b) Une locution adverbiale (lignes 3 et 4).

c) Une locution verbale (ligne 67).

d) Une locution prépositive (ligne 138).

e) Une locution conjonctive (ligne 141).

f) Une locution adjectivale (ligne 155).

Compréhension et interprétation

1. Observe les caractéristiques de l'article intitulé « 25 000 morts ».

a) Comporte-t-il d'autres intitulés que le titre ? Si oui, lesquels ?

b) Y trouve-t-on un chapeau ?

c) Le lieu d'où provient la nouvelle est-il précisé ? Si oui, quel est-il ?

d) Les informations contenues dans cet article proviennent-elles d'agences de presse ? Si oui, de quelles agences s'agit-il ?

L'aventure →

Afin que tes idées soient reliées entre elles et à celles de tes camarades dans le récit interactif, tu devras y insérer quelques locutions qui jouent le rôle d'organisateur textuel ou de marqueur de relation.

2. a) Quel est le bilan des décès à la suite du tremblement de terre selon :

❶ le gouverneur de la province de Kerman ?

❷ Hassan Khoshrou ?

❸ des responsables locaux anonymes ?

b) Comment expliques-tu ces différences quant au bilan ?

3. Maintenant que tu as lu deux articles sur la tragédie de Bam, soit celui du *Journal de Montréal* et celui de *La Presse,* joins-toi à deux ou trois camarades de classe pour discuter des questions suivantes.

a) Quel article avez-vous préféré ?

b) Décrivez les aspects qui sont reliés à votre préférence. Il peut s'agir des émotions que vous avez ressenties, de la façon dont l'article est présenté (son esthétisme), des mots choisis par l'auteur ou l'auteure de l'article, ou de tout autre critère.

4. Trouve, dans les lignes indiquées entre parenthèses, une locution qui correspond à la définition donnée.

a) Graduation servant à indiquer l'intensité d'un tremblement de terre (lignes 18 à 27).

b) Mentionner (lignes 66 à 74).

c) À la fin de (lignes 85 à 93).

d) Au moment où la nuit arrive (lignes 94 à 103).

Bagage de connaissances

Les procédés typographiques

Grâce aux procédés typographiques, il est facile de distinguer les pages d'un roman, d'un journal, d'une revue, d'une pièce de théâtre ou d'un recueil de poèmes. Ainsi, la mise en pages de ces textes respecte certaines règles ou habitudes propres à chacun. Voici des procédés typographiques fréquemment employés :

- **le caractère gras :** il met en relief un intitulé, un mot, un groupe de mots ou une idée pour attirer l'attention du lecteur ou de la lectrice.

  › Le titre du texte : **25 000 morts**

  › L'intertitre : **Les Iraniens se portent au secours de la ville de Bam**

- **le caractère italique**: il peut indiquer la pensée d'un personnage, un mot emprunté à une autre langue ou une information importante.

  ❯ *Peut-être que je ne te reverrai pas…*

- **la taille ou la police des caractères**: ils peuvent servir à distinguer les différents intitulés (titre, intertitre, sous-titre, surtitre) du texte ou à attirer l'attention du lecteur ou de la lectrice.

  ❯ Les Iraniens se portent au secours de la ville de Bam

- **les capitales (ou majuscules)**: elles peuvent être utilisées dans les titres ou au début de certains paragraphes pour signifier qu'un nouvel aspect sera traité. Elles permettent également d'attirer l'attention du lecteur ou de la lectrice.

  ❯ TÉHÉRAN

Parmi les autres procédés typographiques, qui relèvent d'un choix pertinent quant au propos, il y a les interlignes, les illustrations, les encadrés et la division du texte en colonnes.

I. Observe les procédés typographiques utilisés dans le titre de l'article « 25 000 morts ».

  a) Décris les procédés typographiques utilisés dans le groupe de mots « Lourd bilan » en le comparant avec le reste du chapeau.

  b) Décris les procédés typographiques utilisés dans le groupe de mots « 25 000 morts » présent dans le chapeau.

  c) Selon toi, pourquoi a-t-on recouru à ces procédés typographiques?

  2. a) Consulte différents ouvrages disponibles en classe (recueils de poèmes, journaux, romans, revues, etc.).

  b) Avec d'autres élèves, relève différents procédés typographiques qui sont employés et discute de leur pertinence.

Boussole

Il est possible de combiner différents procédés (par exemple capitales + gras + taille) pour insister sur un élément.

❯ UN **TREMBLEMENT** DE **TERRE**

Un séisme fait plus de 20 000 morts en Iran

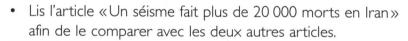 p. 193

Planification

1. Parcours la une du journal *Le Devoir* et l'article intitulé « Un séisme fait plus de 20 000 morts en Iran », et compare l'importance que ce quotidien accorde à la nouvelle du tremblement de terre avec celle que lui accordent le *Journal de Montréal* et *La Presse*.

2. Quand, dans un journal, on veut vraiment mettre l'accent sur une nouvelle, on la publie dans les premières pages. De plus, on place généralement la principale nouvelle de la une dans la page qui suit.

    a) À quelle page se trouve la nouvelle du tremblement de terre dans *Le Devoir,* dans *La Presse* et dans le *Journal de Montréal*?

    b) Lorsque tu compares la une de ces journaux avec la page où se trouve la nouvelle du tremblement de terre, dirais-tu qu'il y a cohérence entre la une et la page où se trouve cette nouvelle?

- Lis l'article « Un séisme fait plus de 20 000 morts en Iran » afin de le comparer avec les deux autres articles.

- Au fil de ta lecture, dégage les éléments qui caractérisent la façon dont chaque quotidien a traité la nouvelle en dressant une liste des ressemblances et des différences.

Compréhension et interprétation

1. a) En lisant les journaux, les lecteurs et les lectrices espèrent trouver des réponses à leurs questions. La page suivante présente une liste de questions se rapportant au séisme de Bam. En regard de chaque question, coche les cases correspondant aux quotidiens dans lesquels les lecteurs et les lectrices auraient pu trouver des réponses. Utilise le tableau que te remettra ton enseignant ou ton enseignante.

📋 Questions se rapportant au séisme de Bam	Journal de Montréal	La Presse	Le Devoir
1. À quel moment le séisme a-t-il eu lieu?			
2. À quel endroit le séisme a-t-il eu lieu?			
3. Quelle était la magnitude du séisme?			
4. Y a-t-il eu des répliques?			
5. Combien y a-t-il de morts et de blessés?			
6. Le nombre de morts varie-t-il selon les sources?			
7. Comment évacue-t-on les blessés?			
8. Y a-t-il des Canadiens et des Canadiennes parmi les victimes?			
9. Les rescapés ont-ils trouvé un moyen de se réchauffer pendant la nuit froide qui a suivi?			
10. A-t-on recueilli des témoignages auprès des rescapés?			
11. À quand remonte l'origine de la forteresse de Bam?			
12. Quel est l'état des hôpitaux locaux?			
13. L'électricité, la distribution d'eau et le téléphone fonctionnent-ils?			
14. Les bureaux de secours ont-ils été affectés?			
15. Quelles sont les priorités du gouvernement au lendemain de la catastrophe?			
16. Le gouvernement iranien a-t-il ouvert des comptes pour recueillir les dons?			
17. A-t-on organisé des collectes de sang?			
18. Selon l'appel à l'aide internationale lancé par le gouvernement, quels sont les besoins les plus pressants?			
19. Pourquoi y a-t-il tant de séismes en Iran?			
20. Le Canada a-t-il répondu à l'appel d'aide?			

b) Selon les critères que regroupe ce tableau, dans quel journal trouve-t-on le texte le plus complet et le plus détaillé?

2. *La Presse* a recouru aux informations de trois agences de presse pour la rédaction de son article, alors que *Le Devoir* et le *Journal de Montréal* n'ont recouru qu'à l'Agence France-Presse. Avec d'autres élèves, discute des conséquences de ce fait sur le contenu des trois articles.

3. Quel texte as-tu trouvé le plus intéressant ? Sur quels critères ton opinion repose-t-elle ?

Bagage de connaissances

Le rôle de certains signes typographiques dans un texte courant

Une bonne utilisation de la ponctuation, dont font partie les signes typographiques, facilite la compréhension du message. Le tableau suivant présente la façon d'utiliser quelques signes typographiques dans les textes courants.

L'UTILISATION DES SIGNES TYPOGRAPHIQUES

SIGNES	UTILISATIONS	*EXEMPLES*
Les parenthèses ( )	Pour encadrer une information supplémentaire (non essentielle à la compréhension du texte).	❯ Cette nouvelle (plutôt inusitée) fait la une de tous les quotidiens.
Le tiret –	Pour faire ressortir une explication ou un commentaire à l'intérieur d'une phrase.	❯ Le séisme – d'une magnitude de 6,3 – a fait de nombreux morts.
Les guillemets «»	Pour encadrer : – un discours rapporté direct ; – une expression ou un mot rapporté.	❯ Selon une résidante, la secousse était «terrorisante».
Les crochets [ ]	Pour encadrer un ajout dans une citation.	❯ Ce jour [le 26 décembre 2003] marquera à jamais la mémoire des Iraniens.

Compare les lignes 86 à 98 de l'article «Un séisme fait plus de 20 000 morts en Iran» avec les lignes 101 à 110 de l'article «Au moins 25 000 morts», à la page 186. Comment expliques-tu la présence de crochets dans le texte du *Devoir*?

Qu'est-ce qu'un tremblement de terre? 📖 *p. 196*

Planification

1. Comment comptes-tu te servir des illustrations insérées dans le texte *Qu'est-ce qu'un tremblement de terre?* au cours de ta lecture?

2. Dans le but d'éclaircir certains renseignements fournis dans le texte, prévois une façon de noter les questions qui te viendront à l'esprit au cours de ta lecture.

- Lis le texte *Qu'est-ce qu'un tremblement de terre?* afin de t'informer sur ce phénomène dont il est souvent question dans l'actualité.

- Au fil de ta lecture, remarque de quelle façon la mise en pages, les intitulés, les illustrations et les marques de genre, entre autres, contribuent à l'organisation générale de ce texte.

L'aventure →

Tu veilleras à bien orthographier et utiliser les homophones quand tu écriras le récit interactif.

Cap sur les mots

Les homophones fréquents .... p. 326

Les homophones sont des mots qui se prononcent de la même façon, mais dont l'orthographe et la signification diffèrent. Afin de distinguer les homophones, de bien les utiliser et de les orthographier correctement, tu dois recourir au contexte et connaître la classe de ces mots.

- **a / à**

  A étant le verbe *avoir,* on peut facilement le remplacer par *avait.* Lorsqu'il est impossible de le remplacer par *avait,* il s'agit de la préposition **à**.

  > ~~avait~~
  > L'écorce terrestre flotte **à** la surface de cette matière très chaude.

  - **ou / où**

    Ou étant une conjonction qui indique une alternative, on peut facilement le remplacer par *ou bien*. Lorsqu'il est impossible de le remplacer par *ou bien*, il s'agit du pronom relatif **où** qui donne une indication de lieu ou de temps.

    > ~~ou bien~~
    > Les régions **où** ce phénomène se produit sont les plus à risque.

Transcris les phrases suivantes en utilisant les homophones qui conviennent. Afin de justifier ton choix, laisse des traces de ta démarche.

- **a / à**

    La communauté ■■ commencé ■■ se rallier hier pour venir en aide ■■ l'Iran après le séisme qui ■■ fait de nombreuses victimes et qui ■■ laissé de nombreux sans-abri.

- **ou / où**

    Maintenant disparue, la cité fortifiée de Bam, ■■ plusieurs affrontements historiques ont eu lieu, avait souvent été abîmée, détruite ■■ reconstruite.

Compréhension et interprétation

1. a) Évalue ta satisfaction par rapport à l'organisation générale du texte *Qu'est-ce qu'un tremblement de terre?* en encerclant ton niveau d'appréciation sur la grille que te remettra ton enseignant ou ton enseignante.

FICHE D'APPRÉCIATION DE L'ORGANISATION GÉNÉRALE DU TEXTE				
QU'EST-CE QU'UN TREMBLEMENT DE TERRE?				
La mise en pages facilite la lecture.	1	2	3	4
Les paragraphes se distinguent aisément.	1	2	3	4
Le titre est en lien avec l'idée principale du texte.	1	2	3	4
Les intertitres annoncent clairement les idées secondaires.	1	2	3	4
La taille des caractères est adéquate.	1	2	3	4
Les procédés typographiques permettent de bien distinguer les différentes parties du texte.	1	2	3	4
Le vocabulaire est bien choisi.	1	2	3	4
Les illustrations sont en lien avec le texte.	1	2	3	4
Les illustrations sont bien expliquées.	1	2	3	4
Les illustrations apportent une information complémentaire.	1	2	3	4

1 : oui   2 : généralement   3 : très peu   4 : non

b) Justifie tes différents points de vue au cours d'une discussion avec d'autres élèves.

2. Ce texte t'a-t-il permis d'en apprendre davantage sur les tremblements de terre?

Bagage de connaissances

Les marqueurs de relation . . . . p. 288

Les marqueurs de relation permettent de préciser les relations qui existent entre les idées d'une phrase. En exprimant les liens de sens que les idées entretiennent entre elles, ils assurent la cohérence du texte. Les marqueurs de relation sont des coordonnants et des subordonnants. Les principaux sens que peut avoir un marqueur de relation sont les suivants:

- le temps;
  - › Les rescapés s'inquiètent **dès que** les forces armées quittent la région.

- la conséquence;
  - › Les rescapés manifestent, **donc** les forces armées quittent la région.

- la cause;
  - › Les rescapés s'inquiètent **puisque** les forces armées quittent la région.

- le but.
  - › Les rescapés manifestent **afin que** les forces armées quittent la région.

L'aventure →

Afin d'assurer la cohérence du récit interactif, tu devras savoir bien choisir tes marqueurs de relation.

Un même marqueur de relation peut avoir différents sens selon le contexte. Dans les phrases ci-dessous, le mot *comme* indique tour à tour le temps, la cause et la comparaison.

- › **Comme** les soldats quittaient, l'équipe de la Croix Rouge arrivait.
- › **Comme** la nuit est froide, les rescapés se feront un feu.
- › La zone sinistrée était **comme** un champ de bataille.

  Amuse-toi à changer les marqueurs de relation en bleu dans le texte *Qu'est-ce qu'un tremblement de terre?* Observe les différences de sens créées par ces changements.

Planification

I. a) Survole le texte *48 secondes et puis le chaos* en t'intéressant à son organisation.

b) As-tu déjà lu ce genre de texte? Si oui, explique à un ou à une camarade de classe qui n'en a jamais lu comment on doit le lire.

c) Selon toi, pourquoi la principale difficulté dans un texte interactif est-elle d'assurer sa cohérence peu importe le parcours choisi?

2. Comment comptes-tu t'y prendre pour lire le texte? Choisiras-tu ton parcours avant même de commencer ta lecture ou laisseras-tu le hasard te guider?

- Lis le texte narratif interactif *48 secondes et puis le chaos* afin de découvrir un univers littéraire et de stimuler ton imaginaire.

- Pendant ta lecture, tente de dégager les nouvelles informations qui permettent de faire progresser le texte. Au fil de ta lecture, note ton parcours. Tu pourras, par la suite, le comparer avec celui des autres élèves de la classe.

Compréhension et interprétation

I. Que signifie le titre du texte *48 secondes et puis le chaos*?

2. a) Dresse le schéma narratif de la version du récit *48 secondes et puis le chaos* que tu as lue. . . . . p. 283

b) À l'aide de ce schéma, raconte ta version du récit à des élèves qui ont emprunté un parcours différent.

c) Comparez vos différentes versions en relevant les différences et les ressemblances de chacune.

3. As-tu aimé lire ce genre de texte? Explique pourquoi.

> **L'aventure →**
>
> As-tu remarqué que, dans chaque bloc de texte, de nouveaux événements assuraient la progression du récit? Tu devras faire la même chose quand tu rédigeras ta partie du récit.

Bagage de connaissances

Les dialogues et les monologues dans les récits

Les dialogues et les monologues rapportent directement les paroles d'un personnage dans un récit. Leur présence donne de la vie au texte et ajoute de la vraisemblance à l'histoire racontée.

Trois signes typographiques facilitent le repérage des paroles rapportées et la compréhension du texte:

- **le tiret** (–) indique le changement d'interlocuteur lorsque les paroles de plus d'un personnage sont rapportées;

- **les guillemets** (« ») servent à marquer le début et la fin des paroles d'un personnage, qui sont rapportées directement;

- **le deux-points** (:) annonce parfois les paroles rapportées directement.

Les phrases d'un dialogue comportent généralement deux parties.

I. La partie qui rapporte les paroles d'un personnage se caractérise par:

- la conjugaison à l'indicatif présent ou futur des verbes;

- la présence possible de caractéristiques de la langue familière (vocabulaire, structure des phrases, élision ou prononciation), puisque ces paroles sont parfois rapportées comme elles auraient été dites oralement.

2. La partie qui indique qui a prononcé les paroles rapportées se caractérise par:

- la présence d'un verbe de parole (*dire, expliquer, crier,* etc.) conjugué habituellement au passé simple;

- la présence possible d'informations quant à la façon dont ces paroles ont été prononcées ou à l'état d'âme du personnage.

  ❭ Avez-vous vu ma mère, madame? lui demande-t-elle la voix

  <u>Paroles rapportées</u>   <u>Identification de l'émetteur</u>

  chargée d'espoir.

Détermine par qui sont prononcées les paroles du dialogue dans le bloc 7 de la page 202.

Boussole

Lorsque les paroles rapportées ne se terminent pas par un point d'interrogation (?) ou par un point d'exclamation (!), on sépare la partie qui précise la personne qui parle par une ou deux virgules, selon la place qu'elle occupe dans la phrase.

❭ « Je n'irai pas? demanda-t-elle. »

❭ « Je n'irai pas, dit-elle, si lui n'y va pas. »

Bilan

I. Quel texte de cette escale as-tu trouvé:

   a) le plus intéressant?

   b) le plus amusant?

   c) le plus instructif? Explique tes réponses.

2. Explique les difficultés que tu as éprouvées en lisant ces textes et les moyens que tu as utilisés pour les surmonter.

3. Quel défi quant à ton habileté de lecteur ou de lectrice aimerais-tu relever au cours de la prochaine escale?

Fonctionnement de la langue

Le groupe prépositionnel (GPrép)

Point de repère

La préposition est un mot invariable qui, généralement, introduit un complément. La préposition peut être formée d'un ou de plusieurs mots.

Exploration

a) Lis les phrases ci-dessous et observe les groupes prépositionnels (GPrép) soulignés afin d'en relever certaines caractéristiques.

❶ Les rescapés tiennent bon **malgré** <u>une nuit glaciale</u>.

❷ Les secouristes ont travaillé **pendant** <u>longtemps</u>.

❸ Ils ont barricadé portes et fenêtres **afin de** <u>parer aux répliques</u>.

❹ La plupart des bâtiments détruits appartenaient **à** <u>l'État</u>.

❺ L'enfant **de** <u>cette femme</u> est enseveli sous les décombres.

❻ Les survivants sont attristés **par** <u>ce spectacle désolant</u>.

❼ La zone sinistrée est **sous** <u>haute surveillance</u>.

b) À quelle classe de mots les mots en gras appartiennent-ils?

c) Où les mots en gras sont-ils placés dans le GPrép?

d) À quels groupes de mots les expansions soulignées qui suivent les mots en gras appartiennent-elles? Choisis parmi les possibilités suivantes: GN, GPrép, GVinf ou GAdv.

e) Précise la fonction du GPrép dans les phrases ❶ à ❻.

f) Quelle est la fonction du GPrép souligné dans la phrase ❼? Observe le verbe de cette phrase.

Tour d'horizon

1. La préposition est un mot **invariable** qui introduit généralement un complément. Elle peut être formée d'un seul mot (*pour, sans*) ou de plusieurs mots (*au lieu de, à travers, afin de*) que l'on nomme locutions prépositives. Il existe plusieurs prépositions. . . . . p. 309

2. Un groupe de mots introduit par une préposition se nomme groupe prépositionnel (GPrép). Le premier mot d'un GPrép est **toujours** une préposition. Cette dernière est le noyau du GPrép.

3. Une préposition peut introduire :

- un groupe nominal (GN) ;
  - ❯ La population s'est rapidement mobilisée **après** le violent séisme.

- un groupe adverbial (GAdv) ;
  - ❯ La mémoire des gens est **pour** longtemps marquée par cette catastrophe.

- un groupe verbal infinitif (GVinf) ;
  - ❯ Plusieurs pays s'engagent **à** subvenir aux besoins les plus pressants.

- un groupe prépositionnel (GPrép).
  - ❯ Martin revient **de** chez sa grand-mère.

4. Le tableau suivant présente les principales fonctions du GPrép.

PRINCIPALES FONCTIONS DU GROUPE PRÉPOSITIONNEL	
FONCTIONS	*EXEMPLES*
Complément de phrase	❯ **Dès la tombée de la nuit,** le temps devient glacial.
Complément indirect du verbe	❯ Tous pensent **aux personnes ensevelies sous les décombres.**
Complément du nom	❯ Les tremblements **de terre** sont fréquents ici.
Complément de l'adjectif	❯ Les Canadiens et les Canadiennes sont prêts **à aider.**
Attribut du sujet	❯ Les Iraniens et les Iraniennes sont **en deuil.**

La fonction d'attribut du sujet et l'accord de l'attribut du sujet

Point de repère

La fonction d'**attribut du sujet** nécessite la présence du verbe **être** ou d'un **autre verbe attributif** comme *paraître, sembler, devenir, demeurer, rester, avoir l'air* ou *passer pour*. Pour vérifier si un verbe est attributif, il suffit de le remplacer par le verbe **être**.

Exploration

a) Lis les phrases ci-dessous et observe les attributs du sujet en gras afin de découvrir leurs caractéristiques.

❶ Le président *est* **attristé**.

❷ Sa femme **le** *semble* également.

❸ Des experts en séismes *sont* **en route**.

❹ Pour ces milliers de survivants, la nuit *semble* **une éternité**.

❺ Les journalistes *sont* **là-bas**.

❻ Cette femme courageuse *deviendra* **une héroïne**.

❼ Encore aujourd'hui, la une du journal *demeure* **bouleversante**.

❽ Sa famille est sauvée; son chien *reste* **sa seule perte**.

b) Où se trouve le plus souvent l'attribut du sujet par rapport au verbe attributif?

c) De quel groupe syntaxique (groupe sujet, groupe verbal ou groupe complément de phrase) les attributs du sujet font-ils partie?

d) Peux-tu effacer et déplacer l'attribut du sujet sans nuire au sens ou à la construction de la phrase?

e) À quels groupes de mots les attributs du sujet appartiennent-ils?

f) Dans les phrases ❶ et ❼, comment l'attribut du sujet s'accorde-t-il?

g) Dans les phrases ❹, ❻ et ❽, l'accord de l'attribut varie-t-il selon le contexte?

Tour d'horizon

1. Dans une phrase, le groupe de mots qui apporte une précision sur le sujet à l'aide d'un verbe attributif exerce la fonction d'**attribut du sujet.**

2. Le groupe de mots attribut du sujet est généralement placé **après le verbe.** Toutefois, lorsque ce groupe est remplacé par le pronom *le* ou *l'*, ce pronom sera placé avant le verbe.

> ❯ Elles *semblent* **découragées.** Elles **le** *sont.*

3. L'attribut du sujet fait toujours partie du groupe verbal (GV) et il ne peut être effacé.

> ❯ Le spectacle *est* **désolant.**

> ⊘ Le spectacle est.

4. Les groupes de mots qui peuvent exercer la fonction d'attribut du sujet sont:

- le groupe adjectival (GAdj);
  > ❯ La population *est* **malheureuse.**

- le groupe prépositionnel (GPrép);
  > ❯ Ces vivres *sont* **en bon état.**

- le groupe nominal (GN);
  > ❯ Le séisme *est* **une catastrophe.**

- le groupe adverbial (GAdv).
  > ❯ L'épicentre du séisme *semble* **ici.**

5. Lorsque l'attribut du sujet est un GAdj, ce groupe s'accorde en genre et en nombre avec le noyau du groupe sujet (GS).

> ❯ La fillette est **disparue.**
>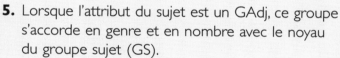
> fém. sing.

> ❯ Le garçon est **disparu.**
> masc. sing.

Lorsque l'attribut du sujet est un groupe nominal (GN), ce groupe s'accorde ou non en genre et en nombre avec le noyau du GS selon le contexte.

> ❯ Cette femme est **une héroïne.**

> ❯ Cette femme est **un exemple de courage.**

226

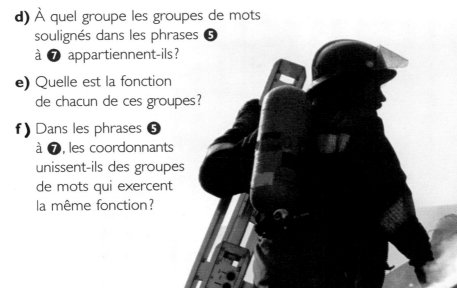

La coordination

Point de repère

- La phrase complexe est constituée de deux phrases simples ou plus.

- La phrase complexe contient plus d'un verbe conjugué.

- Les phrases simples qui forment la phrase complexe s'unissent pour former un tout.

- Les phrases simples peuvent être unies par des coordonnants.

- Des groupes de mots peuvent être unis par des coordonnants.

Exploration

a) Lis les phrases ci-dessous.

❶ <u>Certains fouillent les décombres</u> **et** <u>d'autres soignent les blessés</u>.

❷ <u>La ville est une perte totale</u> **mais** <u>plusieurs vies ont été épargnées</u>.

❸ <u>Les secouristes sont épuisés</u>, **cependant** <u>ils font leur possible</u>.

❹ <u>Les nuits sont glaciales</u>, **alors** <u>des couvertures sont requises</u>.

❺ <u>Les dégâts matériaux</u> **et** <u>les pertes de vie</u> sont inchiffrables.

❻ Ces objets retrouvés appartiennent-ils <u>à cette femme</u> **ou** <u>à cet homme</u>?

❼ On n'a retrouvé **ni** <u>l'électricité</u> **ni** <u>l'eau</u>.

b) À quelles classes de mots les coordonnants en gras appartiennent-ils?

c) Dans quelles phrases les coordonnants unissent-ils des phrases simples?

d) À quel groupe les groupes de mots soulignés dans les phrases ❺ à ❼ appartiennent-ils?

e) Quelle est la fonction de chacun de ces groupes?

f) Dans les phrases ❺ à ❼, les coordonnants unissent-ils des groupes de mots qui exercent la même fonction?

Tour d'horizon

1. La **coordination** consiste à réunir des phrases simples pour former une phrase complexe à l'aide d'un coordonnant.

> ❯ <u>Il est sous les décombres</u> mais <u>il survit</u>.

2. Les coordonnants sont des conjonctions (*mais*, *ou*, *et*, etc.) ou des adverbes (*puis*, *ensuite*, *enfin*, etc.). Ils peuvent donc exprimer différents sens. . . . . p. 311

SENS DES COORDONNANTS LES PLUS FRÉQUENTS		
COORDONNANTS	**SENS**	*EXEMPLES*
et, de plus	addition	❯ Ma maison est détruite, **de plus** j'ai tout perdu.
ou	alternative	❯ Ici, ils peuvent se ravitailler **ou** se reposer.
car, en effet	cause	❯ La nuit est glaciale, **en effet** il fait −15 °C.
ainsi, donc, par conséquent	conséquence	❯ Les victimes sont nombreuses, **par conséquent** le gouvernement a décrété trois jours de deuil national.
mais, car	justification	❯ Couvrez-vous, **car** il fait froid.
cependant, mais, par contre	opposition	❯ Ils sont nombreux à demander de l'aide, **par contre** ils sont indulgents.
puis	succession	❯ Cette mère récupère son enfant blessé **puis** court vers l'infirmière.
c'est pourquoi, c'est-à-dire	explication	❯ L'hôpital a été détruit, **c'est pourquoi** il faut demander l'aide des villes voisines.

3. La coordination consiste également à unir des groupes de mots **qui exercent la même fonction**: groupes formant le sujet du verbe (GS), le complément indirect du verbe (CI), le complément direct du verbe (CD), l'attribut du sujet. Lorsque **plus de deux groupes** de mots sont réunis, il s'agit d'une **énumération.** Les premiers éléments de l'énumération sont alors juxtaposés à l'aide de **virgules,** alors que les deux derniers éléments sont coordonnés à l'aide des coordonnants **et** ou **ou.**

> ❯ <u>La Belgique, le Canada, les États-Unis **et** la France</u> sont solidaires.

Le groupe prépositionnel

1. a) Lis les phrases suivantes.

   ❶ La nouvelle a été publiée dans plusieurs journaux.

   ❷ Ces journalistes sont embauchés pour suivre
l'actualité internationale.

   ❸ Beaucoup ont trouvé refuge chez des amis.

   ❹ Malgré les efforts déployés, les morts se comptent par milliers.

   ❺ On a dépêché des experts afin d'évaluer les dégâts.

   ❻ Dès le début de la secousse, des failles sont apparues.

   ❼ Elle a préféré passer à travers la faille au lieu de la longer.

  b) Souligne les prépositions.

  c) Encercle les groupes prépositionnel (GPrép).

2. Complète chacune de ces phrases à l'aide d'un GPrép.

  a) La population craint les répliques ▰▰▰▰.

  b) Je consulte les journaux ▰▰▰▰.

  c) Il espère trouver sa sœur ▰▰▰▰.

  d) Les séismes se produisent ▰▰▰▰.

  e) Ce témoin a parlé ▰▰▰▰.

  f) Cette catastrophe naturelle a eu lieu ▰▰▰▰.

  g) Avez-vous réussi à marcher ▰▰▰▰?

  h) La ville devra procéder ▰▰▰▰.

3. Compose cinq phrases dans lesquelles un GPrép exerce la fonction:

  a) de complément indirect du verbe.

  b) de complément de phrase.

  c) de complément du nom.

  d) de complément de l'adjectif.

  e) d'attribut du sujet.

La fonction d'attribut du sujet et l'accord de l'attribut du sujet

1. a) Lis les phrases suivantes et observe les groupes verbaux (GV) en gras.

❶ Les autorités iraniennes **ont l'air très préoccupées.**

❷ Elle **est en route vers Bam.**

❸ Les équipes de sauveteurs étrangers **semblent débordées.**

❹ La situation **semble compliquée** à leurs yeux.

❺ Les blessés **sont loin de leur famille.**

❻ Les opérations **paraissent concentrées sur la recherche des corps.**

❼ Certains rescapés **semblent en manque du minimum.**

❽ Les tentes et les couvertures **sont devenues des biens recherchés.**

❾ L'accès aux services sanitaires **deviendra la priorité.**

❿ Les vivres **paraissent répartis équitablement.**

⓫ Son état de santé **demeure inquiétant.**

b) Encercle les groupes de mots qui exercent la fonction d'attribut du sujet.

c) Indique le nom des groupes de mots encerclés en l'inscrivant au-dessus d'eux.

2. Imagine que tu es journaliste et que tu te trouves en Iran au lendemain du fameux tremblement de terre. À l'aide de verbes attributifs, décris en quelques phrases l'état dans lequel se trouvent les gens que tu croises. Prête une attention particulière à l'accord des attributs du sujet.

La coordination

I. a) Lis les phrases suivantes. 📋

❶ Au cimetière, des survivants pleuraient en se frappant la poitrine ou la tête.

❷ Au moins le dixième de la population du district a péri, de plus, le quart de ses habitants ont été blessés.

❸ De nombreux habitants pleuraient puis, épuisés, s'effondraient.

❹ De nombreux pays comme la Grande-Bretagne, les États-Unis, l'Allemagne, la Russie et la Belgique ont offert leur aide.

❺ Des milliers de gens ont perdu la vie dans le séisme dévastateur qui a frappé tôt hier matin le sud-est de l'Iran et a détruit la forteresse de la ville de Bam.

❻ La majorité des habitations sont en briques d'argile, donc elles sont peu résistantes aux secousses telluriques.

❼ Le gouverneur estimait le nombre de victimes à 5000, cependant, un député a déclaré qu'il pouvait y en avoir le double.

❽ Les pans les plus anciens remontent à 2000 ans, mais la plus grande partie a été construite du 15e au 18e siècle.

❾ Les secours ont dû s'installer sur une place de Bam, car leurs bureaux ont été détruits.

❿ On dénombre des dizaines de milliers de morts, par conséquent le gouvernement a déclaré trois jours de deuil national.

b) Souligne les coordonnants.

c) Inscris au-dessus de ces coordonnants la valeur de chacun d'eux.

d) Dans quelle phrase trouve-t-on une énumération?

2. Complète la phrase suivante selon les différents coordonnants proposés.

Leur habitation est complètement détruite ▬▬.

a) mais

b) car

c) c'est pourquoi

d) alors

e) par contre

L'aventure →

L'union fait la force!

Voici enfin le moment d'unir tes forces à celles de tes camarades. Tout le long de cette escale, l'actualité, des témoignages, un texte scientifique et même un récit t'ont fait mieux connaître les tremblements de terre. Tu participeras maintenant à la rédaction, en groupe classe, d'un récit interactif où tu réinvestiras certaines notions vues au cours de cette escale.

Au cours du processus de rédaction, assure-toi de respecter les consignes suivantes.

Journal de bord

As-tu déja vu des films ou lu des livres traitant des catastrophes naturelles? Raconte-les dans ton journal de bord.

TÂCHE	Écrire un récit d'aventures interactif en groupe classe.
SUJET	Un récit dont l'élément perturbateur est un tremblement de terre.
CONTEXTE DE RÉALISATION	• Rédaction d'un premier schéma narratif en équipe. • Choix de la trame narrative idéale en groupe classe. • Élaboration du plan des différents scénarios en groupe classe. • Planification et rédaction individuelle de sa partie du texte. • Révision, amélioration et correction de sa partie du texte en équipe et individuellement.

Préparation

Pour élaborer un récit interactif cohérent, qui tient le lecteur ou la lectrice en haleine et qui tient compte des destinataires, une préparation en groupe classe est nécessaire.

Planifier sa production

a) Déterminer les caractéristiques de ses destinataires pour choisir ses idées et la manière de les présenter à l'aide d'une fiche semblable à celle ci-contre.

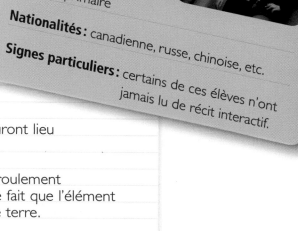

Destinataires

Noms : Mathieu, Jade, William, Sarah-Émilie

Âge : 12 ans, 3ᵉ cycle du primaire

Nationalités : canadienne, russe, chinoise, etc.

Signes particuliers : certains de ces élèves n'ont jamais lu de récit interactif.

b) En équipe, se représenter le sujet et choisir les éléments appropriés pour créer son univers.

   ❶ Déterminer qui sera le personnage principal et le ou les personnages secondaires du récit interactif.

   ❷ Déterminer où se dérouleront les événements (lieu) et quand ils auront lieu (époque, moment).

   ❸ Imaginer une situation initiale, un déroulement et un dénouement en considérant le fait que l'élément perturbateur est un tremblement de terre.

   ❹ À l'aide de mots clés, inscrire la proposition de son univers dans la grille collective que remettra l'enseignant ou l'enseignante.

c) En groupe classe, sélectionner les éléments de l'univers qui semblent idéals pour ce récit interactif.

   ❶ Prendre connaissance de tous les univers imaginés par les équipes.

   ❷ Sélectionner les éléments de la grille collective qu'on souhaite conserver pour la création de l'univers du récit interactif.

d) Ordonner les éléments choisis et élaborer un plan des différents scénarios. 📋

❶ En groupe classe, déterminer si le plan proposé dans le matériel reproductible convient ou s'il faut l'adapter. Le cas échéant, élaborer un autre plan en groupe classe.

❷ Noter les éléments qui seront présents dans le paragraphe correspondant à la situation initiale.

❸ Lire le paragraphe correspondant à l'élément perturbateur.

❹ Noter les trois idées retenues pour les premières péripéties du déroulement. Elles doivent être liées à l'élément perturbateur.

❺ Noter les trois idées retenues pour les deuxièmes péripéties du déroulement. Elles doivent être cohérentes par rapport aux premières péripéties.

❻ Noter les trois idées retenues pour les troisièmes péripéties du déroulement. Elles doivent être cohérentes par rapport aux deuxièmes péripéties.

❼ Noter les trois idées retenues pour les dénouements. Ces dénouements doivent être cohérents par rapport aux troisièmes péripéties.

❽ Répartir le travail de rédaction entre les élèves selon leurs caractéristiques comme scripteur ou scriptrice.

Réalisation

Boussole

Afin d'assurer l'uniformité de l'ensemble du récit, prévoir une formulation type pour la rédaction des propositions aux lecteurs et aux lectrices. Par exemple : « Si…, passe au bloc X. »

Rédiger un brouillon

a) Faire un brouillon en se référant régulièrement aux notes prises au moment de la planification.

b) Se relire régulièrement au cours de la rédaction.

❶ S'assurer que les idées s'enchaînent bien.

❷ Vérifier s'il y a cohérence entre le texte de son bloc et les textes des blocs qui lui sont rattachés.

c) Privilégier un mode d'organisation permettant de créer un effet de vraisemblance par l'insertion de dialogues ou de monologues.

d) Assurer la cohérence du texte par l'ajout et l'enchaînement d'éléments nouveaux.

Réviser, améliorer et corriger le brouillon

En équipe formée d'élèves dont les textes sont liés, s'assurer que son texte répond aux exigences relatives à la tâche.

a) Relire son texte et celui de ses pairs afin de s'assurer de donner une réponse affirmative à chacune des questions suivantes.

    ❶ Les textes correspondent-ils bien aux éléments choisis par le groupe classe pour ce bloc?

    ❷ Les liens établis entre les différents textes permettent-ils de maintenir la cohérence d'ensemble?

    ❸ Les textes tiennent-ils compte des éléments de l'univers de base établi par le groupe classe?

b) Soumettre son texte à la critique de ses pairs afin de voir l'intérêt qu'il suscite.

c) Reconsidérer la pertinence des éléments de l'univers retenus pour assurer la clarté et l'intérêt de l'intrigue, pour caractériser les personnages et l'action ainsi que pour situer le récit dans le temps et l'espace.

d) Reconsidérer le déroulement et la progression du récit ainsi que l'insertion des discours rapportés.

e) Améliorer son texte en le modifiant légèrement, au besoin, afin d'assurer la cohérence entre les blocs liés.

f) Vérifier si les structures des phrases et la ponctuation sont appropriées.

g) Vérifier l'accord dans les groupes nominaux, l'accord du verbe avec son sujet et l'accord de l'attribut du sujet.

h) Vérifier l'orthographe des mots à l'aide d'un dictionnaire.

i) Corriger son texte.

j) Rédiger une version finale qui intègre les éléments révisés, améliorés et corrigés.

Calepin

Pour déterminer si tu dois doubler ou non les consonnes *m* et *s* dans un mot, tu peux te référer au mot de base ou recourir au dictionnaire.

Boussole

En groupe classe, choisissez une mise en pages uniforme pour l'ensemble des blocs.

Vive l'union!

C'est enfin le moment de finaliser le récit interactif collectif. Avant de remettre ton texte à ton enseignant ou à ton enseignante, relis-le plusieurs fois afin de t'assurer que tu l'as transcris sans erreur. Si tu le souhaites, tu peux même y ajouter ta touche personnelle en y insérant une illustration ou un dessin.

Avec les autres élèves, trouve un titre original qui conviendra au récit. Enfin, si tu souhaites participer davantage à la création de ce récit interactif, tu peux t'engager dans la conception de la page de couverture, dans l'établissement de la liste des différents parcours ou, encore, dans l'équipe d'élèves qui validera l'efficacité et la cohérence du récit. Pour terminer, tes camarades et toi pourrez proposer votre livre à la bibliothèque de l'école primaire de votre choix.

Bilan

Afin de faire le bilan de ton parcours, réponds aux questions ci-dessous.

a) Quelles sont les stratégies qui t'ont permis de rédiger convenablement ton texte?

b) Dans quelle mesure le fait de coopérer avec tes pairs a-t-il contribué à faciliter la rédaction de ton texte?

c) À quels moments et dans quelle mesure le fait de coopérer avec tes pairs a-t-il requis que tu ajustes ta façon habituelle de travailler?

d) Quelles sont les nouvelles habiletés que tu as développées ou les connaissances que tu as acquises pendant la rédaction de ce récit interactif collectif?

e) Si tu devais participer à la rédaction d'un autre récit interactif, quels points souhaiterais-tu améliorer ou modifier?

SIXIÈME ESCALE

6

Le fou des mots

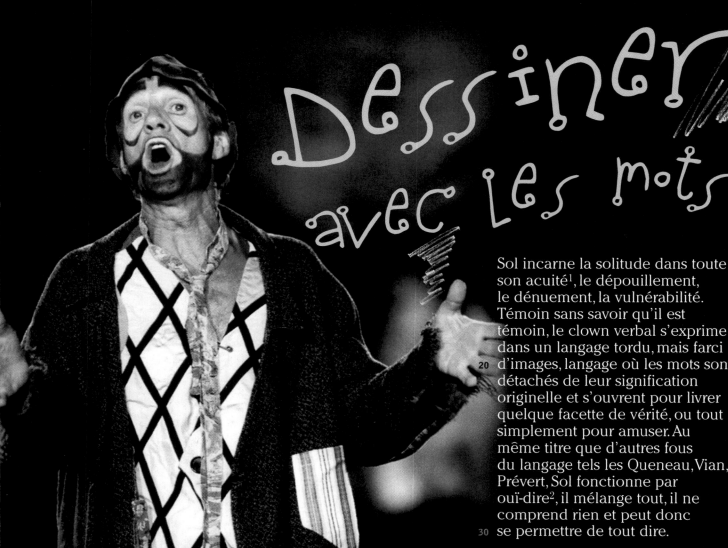

Dessiner avec les mots

Sol incarne la solitude dans toute son acuité[1], le dépouillement, le dénuement, la vulnérabilité. Témoin sans savoir qu'il est témoin, le clown verbal s'exprime dans un langage tordu, mais farci d'images, langage où les mots sont détachés de leur signification originelle et s'ouvrent pour livrer quelque facette de vérité, ou tout simplement pour amuser. Au même titre que d'autres fous du langage tels les Queneau, Vian, Prévert, Sol fonctionne par ouï-dire[2], il mélange tout, il ne comprend rien et peut donc se permettre de tout dire.

« Sol est un véhicule, c'est une façon d'être pour moi, poursuit Marc Favreau. C'est un personnage. Je pars de ce personnage, je me fonds dans le personnage comme un petit bonhomme ne pensant rien. Sol réagit comme un enfant, ça me force à travailler d'une façon enfantine, à développer des idées dans le sens de l'émerveillement et de l'énormité. Sol s'offusque de petites choses. Sol s'amuse et s'inquiète ; et quand il critique, il ne sait pas qu'il critique. Je le veux inconscient. Moi je travaille derrière, je lui fais dire des choses qui gravitent autour de la réalité quotidienne, tout ce qui nous assaille, nous agace, nous émeut, nous ravit, nos contradictions, nos intolérances. Mais Sol, sans

1. acuité : caractère de ce qui est aigu, intense.
2. ouï-dire : ce que l'on connaît pour l'avoir seulement entendu dire.

Au moment où le noir se fait dans la salle, Sol devient vivant. Et se raconte. Il s'installe dans le vide total. Tous les décors sont là : dans la tête. Des milliers de décors, tous issus de l'imagination. Les idées prennent tout l'espace, meublent la scène. « Je dessine avec les mots », dit Marc Favreau.

Cette présence du minimum auquel nous a habitués Sol oblige le spectateur à aller scruter le « dessous » des choses, l'essentiel.

sa dimension poétique, ne serait qu'une caricature. »

Dans l'une de ses précédentes tournées, *L'univers est dans la pomme,* notre clochard-philosophe national nous entretenait de la « bougeotte » humaine à travers
60 ce qu'on pourrait qualifier d'immense monologue à tiroirs. Qu'il s'agisse de *Le premier venu, Les indigents, Médicalmant parlant, Le géant, Les embarras- sants abris, Le costaunaute,* un fil conducteur lie tous les textes de l'auguste[1] clown : l'originalité de l'expression. Une armature semblable où l'auteur maîtrise
70 admirablement bien les procédés les plus élémentaires de l'humour, c'est-à-dire, entre autres, le jeu sur la polysémie[2], l'homonymie[3] ou la synonymie[4] d'un même signi- fiant. Ces multiples combinaisons n'excluent pas la profondeur et la teneur du discours accroché aux mots. Les textes sont intelligents. Cette phrase de George Elgozy
80 pourrait tout aussi bien s'appli- quer au travail de Sol : « D'un mot ou d'une expression surajoutée, il révèle l'une des multiples facettes cachées de cette réalité dans laquelle chacun est trop plongé pour en percer l'une des énigmes. »

Chez Favreau, l'écriture d'un monologue s'amorce autour
90 d'une idée, d'un sentiment, d'une sensation et, par association d'idées, le travail se poursuit. Pendant des semaines, il note des petites choses. Puis il plonge dans le sujet qui deviendra un sketch. Il prévoit des montées dans le délire verbal et conserve pour la fin du spectacle les propos les plus importants,
100 sachant que ceux-ci génèrent davantage de réactions : « Mais l'écriture n'est jamais finie jusqu'au moment où on met les

pieds sur scène. Le contact avec le public amène des change- ments. Par exemple, je peux me rendre compte que je suis trop long. Le théâtre, c'est de la scène, c'est de la vie, c'est
110 immédiat, ce n'est jamais la même chose d'un soir à l'autre. C'est lorsque le public est là que je ressens un sentiment de plénitude. Toucher le public, c'est important. Le toucher, c'est en le faisant rire, pleurer, réfléchir. »

L'une des forces de Marc Favreau/Sol réside probablement dans cette faculté qu'il a de
120 manifester ce qu'il y a de plus spirituel en lui par le biais des mots. Par le jeu ensuite. Car il ne suffit pas de dire « Ouille alors » ou « C'est estrardinaire » pour aller chercher l'essence de Sol. Sol représente, on le sait, la simplicité poussée à l'extrême mais, sous cette simplicité, on sent une rigueur, un imaginaire
130 fécond, une façon personnelle de contester et de ressentir, une ingéniosité qui désempare. Sol se renouvelle constamment sans se démoder, sans tomber dans la facilité. Une question me brûlait les lèvres à la fin de l'interview : où se ressource Favreau ? « On ne se ressource pas à partir des autres dans l'humour, ce serait
140 de la copie. On prend son inspiration en soi-même, dans ce qui nous entoure. Je me sens privilégié d'écrire les textes qui me plaisent. »

1. auguste : qui inspire un grand respect.

2. polysémie : le fait pour un mot d'avoir plus d'un sens.

3. homonymie : caractère des mots homonymes, c'est-à-dire des mots de prononciation identique et de sens différents.

4. synonymie : relation entre deux mots ou deux expressions synonymes, c'est-à-dire qui ont une signification très voisine.

Adapté de Susy TURCOTTE, « Dessiner avec les mots », *Chansons d'aujourd'hui*, Montréal, Office des communications sociales, 1987, vol. 10, n° 5, p. 26-27.

LIRE ET DÉLIRE

LES PERSONNAGES

- Sol
- Gobelet
- Le Professeur :
un hurluberlu[1] maladivement distrait.

LA CHAMBRE DES CLOWNS

Gobelet est à table, termine une lettre.

SOL. – You-hou c'est moi !

GOBELET. – Chhhtt ! J'écris une lettre. Je… vous admire… vous êtes
une perle… un trésor…

SOL. – Ouille une lettre d'amour. Je vas la copier.

Sol se met à l'autre bout de la table et dessine.

GOBELET. – … quand je pense à votre foie gras… vos cuisses
de grenouille… votre mignonne cervelle sautée au beurre…
10 votre délicieuse tête de veau aux carottes… mon cœur vole…

SOL. – C'est une drôle de lettre d'amour.

GOBELET. – Soyez gentille… envoyez-moi votre livre de recettes.
Merci chère madame Y… cuisinement vôtre. Gobelet.

SOL. – Et moi que j'écrivais une lettre d'amour.

GOBELET. – Phhht ! Tu sais même pas écrire !

SOL. – Je sais pas ? Regarde. Tiens, ça c'est le cœur qui vole,
les cuisses de veau, la tête de grenouille… *(Gobelet se tord
en voyant le dessin)* Tu rigoles de moi, t'es vilain. Waaaaahhh !

GOBELET. – Bon ça va, je rigole plus. Personne rigolera plus, tu vas
20 apprendre à lire et à écrire !

1. hurluberlu : personne bizarre.

Il ouvre le manteau de Sol et en sort le téléphone.

GOBELET. – Allô ? L'école ?

SOL. – Ouille non, pas l'école. Je suis déjà été à l'école, une journée. Toute la classe a tombé graveleusement malade…

GOBELET. – Non… Il ne sait pas lire… oui… en première année…

30 SOL. – Waaah ! Avec les tout-petits… Je vas être gêné… Waaaaah !

GOBELET. – Chhhhhttt !

SOL. – Waaaaahhh !

GOBELET. – Pardon ? Oui. *(À Sol)* Dis quelque chose, la maîtresse veut t'entendre.

Il fourre l'appareil sous le nez de Sol qui gueule waaah… waaah ! Il a beau taper, Sol ne sort pas un mot.

GOBELET. – Faut l'excuser mademoiselle, il est timide… Comment ? Mais… mad… mademoiselle ! Bon. Elle a raccroché.
40 Elle dit qu'en première année ils ne prennent pas les bébés de deux ans.

SOL. – Tant mieux, je veux pas aller à l'école.

GOBELET. – Oui bon ça va on le saura ! Tiens, va mettre ma lettre à la poste, ça te changera les idées.

SOL. – D'accord.

Il dégage.

GOBELET. – Ce qu'il lui faut c'est des leçons particulières avec un professeur…

Sol rentre.

50 SOL. – Ça y est.

GOBELET. – T'as fait ça vite.

SOL. – La porte c'est pas loin.

GOBELET. – La porte ?

SOL. – T'as dit mets ma lettre à la porte.

GOBELET. – À la possste! Dans une boîte à lettres : *(il mime)* une grande boîte rouge avec une porte. C'est écrit « lettres » dessus…

SOL. – D'accord d'accord
60 t'énervouille pas!

Il sort.

GOBELET. – Il va apprendre à lire ou je m'appelle pas Gobelet.

Il met le téléphone à son oreille.

CHEZ LE PROFESSEUR

Un coin de pièce. Des livres. Plus il y en a, mieux c'est. Au moins deux murs de livres. Une porte qui ouvre sur la rue. Cette porte doit correspondre à celle (extérieur) qu'on verra dans le décor de la rue.

70 *Une table de travail, livres encore. Une pendule bien en évidence. Le professeur est à sa table, le nez dans un grand livre. (Son : le téléphone sonne, une, deux, trois fois.)*

Le professeur regarde sa pendule qui marque deux heures.

PROFESSEUR. – Tiens, trois heures déjà. Ma pendule retarde.

(Son : sonnerie continue.)

Il avance les aiguilles. Mais comme la sonnerie continue, à chaque fois qu'il veut dégager il est forcé d'avancer les aiguilles.

LA CHAMBRE DES CLOWNS

Gobelet au téléphone, il attend, fatigué, change de main, baille,
80 *cogne des clous.*

CHEZ LE PROFESSEUR

Le professeur stoppe la pendule et ça sonne toujours. Il se rend compte.

PROFESSEUR. – Ah! c'est le téléphone.

Il vient à la table, prend sa pipe et se la met sur l'oreille.

PROFESSEUR. – Allô? Allô? Personne, c'est bizarre…

Puis il voit son erreur.

PROFESSEUR. – Ce que je peux être distrait.

Et il prend le téléphone.

90 PROFESSEUR. – Allô ? Allô ?

LA CHAMBRE DES CLOWNS

Sur un tabouret, Gobelet, le combiné sur l'oreille, est en train de s'assoupir. Il sursaute.

GOBELET. – Allô ? Oui quoi hein ah ! C'est vous professeur ?
Bon, c'est pour des leçons à domicile…

CHEZ LE PROFESSEUR

PROFESSEUR. – Certainement, avec plaisir… je suis
chez vous dans 5 minutes. À tout de suite monsieur
Dubonnet… Pardon ?… Gobelet ! Bien sûr…
100 Excusez-moi je suis très distrait.

Et il raccroche.

PROFESSEUR. – Très aimable ce monsieur Porcelet.
Il ne faut pas l'oublier.

Il fait un nœud dans son mouchoir.

PROFESSEUR. – Tiens, la pendule ne sonne plus… elle s'est calmée.

LA CHAMBRE DES CLOWNS

Gobelet se frotte les mains.

GOBELET. – C'est réglé. Mon petit Sol, t'auras un professeur
à la maison… *(imite Sol)* Ouille tu es bon pour moi, Gobelet !
110 *(rigole puis s'inquiète)* Il en met un temps pour une petite lettre.
Qu'est-ce qu'il peut bien fricoter [1] ? S'il est pas là dans vingt
secondes, je vais le chercher.

LA RUE

*C'est un bout de rue. Deux poteaux. La porte du professeur.
Affiches et panneaux partout. (Description à mesure
de l'action.)*

Sol s'amène, cherche.

SOL. – Une grande boîte rouge à lettres, avec une porte…
je serche, je serche…

1. fricoter : manigancer, faire
quelque chose de suspect.

120 *La caméra nous découvre, dans le côté gauche de l'image,*
l'arrière d'un camion rouge.

C'est un simple panneau monté sur roues. Un lettrage sur
le panneau aide à l'illusion : « Gogo transport »

Sol vient s'appuyer sur le coin du camion.

SOL. – Je trouve pas de boîte rouge… Ouille alors ! Ça c'est
rouge… Et y'a une porte !

Il ouvre la porte arrière et jette la lettre dans le camion.

SOL. – Voilà. Peut-être je sais pas lire mais je suis pas idiot. C'est
Gobelet qui va être content de moi.

130 *Gobelet justement est arrivé sur ces mots.*

SOL. – Gobelet tu sais la lettre, eh bien je l'ai jetée dans la boîte.

GOBELET. – J'espère bien, ça fait un quart d'heure que je t'attends.

SOL. – C'est pas facile. Je viens juste de trouver la boîte alors…

GOBELET. – Où ça ? Y'a pas de boîte ici.

SOL. – *(Tape sur le camion)* Elle est pas assez grosse peut-être !

GOBELET. – Quoi ? Tu l'as jetée là-dedans ?

Là-dessus le camion démarre.

(Son : vroum ! vroum ! vvvvrrrrrooooooouuuuuuummmm !)

Gobelet sort à sa suite en gueulant.

140 SOL. – Je sens que ça va être encore ma faute, pôvre petit moi.

Gobelet revient

GOBELET. – Espèce de 9 18 27 de 32 galoches !

SOL. – Je savais pas moi, t'avais dit une boîte rouge
avec une porte…

GOBELET. – Et le mot « lettres » ! Pas un moteur et des roues ! Voilà
c'que c'est quand on sait pas lire.

SOL. – Waaah… je suis furieux de moi.

GOBELET. – Calme-toi, j'en écrirai une autre. Allez on rentre.

SOL. – Non je reste en pénitence.

150 GOBELET. – T'as pas le droit. Tu vois ça ?

Il montre un panneau : « Défense de stationner »

SOL. – Qu'est-ce que ça dit ?

GOBELET. – Défense de stationner.

Luc DURAND et Marc FAVREAU,
« Lire et délire »,
Sol et Gobelet, Montréal,
Stanké, 2002,
p. 185-191.

Transgresser la rue c'est drôlement Dangereux

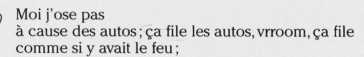

Moi j'ose pas
à cause des autos ; ça file les autos, vrroom, ça file
comme si y avait le feu ;

et la plusspart du temps y en a pas ;

d'ailleurs quand y a des feux c'est pire :
pôvre petit moi, je pèle-mèle toutes les couleurs,
rouge, vert, jaune, moi je suis jamais sûr ;
je pense que je dois être dalmatien !

Alors j'ose pas, je piétonne sur place.

10 L'autre jour j'a prexe réussi ;
devant moi dans la rue y avait un monsieur l'agent
qui arrêtait pas de me faire des grands signes ;
je m'a dit y a qu'à l'attendre il va m'aider
et j'a attendu, attendu, attendu,
mais jamais il a venu, le pôvre, il pouvait pas il était pris !
Il avait beau gesticulationner
pas une auto qui voulait le laisser passer !

Et pourtant c'était un gros
un agent qui avait l'air d'avoir de l'assurance,
20 un gros énorme, un vrai agent double !

Il est encore là d'ailleurs
pôvre monsieur l'agent ;
je retourne le voir tous les jours, il est là
qui fait des signes et moi je fais comme lui
je lui parle avec les mains
et je sens qu'il me compréhensionne ;
faut être patient, monsieur l'agent,
faut être prudent passque
transgresser la rue c'est drôlement dangereux !

Marc FAVREAU, « Transgresser la rue c'est drôlement dangereux », *Presque tout Sol*, Montréal, Stanké, 1995, p. 106-107.

La décadanse

Des fois pour me désennouiller
ma petite vadrouille se prend pour un balai
un grand balai esstradinaire !

   Et là c'est vermouilleux
   on fait le dansing tous les deux
   On saute on vire on volte
   très tourbillonnement…
   on fait le gand béjart dans le lac des singes
   de pire en pirouette
10   jusqu'à la décadanse moderne…

Pôvre vieille petite vadrouille
vieille tant tellement qu'elle a toujours peur
d'être jetée battue chassée
entrechat et loup
même s'il y a pas un chat
pas de loup
même pas de deux
et encore moins de trois trois
petits ours et puis s'en va…

20   pas de chance ! ouille non alors…

Moi, j'a jamais eu de chance !

Non,
C'est pas vrai ;
une fois j'en ai eu,
une fois,
la première fois :

Je suis né le même jour que ma mère m'a mis au monde !

Ça c'est de la chance.

Mais après
30 ouille !
tout de suite après je m'a mis à avoir peur,
peur de plus avoir de chance ;
alors la chance est partie
et y a resté que la peur…

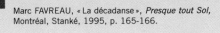

Marc FAVREAU, « La décadanse », *Presque tout Sol*,
Montréal, Stanké, 1995, p. 165-166.

Du vent

Y en a qui ventent,
qui font du vent,
qui vendent du vent;
ça se vend bien,
le monde en a toujours besoin.

Y en a qui vendent la mèche
et les chauves sourient.
Ils vendent des peaux d'ours pas encore mortes
c'est chaud pour les pieds
10 mais ça coûte cher à nourrir

et puis c'est bête!

Y a aussi ceux qui vantent.
C'est pas toujours commode.
Bien sûr, vanter les choses que le monde connaît
ça va tout seul,
mais vanter l'inventable ça c'est dur;
l'inventable c'est ce qui reste à inventer,
si c'est pas encore inventé
on peut pas le vanter,
20 l'inventable est invantable.

Y a rien à dire sur l'inventable.

Alors moi je déclarationne:
quand on a rien à dire
faut savoir se publicitaire
une fois pour toutes!

Marc FAVREAU, «Du vent»,
Presque tout Sol, Montréal,
Stanké, 1995, p. 134-135.

SIXIÈME ESCALE

Jouer avec les mots est à la portée de tout le monde. Il suffit, pour cela, d'être sensible à leur forme et à leur musique, de prêter attention aux trésors de significations qu'ils recèlent. Un peu de temps libre, un grain de folie et, voilà, on se laisse prendre au jeu des mots !

Au cours de cette escale, tu feras la connaissance d'un auteur québécois important, Marc Favreau, qui s'amuse comme un fou avec les mots. Tu découvriras comment cet auteur, par l'intermédiaire de Sol, son personnage haut en couleur, fait et défait des mots pour provoquer le rire et l'émotion, et aussi pour susciter la réflexion.

L'aventure →

Tu développeras certaines compétences qui te conduiront à écrire un texte poétique à la manière de Marc Favreau. Au cours de tes lectures, tu apprendras différents procédés stylistiques qui te permettront d'écrire un poème drôle et fantaisiste. Tu liras ce poème dans le cadre d'une journée organisée par les élèves de ta classe pour rendre hommage à Marc Favreau et au personnage qu'il a créé.

SIXIÈME ESCALE 6

Le fou des mots

Le fou des mots

Itinéraire

Tout comme les poètes qui lisent et observent les gens qui les entourent pour trouver des sources d'inspiration, tu t'exerceras, avant d'écrire ton poème, à développer des compétences en t'appuyant sur des connaissances et des stratégies.

Lecture

Grammaire

Écriture

Communication orale

Embarquement

Les photographies ci-dessus renvoient à un personnage qui occupe une place importante dans l'imaginaire des Québécois et des Québécoises.

a) Reconnais-tu ce personnage? Quel est son nom?

b) D'après les vêtements qu'il porte, quelle est la situation sociale de ce personnage?

c) Selon toi, où aurais-tu le plus de chance de voir ce personnage?

d) Connais-tu l'homme que tu peux voir sur la petite photographie?

e) D'après toi, quel lien y a-t-il entre cet homme et le personnage?

f) Compare tes réponses avec celles des autres élèves.

Lecture et appréciation des textes

Dessiner avec les mots

p. 238

Planification

Observe le titre du texte *Dessiner avec les mots* et la photographie qui l'accompagne. À partir de tes observations, réponds aux questions suivantes.

a) Qu'est-ce que le titre du texte te révèle sur l'univers particulier de Marc Favreau?

b) D'après toi, quel est le lien entre la signification de ce titre et la photographie qui accompagne le texte?

- Lis le texte *Dessiner avec les mots* pour découvrir l'auteur Marc Favreau et son personnage, Sol.

- Prête attention aux caractéristiques de son univers afin de t'en inspirer lorsque tu écriras ton poème.

Compréhension et interprétation

1. À la fin de cette escale, tu devras écrire un poème en t'inspirant du personnage de Sol. Afin de dresser le portrait de ce personnage, remplis un tableau semblable à celui ci-dessous.

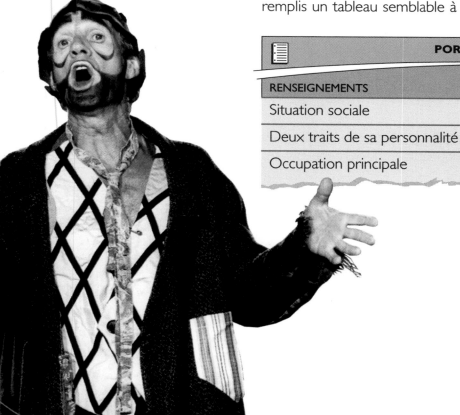

PORTRAIT DE SOL	
RENSEIGNEMENTS	**DESCRIPTION**
Situation sociale	❯ C'est un clochard, un sans-abri.
Deux traits de sa personnalité	
Occupation principale	

2. Sol est présenté comme un « clown verbal ».

a) Relève, dans le texte *Dessiner avec les mots*, trois manières différentes que Sol a de jouer avec les mots. Utilise les définitions données en bas de page dans le texte.

b) Explique, en quelques lignes, les buts que vise Marc Favreau en créant les jeux de langage involontaires de son personnage.

3. Cette présentation de l'univers de Marc Favreau t'a-t-elle donné le goût de lire ses textes? Explique ta réponse.

Tu devras créer des jeux de langage au moment d'écrire ton poème.

Bagage de connaissances

Les valeurs véhiculées et les thèmes abordés dans un texte

Les **valeurs** sont des **éléments positifs** qui guident les pensées, les émotions, les opinions et les actions d'une personne. Dans un roman ou une pièce de théâtre, ce sont généralement les personnages qui défendent les valeurs. Les valeurs perceptibles dans un poème sont celles du ou de la poète. Les valeurs véhiculées par un texte peuvent être, par exemple, la fidélité, le bonheur, la justice, l'égalité, la liberté, la famille, l'éducation ou la protection de l'environnement.

Les valeurs se révèlent par les effets qu'elles provoquent.

- Elles font naître chez une personne des **sentiments**, des **émotions**.
  - ❯ La valeur de fidélité peut susciter l'**amour**, la **colère**, la **peur**.

- Elles incitent une personne **à accepter** ou **à rejeter** une réalité, une idée.
  - ❯ Une personne sera contre l'épandage de pesticides si elle place la protection de l'environnement au-dessus de toutes les autres valeurs. À l'opposé, une personne sera en faveur de l'épandage de pesticides si elle défend avant tout la productivité.

- Elles fondent les **opinions** d'une personne sur les questions importantes, sur les grands problèmes de la société, sur des thèmes dans une œuvre littéraire.
  - ❯ Dans un texte, un auteur ou une auteure qui défend les valeurs de justice et d'égalité peut dénoncer les injustices sociales responsables de la pauvreté.

Bonheur
Justice
Peur
Fidélité
Colère
Amour
Famille
Joie

Les **thèmes** sont des **notions souvent abstraites** ou des **sentiments** qui sont abordés dans une œuvre littéraire.

> La liberté, la nostalgie, la richesse, la pollution, la ville, la politique, le chômage.

Le thème donne un **ton particulier** à une œuvre. Selon le thème, le ton sera joyeux, triste, pédagogique, sérieux, léger, grave, etc. Par exemple, si une œuvre aborde le thème de la mort, il est fort probable que le ton soit grave ou triste.

Il arrive qu'un thème exploité dans une œuvre corresponde à une valeur véhiculée par l'auteur ou l'auteure, ou par un personnage. Par exemple, la **famille** peut être le **thème** central d'un texte et être aussi une **valeur** véhiculée par ce texte.

Par contre, certains thèmes ne peuvent être des valeurs. Par exemple, le **chômage** ou la **pollution** ne pourraient pas faire partie des valeurs positives d'un auteur, d'une auteure ou d'un personnage.

a) Observe les thèmes et les valeurs énumérés dans la liste ci-dessous.

- La pauvreté
- La solitude
- Le respect de l'environnement
- La géographie
- La liberté
- L'alimentation
- L'argent
- L'informatique
- L'intolérance
- La grammaire
- Les sports extrêmes
- Le chômage
- L'amour
- Le droit à l'éducation
- Le respect

b) Dans le schéma que te remettra ton enseignant ou ton enseignante, inscris les thèmes et les valeurs tirés de la liste qui peuvent être associés à l'univers de Sol.

Boussole

En choisissant un thème, tu peux créer un champ lexical pour ton texte.

THÈMES
ABORDÉS PAR SOL

VALEURS
VÉHICULÉES PAR SOL

Planification

Survole les textes de cette escale et réponds aux questions suivantes.

a) En quoi le texte *Lire et délire* diffère-t-il des autres textes de cette escale?

b) D'après toi, de quel genre de texte littéraire s'agit-il?

c) Connais-tu d'autres textes qui ressemblent à celui-ci? Si oui, nommes-en quelques-uns.

d) D'habitude, que fait-on avec ces textes, en plus de les lire?

- Lis le texte *Lire et délire* pour découvrir des personnages importants de l'histoire de la télévision québécoise et pour connaître un nouvel aspect de l'œuvre de Marc Favreau.

- Compare l'organisation du texte avec celle d'autres textes littéraires.

- Prête attention à la façon dont les personnages jouent avec les mots. Tu pourras t'en inspirer au moment d'écrire ton poème fantaisiste.

Compréhension et interprétation

1. Le texte *Lire et délire* n'est pas présenté de la même façon que les autres textes littéraires que tu as lus jusqu'à maintenant dans ton manuel, comme *Alexis* et *Quelle vague!* aux pages 10 et 101.

Compare l'organisation du texte *Lire et délire* avec celle des deux autres textes en remplissant un tableau semblable à celui ci-dessous.

DIFFÉRENCES ENTRE LE TEXTE *LIRE ET DÉLIRE* ET LES AUTRES TEXTES

ASPECTS	LIRE ET DÉLIRE	ALEXIS ET QUELLE VAGUE!
Division du texte		❯ Les textes sont divisés en paragraphes.
Séquences dominantes (de paroles, descriptives ou narratives)		
Présentation des personnages		

2. Le texte met en scène trois personnages qui ont chacun une identité bien définie. Sur des fiches semblables à celle ci-dessous, décris ces trois personnages.

	FICHE SIGNALÉTIQUE I
Nom du personnage :	██████████████████████
Portrait sommaire :	❯ C'est un clown naïf qui n'interprète pas très bien ce qu'on lui dit et qui, sans le savoir, n'arrive pas à s'exprimer correctement.
Relations avec les autres personnages :	████████████
Principales actions dans l'histoire :	████████████

Bagage de connaissances

Le texte dramatique

Le texte dramatique, contrairement aux autres genres de texte, n'est pas écrit d'abord et avant tout pour être lu. Il est écrit pour être joué par des comédiens et des comédiennes devant un public. En d'autres mots, il est destiné à devenir une pièce de théâtre.

Le texte dramatique met en scène des **événements** et des **situations** qui révèlent différents aspects de la condition humaine. Il vise à la fois à **divertir le public** et à **le faire réfléchir.**

Voici les principales caractéristiques du texte dramatique.

- **Il contient des instructions de mise en scène.**

  Ces instructions concernent différents aspects de la mise en scène. Elles sont généralement présentées entre parenthèses ou en italique et donnent des précisions sur :

  – le décor et, parfois, l'ambiance ;

  ❯ *La scène représente un salon. Soir de canicule, il fait sombre et chaud.*

  – les personnages au début de la pièce ;

  ❯ *Éloïse, jeune élève du secondaire.*
  Jacques, père d'Éloïse, dans la mi-quarantaine.

  – les déplacements, le ton des répliques, les gestes et les réactions des personnages.

  ❯ *Elle quitte la scène en vitesse, claquant la porte du salon.*

Boussole

L'adjectif *dramatique* employé ici ne signifie pas « grave », « terrible ». Il veut simplement dire « qui se rapporte au théâtre ».

- **On trouve le nom des personnages au début de chaque réplique.**

  Cette indication permet aux comédiens et aux comédiennes de savoir quand prendre la parole.

  > ÉLOÏSE. – Aimes-tu la poésie, toi?
  > JACQUES. – J'adore ça! Mais je n'ai pas souvent la chance d'en lire.

- **Il présente des dialogues et des monologues.**

  - Dans un texte dramatique, il y a un **dialogue** quand deux ou plusieurs personnages **échangent des paroles.**

  - Il y a un **monologue** lorsqu'un personnage **se parle à lui-même à voix haute** pour exprimer ses émotions ou ses pensées et les faire connaître au public. Certains indices permettent parfois de savoir qu'il s'agit d'un monologue, comme la présence d'expressions telles que *à lui-même* et *pour lui-même* dans les instructions de mise en scène.

- **Il est organisé en actes et en scènes.**

  Le texte dramatique n'est pas divisé en chapitres et en paragraphes comme le texte narratif. La plupart du temps, il est divisé en actes et en scènes. **Chaque acte** contient **plusieurs scènes.** Parfois, l'auteur ou l'auteure peut choisir de diviser son texte en **tableaux,** c'est-à-dire en petites scènes, ou d'en faire une **saynète,** une petite pièce comique en une seule scène comptant généralement peu de personnages.

Boussole

Dans une pièce de théâtre, une réplique correspond à une partie d'un dialogue dite par un comédien ou une comédienne.

1. Inscris dans un tableau semblable à celui ci-dessous deux exemples de chacune des caractéristiques qui démontrent que le texte *Lire et délire* est un texte dramatique.

TEXTE DRAMATIQUE *LIRE ET DÉLIRE*

CARACTÉRISTIQUES	*EXEMPLES*
Instructions de mise en scène	███████████████ ███████████████
Noms des personnages au début des répliques	███████████████ ███████████████
Dialogues	❯ Entre Sol et Gobelet: – D'accord d'accord t'énervouille pas! – Il va apprendre à lire ou je m'appelle pas Gobelet.
Monologues	███████████████
Organisation du texte	███████████████

2. Pour que l'on apprécie pleinement un texte dramatique, il faut lui donner vie en le mettant en scène. Après tout, c'est dans ce but que les textes dramatiques sont écrits!

   a) Joins-toi à deux autres élèves pour mettre en scène le texte dramatique *Lire et délire*.

   b) Chaque personne choisit un rôle en fonction de sa personnalité, de ses intérêts et de ses aptitudes.

   c) Exercez-vous en lisant plusieurs fois le texte à voix haute.

   d) Faites une petite mise en scène en tenant compte des instructions données dans le texte.

   e) Présentez votre pièce aux autres élèves de la classe.

3. Le fait de mettre en scène un texte de Marc Favreau et de dire les répliques qu'il a écrites t'a-t-il permis de mieux comprendre le travail de cet auteur?

Explique ta réponse.

Transgresser la rue
c'est drôlement dangereux
📖 *p. 246*

Planification

Observe la forme du texte *Transgresser la rue c'est drôlement dangereux* et réponds aux questions suivantes.

I. a) Que remarques-tu de particulier dans la mise en forme des mots et des phrases de ce texte?

    b) À quel genre littéraire cette mise en forme te fait-elle penser?

    c) Énumère quelques caractéristiques de ce genre littéraire.

2. As-tu déjà lu d'autres textes qui appartiennent au même genre littéraire? Si oui, nommes-en un ou deux.

- Lis le texte *Transgresser la rue c'est drôlement dangereux* pour te divertir grâce aux jeux de langage qu'il contient.

- Dégage les aspects les plus importants de ce texte de Marc Favreau.

- Prête attention aux différents procédés stylistiques utilisés par l'auteur afin d'en utiliser certains dans ton poème.

Cap sur les mots

Les procédés stylistiques

Les poèmes sont construits à l'aide de procédés stylistiques. **La comparaison** et **la métaphore** sont deux procédés stylistiques souvent utilisés en poésie. Ces deux procédés permettent d'établir des liens entre des mots ou des idées.

Voici quatre autres procédés stylistiques qui peuvent être employés en poésie.

- **La répétition**
  Ce procédé consiste à reprendre un même mot ou un même groupe de mots pour insister sur une **émotion** ou une **idée importante** et pour créer un **effet poétique, musical**.

  ❭ J'ai **tourné, tourné** en rond pendant des jours et des semaines. Mon cœur **battait fort, battait** si **fort** que je n'entendais plus que lui.

Boussole

Une répétition n'est pas automatiquement un procédé stylistique. Elle peut aussi servir à reprendre de l'information. Si un mot ou un groupe de mots est répété inutilement, la répétition est alors une simple maladresse.

L'aventure →

Tu pourras utiliser certains de ces procédés stylistiques pour créer des effets comiques dans ton poème.

- **L'onomatopée**

  Ce procédé permet de rappeler le **bruit produit** par un objet, un être ou une action.

  > **Toc! toc! toc!** : quelqu'un frappe impatiemment à la porte.

  > Attention, je vais éternuer : «**Atchoum!**»

- **L'inversion**

  Ce procédé **modifie l'ordre habituel** de la phrase (GS + GV + GCP) par le déplacement d'un groupe de mots dans le but de créer un **effet poétique.**

  > De mille feux brillait la mer.
  >   **GCP**   **GV**   **GS**

- **Le mot-valise**

  Le mot-valise est un mot généralement formé du **début d'un mot** et de la **fin d'un autre mot.** Ce procédé offre toutes sortes de possibilités comiques et permet d'inventer des mots.

  > **institu**trice + **triste** ⟶ institutriste

  a) Dans un tableau semblable à celui ci-dessous, inscris deux exemples tirés des textes *Transgresser la rue c'est drôlement dangereux* et *Lire et délire* pour illustrer chaque procédé stylistique.

  b) Dans chaque cas, explique l'utilisation du procédé.

PROCÉDÉS STYLISTIQUES UTILISÉS PAR MARC FAVREAU

PROCÉDÉS	*EXEMPLES*	EXPLICATIONS
Répétition	> à cause des **autos**; ça file les **autos**	La répétition donne un effet musical.
Onomatopée		
Inversion		
Mot-valise		

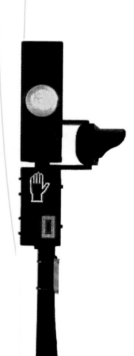

Compréhension et interprétation

1. Le texte *Transgresser la rue c'est drôlement dangereux* contient beaucoup de fautes d'orthographe d'usage et d'orthographe grammaticale. Elles découlent souvent d'une mauvaise prononciation de Sol. Bien sûr, l'auteur a fait volontairement ces fautes dans son texte pour nous amuser.

Corrige les fautes dans chacun des exemples ci-dessous tirés du texte.

a) la plusspart du temps

b) pôvre petit moi

c) j'a prexe réussi

d) faut être prudent passque

2. Sol emploie souvent un mot incorrect à la place du mot juste. Ce procédé permet à l'auteur de faire rire et, aussi, de faire réfléchir ses spectateurs et spectatrices.

a) Relève, dans le texte, deux autres mots que Sol utilise à la place des mots justes.

b) Explique en quoi l'utilisation du mauvais mot est intéressante.

Mot de Sol	Correction	Explication
je **pêle-mêle** toutes les couleurs	mêle	Ce mot met l'accent sur le fait que Sol est vraiment très mêlé.

3. a) Est-ce que tu as aimé ce texte? Explique ta réponse.

b) Quelles difficultés as-tu éprouvées au cours de ta lecture?

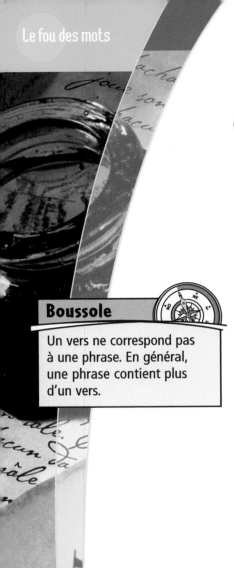

Bagage de connaissances

Le texte poétique

La plupart des textes en français sont écrits en **prose**. C'est le cas, entre autres, des articles de journaux et des romans. La prose désigne la manière habituelle d'écrire et de parler.

Mais il existe une autre manière d'utiliser les mots et d'organiser les phrases dans un texte. Cette autre façon d'écrire est désignée sous le nom de **poésie**. La poésie est un genre littéraire important. Les textes qui appartiennent à ce genre sont appelés **poèmes**.

Voici les principales caractéristiques du poème.

- Il est le plus souvent écrit en **vers**. Un vers est un énoncé d'une seule ligne dans lequel les sonorités et le rythme sont importants.

- Il est généralement organisé en **strophes**. Une strophe est un paragraphe qui regroupe plusieurs vers. Les strophes sont séparées par des espaces blancs.

- Il comporte souvent des **rimes**. Une rime est la répétition d'un même son à la fin de deux vers différents.

  > Chacun dans la vie joue son **rôle**
  > Ce qui fait que la vie est **drôle**

- Il porte en général sur un **thème** universel, comme l'amour, la mort, la liberté ou la pauvreté.

- Il permet d'exprimer des **émotions**.

- Il est constitué de **procédés stylistiques**: métaphore, comparaison, inversion, répétition de mots, répétition de sons, etc.

Dans le texte *Transgresser la rue c'est drôlement dangereux*, relève:

a) deux vers;

b) deux courtes strophes.

Boussole

Un vers ne correspond pas à une phrase. En général, une phrase contient plus d'un vers.

Planification

Survole les textes *La décadanse* et *Du vent,* puis réponds aux questions suivantes.

a) Parmi les méthodes énumérées ci-contre, laquelle, d'après toi, serait la plus efficace pour classer les procédés stylistiques utilisés dans ces textes?

MÉTHODES

- Regroupement dans un tableau
- Construction d'une ligne du temps
- Prise de notes sur une feuille

b) Explique le choix de ta méthode.

- Lis les textes poétiques *La décadence* et *Du vent* pour explorer de nouveaux aspects de l'univers de Marc Favreau.

- Interroge-toi sur les multiples significations de ces textes.

- Approprie-toi les procédés utilisés par l'auteur pour écrire ton poème.

Cap sur les mots

Les mots composés

Un mot composé est un mot formé par la **réunion de deux** ou **plusieurs mots.** La construction d'un mot composé peut se faire de trois manières différentes:

- par une soudure; ❭ auto + route ⟶ autoroute
- par un trait d'union; ❭ arc + en + ciel ⟶ arc-en-ciel
- par des termes séparés. ❭ chemin + de + fer ⟶ chemin de fer

L'aventure →

Tu devras **inventer** des mots composés pour créer des effets humoristiques dans ton poème.

Les mots composés peuvent appartenir à différentes classes.

NOMS	ADJECTIFS	ADVERBES	VERBES
❭ portefeuille ❭ pomme de terre	❭ canadien-anglais ❭ bleu marine	❭ longtemps ❭ avant-hier	❭ sous-entendre ❭ photocopier

Comme il existe plusieurs manières de former les mots composés, il est généralement conseillé de consulter un dictionnaire.

1. Trouve la façon d'écrire les mots composés formés des mots ci-dessous.

   a) Chef + d'œuvre

   c) Vert + olive

   b) Coup + de + cœur

   d) Court + circuiter

2. **a)** Invente cinq mots composés. Fais preuve de fantaisie et d'originalité.

   b) Donne la signification des mots que tu as inventés.

Compréhension et interprétation

1. Les textes de Marc Favreau sont riches de significations. Le défi pour un lecteur ou une lectrice, c'est de tenter de découvrir ces significations.

   a) Relis attentivement le texte *La décadanse*.

   b) Résume en quelques lignes ce que, à ton avis, l'auteur a voulu exprimer en écrivant ce texte.

2. La répétition de sons est un procédé stylistique qui consiste à répéter un même son dans une suite de mots rapprochés.

   > Il est **f**riand des **ph**rases **f**olles **f**arcies de méta**ph**ores.

   La répétition d'un son particulier joue un rôle central dans le texte *Du vent.*

   a) Trouve un vers qui contient une répétition de sons.

   b) Explique en quelques lignes le lien qui existe entre cette répétition et le contenu du texte.

3. Donne libre cours à ton imagination et amuse-toi à faire des jeux de langage à la manière de Marc Favreau.

   À l'aide du champ lexical ci-dessous ou d'un champ lexical que tu créeras, invente des mots et des expressions bizarres, abracadabrants.

Boussole

Tu peux remplacer ou ajouter des lettres, inventer une nouvelle expression, créer des mots-valises et des mots composés, etc.

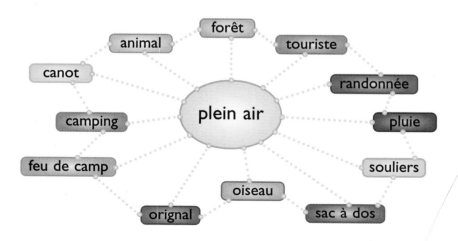

forêt · animal · touriste · canot · randonnée · camping · **plein air** · pluie · feu de camp · souliers · oiseau · orignal · sac à dos

Bagage de connaissances

L'adverbe

L'adverbe est **invariable.** Lorsqu'il est formé de plus d'un mot, on le nomme **locution adverbiale.**

Adverbes	❯	*souvent, facilement, trop, bien, hier, presque, sûrement, environ,* etc.
Locutions adverbiales	❯	*d'abord, peu à peu, sans doute, c'est-à-dire, tout à fait, plus ou moins, en effet,* etc.

Beaucoup d'adverbes se terminent par le suffixe *-ment.* Très souvent, ces adverbes sont formés par l'ajout de ce suffixe à **un adjectif au féminin.**

❯ $\underset{\text{masc.}}{\underline{\text{heureux}}}$ ⟶ $\underset{\text{fém.}}{\underline{\text{heureuse}}}$ **+ ment** ⟶ heureusement

L'orthographe des adverbes en *-ment* est souvent complexe. Pour t'assurer d'écrire correctement ces adverbes, vérifie leur orthographe dans le dictionnaire. L'adverbe peut exprimer **différentes valeurs.** En voici quelques-unes.

DIFFÉRENTES VALEURS DE L'ADVERBE	
VALEURS	*EXEMPLES*
Manière	❯ *Simplement, heureusement, calmement, bien, ensemble,* etc.
Temps	❯ *Hier, demain, maintenant, ensuite, jamais, bientôt, tout de suite,* etc.
Lieu	❯ *Ici, ailleurs, dehors, loin, partout, autour, là, là-bas,* etc.
Négation	❯ *Non, ne… pas, ne… jamais,* etc.
Intensité	❯ *Beaucoup, moins, assez, trop, peu, le plus, très,* etc.
Quantité	❯ *Environ, à peu près, presque, tellement,* etc.

Certains adverbes peuvent exprimer différentes valeurs, selon le contexte où ils sont utilisés.

❯ Ce poème est **tellement** émouvant.   (intensité)
  Il y avait **tellement** de monde!   (quantité)

Un même adverbe peut avoir un sens différent selon sa position dans la phrase.

❯ Ton texte est **vraiment** bon.   (réellement, véritablement)
  Vraiment, ton texte est bon.   (certainement, franchement)

1. Transforme les adjectifs ci-dessous en adverbes.

a) Régulier   **e)** Vif

b) Discret   **f)** Patient

c) Frais   **g)** Grave

d) Faux   **h)** Méchant

2. a) Dans le texte *La décadanse*, relève :

❶ deux adverbes de temps ;

❷ deux adverbes d'intensité ;

❸ un adverbe de négation.

b) Dans le même texte, relève un adverbe de manière inventé par l'auteur et explique en quoi sa construction est bizarre.

Bilan

1. a) L'univers poétique de Marc Favreau te semble-t-il intéressant ? Pourquoi ?

b) Quel aspect du personnage de Sol te plaît le plus ? Explique ta réponse.

2. a) Quel texte de Marc Favreau as-tu préféré ?

b) Pour quelles raisons ?

3. Parmi les procédés stylistiques que tu as étudiés, lequel te semble le plus approprié pour produire un effet comique ? Explique ta réponse.

4. As-tu eu de la difficulté à comprendre certains jeux de langage de Marc Favreau ? Explique ta réponse.

5. Quelles sont les habiletés que tu devrais développer pour améliorer ta lecture de poèmes ?

Fonctionnement de la langue

Le groupe adverbial

Point de repère

L'adverbe est un mot invariable qui s'écrit parfois en un mot, parfois en plusieurs mots. Beaucoup d'adverbes se terminent par le suffixe *-ment*. L'adverbe peut exprimer différentes valeurs : le temps, le lieu, la manière, l'intensité, etc.

Exploration

a) Lis les phrases ci-dessous afin de découvrir quelques caractéristiques du groupe adverbial (GAdv). Prête attention aux mots en gras et aux mots soulignés.

❶ **Aujourd'hui,** l'artiste donnera un spectacle gratuit.

❷ Le poète met des jeux de langage **partout** dans ses textes.

❸ Les spectateurs ont **souvent** ri durant le spectacle.

❹ Il a lu <u>trop</u> **rapidement** son poème.

❺ Les élèves ont récité de **très** beaux poèmes devant leur classe.

❻ Je ne suis pas **tout à fait** satisfait du texte que j'ai écrit.

❼ Nous avons travaillé <u>vraiment</u> **fort** pour terminer le travail.

❽ Elle a écouté <u>un peu</u> **distraitement** ce qu'on lui expliquait.

❾ Nous lirons nos textes **ici.**

❿ **Comme** ses poèmes sont émouvants !

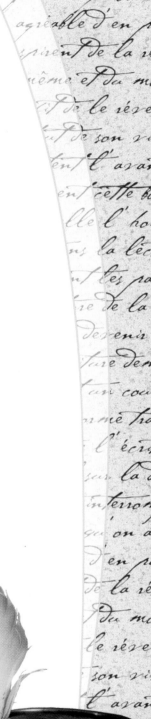

b) À quelle classe de mots les mots en gras appartiennent-ils ?

c) À quelle classe de mots les mots soulignés dans les phrases ❹, ❼ et ❽ appartiennent-ils ?

d) Pourrais-tu déplacer les mots soulignés sans changer le sens des phrases ?

e) Quelles précisions te donnent les mots en gras dans les phrases ❶, ❸ et ❺ ?

Tour d'horizon

1. L'adverbe est le **noyau** du groupe adverbial (GAdv).

2. La plupart du temps, le GAdv n'est formé que de son noyau.

> Les deux amies s'amusent **souvent**.

Parfois, le noyau peut être accompagné d'une expansion. Celle-ci est toujours un adverbe et ne peut se placer qu'à la gauche du noyau.

> Les deux amies s'amusent <u>**très**</u> souvent.

3. Le GAdv peut exercer différentes fonctions syntaxiques.

FONCTION DU GROUPE ADVERBIAL (GAdv)	
FONCTIONS	*EXEMPLES*
Complément de phrase	> **Bientôt**, les élèves écriront des poèmes.
Modificateur du verbe, de l'adjectif, ou d'un autre adverbe	> Nous marchons **lentement**. > J'étais **vraiment** contente. > Ils parlaient **très** doucement.
Complément indirect (CI) du verbe	> Vous n'allez pas **là-bas**.
Attribut du sujet	> Les animaux semblent **bien**.

4. Le GAdv peut signaler, comme marqueur, une phrase interrogative, exclamative ou négative.

> **Combien** y avait-il de spectateurs dans la salle?

> **Comme** il fait beau!

> Il **ne** fait **pas** beau.

5. Le GAdv peut parfois servir d'organisateur textuel ou de coordonnant.

> **D'abord**, j'ai acheté mes billets. **Ensuite,** j'ai su que j'aurais une place de choix.

> J'ai écouté, **puis** j'ai adoré!

Les participes passés et leurs finales

Point de repère

Un participe passé est un verbe au mode participe et au temps passé.
Lorsqu'il accompagne un nom et qu'il est employé sans auxiliaire,
le participe passé devient un adjectif participe.

Exploration

a) Lis les phrases ci-dessous afin de découvrir quelques caractéristiques
des finales des participes passés. Prête attention aux mots en gras.

❶ Marc Favreau est mon artiste **préféré.**

❷ **Satisfait** de mon poème, je l'ai **présenté** à mon professeur.

❸ Cette élève a **fait** un beau travail.

❹ Je me suis **perdu** en chemin.

❺ Les spectateurs ont **applaudi** les comédiens.

❻ Nous avons **remis** les livres à leur place.

❼ Le poème est **écrit** dans un style fantaisiste.

❽ Vous m'avez **offert** un beau cadeau.

❾ J'ai **lu** un roman passionnant dernièrement.

❿ Mon devoir **fini,** je suis **allé** jouer dehors.

b) De quels verbes à l'infinitif les participes passés en gras proviennent-ils?

c) Observe le mot qui précède chaque participe passé. Quelles sont
les trois façons d'employer un participe passé?

d) Par quelles lettres peuvent se terminer ces participes passés
au masculin singulier?

Tour d'horizon

1. Un participe passé provient toujours d'un verbe à l'infinitif.
Pour le connaître, tu peux consulter une grammaire.

> **aimé** : aimer   **fini** : finir   **rendu** : rendre

2. Le participe passé d'un verbe peut être employé :

- sans auxiliaire, comme un adjectif ;   > Les poèmes **choisis** sont bons.

- avec l'auxiliaire *être* ;   > Les bons poèmes **sont choisis.**

- avec l'auxiliaire *avoir.*   > Elle **a choisi** de bons poèmes.

3. Au masculin singulier, les participes passés se terminent par **é, t, u, i** ou **s.**

> aim**é**, écri**t**, l**u**, fin**i**, remi**s**.

4. Les participes passés qui se terminent par le son *i* ont, pour finale,
la lettre **i**, **s** ou **t**.

Pour connaître la dernière lettre d'un participe passé, on doit le mettre
au féminin singulier.

- Si l'on a besoin de la lettre **s** pour former le féminin
singulier d'un participe passé, ce participe se termine
par la lettre **s** au masculin singulier.

  > une femme surpri**se** ➞ un homme surpri**s**

- Si l'on a besoin de la lettre **t** pour former le féminin
singulier d'un participe passé, ce participe se termine
par la lettre **t** au masculin singulier.

  > une lettre écri**te** ➞ un texte écri**t**

- Si l'on n'a besoin ni de la lettre **s** ni de la lettre **t** pour
former le féminin singulier d'un participe passé, ce
participe se termine par la lettre **i** au masculin singulier.

  > une activité fin**ie** ➞ un devoir fin**i**

5. Les participes passés qui ont pour finale la lettre **t** au masculin singulier
ne se terminent pas tous par le son *i.*

> offrir ➞ off**ert**   atteindre ➞ att**eint**   craindre ➞ cr**aint**
> faire ➞ f**ait**   joindre ➞ j**oint**   mourir ➞ m**ort**

La subordonnée relative introduite par *qui*

Popint de repère

La phrase complexe est constituée de deux ou de plusieurs phrases simples.

Les phrases simples peuvent être unies à l'aide d'un signe de ponctuation, d'un coordonnant ou d'un subordonnant. La phrase introduite par un subordonnant est appelée subordonnée.

Exploration

a) Lis les phrases ci-dessous afin de découvrir quelques caractéristiques de la subordonnée relative. Prête attention aux groupes de mots soulignés.

❶ C'est Marc Favreau <u>qui a inventé le personnage de Sol</u>.

❷ J'ai lu un livre fantastique <u>qui contient beaucoup de jeux de langage</u>.

❸ Est-ce vous <u>qui avez créé ce joli mot composé</u>?

❹ La pauvreté est un thème <u>qui est souvent abordé par cet auteur</u>.

❺ Les histoires de Sol et Gobelet, <u>qui ont enchanté les enfants pendant des années</u>, sont presque inconnues des jeunes aujourd'hui.

❻ Les mots-valises, <u>qui sont formés à l'aide de deux mots</u>, sont nombreux dans ces poèmes.

b) Quel mot sert à introduire toutes les subordonnées soulignées?

c) Quelle est la classe de ce mot?

d) Que remplace ce mot dans chacune des phrases?

e) Peux-tu effacer ces subordonnées sans nuire à la construction des phrases?

f) Qu'est-ce qui distingue les subordonnées des phrases ❺ et ❻ de celles des autres phrases?

g) Ces subordonnées auraient-elles un sens si elles étaient séparées du reste de la phrase? Explique ta réponse.

Tour d'horizon

1. Dans une phrase complexe, le pronom relatif *qui* indique la présence d'une phrase subordonnée relative.

2. Voici les caractéristiques de cette subordonnée relative:

- elle est souvent introduite par le **pronom relatif *qui*,** qui exerce toujours la fonction sujet. La subordonnée relative est donc formée d'un **groupe sujet** (GS), d'un **groupe verbal** (GV) et, parfois, d'un groupe complément de phrase (GCP);

  ❯ L'auteur écrit des textes <u>qui</u> <u>abordent des thèmes variés</u>
                   GS   **GV**

  <u>par l'évocation de situations cocasses.</u>
               GCP

- elle doit être unie à **une autre phrase** pour avoir du sens;

  ❯ ⊘ qui abordent des thèmes variés par l'évocation de situations cocasses.

- elle **complète généralement un nom** faisant partie d'une autre phrase;

  ❯ L'auteur écrit des textes **qui abordent des thèmes variés.**

- elle peut être remplacée par un **adjectif**;

  ❯ 🔧 L'auteur écrit des textes **complexes.**

- elle est **encadrée par des virgules** quand elle apporte une explication à la phrase.

  ❯ Les textes**, qui abordent des thèmes variés,** sont très drôles.

3. Le verbe conjugué d'une phrase subordonnée relative introduite par le pronom *qui* s'accorde **en personne et en nombre** avec ce pronom. La personne et le nombre du pronom *qui* correspondent à la personne et au nombre de son **antécédent**. L'antécédent est un **groupe nominal** (GN) qui se trouve généralement devant le pronom *qui*.

  ❯ La pollution est un thème **qui préoccupe l'artiste.**
                 antécédent
                 3ᵉ pers. sing.

Le groupe adverbial

1. Dans les phrases suivantes, souligne les noyaux des groupes adverbiaux (GAdv) et encercle leur expansion s'ils en ont une. 📄

> Il a abordé (très) <u>souvent</u> ce thème dans ses sketches.

a) L'auteur dénonce vivement les injustices dont les pauvres sont victimes.

b) Comment fait-on des mots-valises?

c) Son personnage s'exprime un peu bizarrement.

d) Nous nous rendrons là-bas comme prévu.

e) Auparavant, d'autres poètes avaient écrit des poèmes fantaisistes.

f) Les spectateurs ont ovationné très longtemps l'artiste.

g) Ils étaient presque toujours pliés en quatre tellement ils riaient.

h) Le clown semblait bien content de faire rire les gens.

i) Ses poèmes évoquent fréquemment la vie quotidienne.

j) Les deux personnages parlaient extrêmement rapidement.

k) Elle nous a récité un très beau texte à la fin de la soirée.

l) Les spectateurs ont été totalement séduits par sa prestation.

m) Il utilise souvent ce procédé stylistique dans ses poèmes.

2. Ajoute un GAdv dans chacune des phrases suivantes.

> Nous écrivons des poèmes.
> Nous écrivons **régulièrement** des poèmes.

a) J'ai lu une histoire drôle avant de me coucher.

b) Sol et Gobelet se disputent.

c) J'ai entendu un jeu de langage amusant.

d) Ce texte est intéressant.

Les participes passés et leurs finales

I. a) Dans les phrases ci-dessous, souligne les participes passés.

❶ Comblé, le public est sorti de la salle le sourire aux lèvres.

❷ Un texte écrit à la main est toujours plus difficile à lire
qu'un texte saisi sur ordinateur.

❸ Durant son monologue, le personnage a apostrophé
les spectateurs assis dans la première rangée.

❹ Les spectateurs sont partis après avoir applaudi l'artiste
pendant de longues minutes.

b) Dans chaque cas, indique si le participe passé est employé sans
auxiliaire, avec l'auxiliaire *avoir* ou avec l'auxiliaire *être*.

❯ Les étudiants ont <u>lu</u> en silence pendant une heure. Auxiliaire *avoir.*

2. Dans les phrases suivantes, écris correctement au masculin singulier
le participe passé des verbes à l'infinitif entre parenthèses. Utilise,
au besoin, une grammaire.

❯ Il a (marcher) **marché** pendant des heures.

a) Le personnage de Sol a (réagir) ▮▮▮▮▮▮▮ comme un enfant.

b) Nous avons (découvrir) ▮▮▮▮▮▮▮ ces mots rares dans
le dictionnaire.

c) Les deux clowns ont (perdre) ▮▮▮▮▮▮▮ leur temps à se disputer.

d) Le poème est (remplir) ▮▮▮▮▮▮▮ de mots-valises.

e) J'ai (apprendre) ▮▮▮▮▮▮▮ ces poèmes par cœur.

f) Elle a courageusement (réciter) ▮▮▮▮▮▮▮ son texte devant
la classe.

g) Sol a (retranscrire) ▮▮▮▮▮▮▮ la lettre en faisant plein de fautes.

h) Ce poème (parsemer) ▮▮▮▮▮▮▮ de métaphores est tout
à fait (réussir) ▮▮▮▮▮▮ .

La subordonnée relative introduite par *qui*

a) Souligne la subordonnée relative dans chacune des phrases ci-dessous.

❶ Marc Favreau présente deux monologues qui (évoquer, présent)
▮▮▮▮▮▮▮▮ les problèmes liés à la pollution.

❷ Sol et Gobelet vivaient dans un appartement qui n' (avoir, imparfait)
▮▮▮▮▮▮▮▮ presque pas de meubles.

❸ Les poèmes sont remplis de jeux de langage qui (faire rire, présent)
▮▮▮▮▮▮▮▮ tout en provoquant la réflexion.

❹ L'artiste a salué le public qui l' (applaudir, imparfait) ▮▮▮▮▮▮
à tout rompre.

❺ Elles vont réciter des poèmes fantaisistes qui (contenir, présent)
▮▮▮▮▮▮▮▮ des mots-valises.

❻ «Plouf!» est un mot qui (imiter, présent) ▮▮▮▮▮▮
le bruit d'un objet tombant dans l'eau.

❼ Marc Favreau joue le rôle d'un personnage qui
(incarner, présent) ▮▮▮▮▮▮▮▮ la solitude.

❽ Gobelet a téléphoné à un professeur de français qui
(être, présent) ▮▮▮▮▮▮▮▮ toujours distrait.

b) Encercle les antécédents du pronom relatif *qui*
exerçant la fonction de sujet.

c) Accorde correctement les verbes entre
parenthèses aux temps de
l'indicatif demandés.

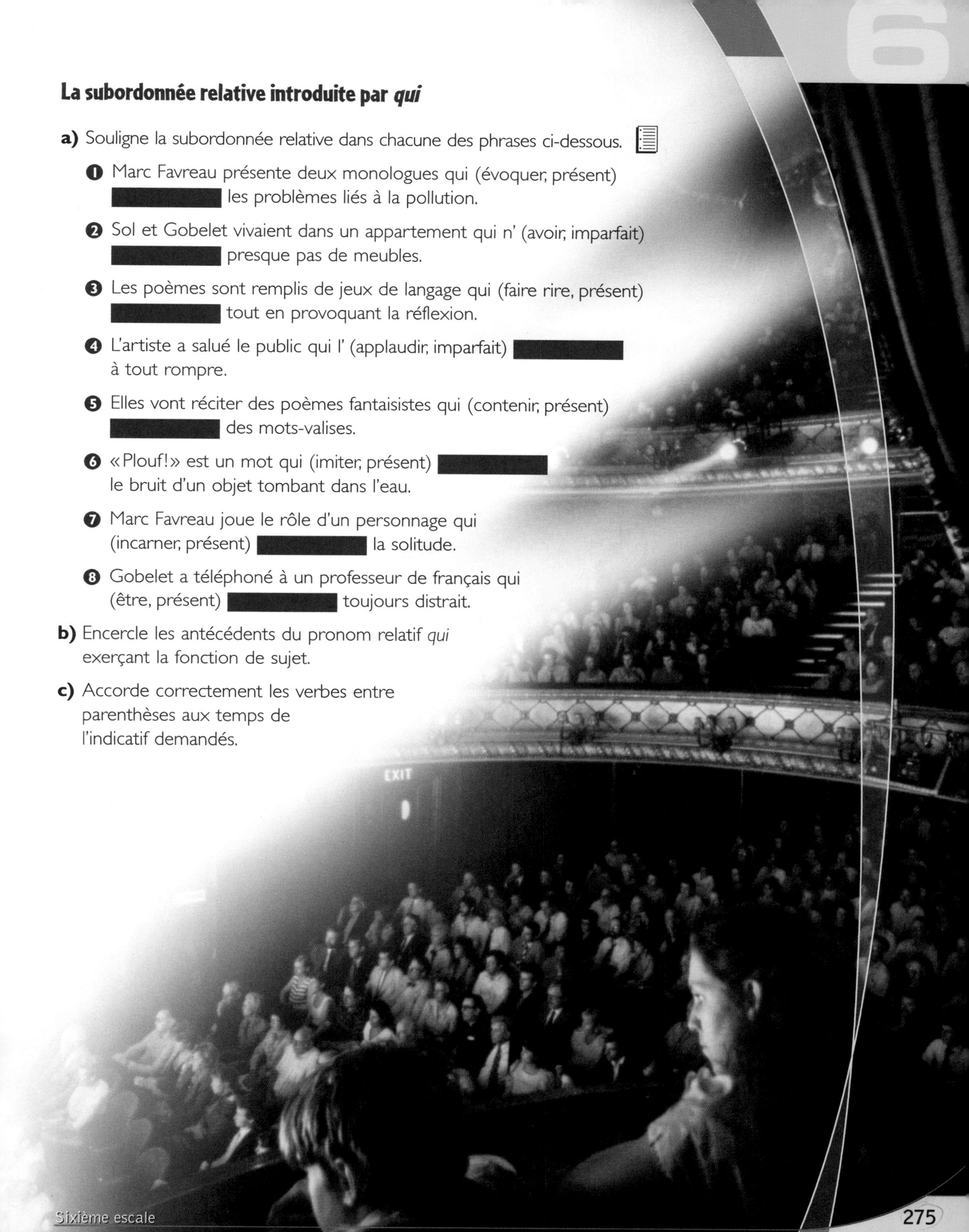

L'aventure →

Journal de bord

Transcris dans ton journal de bord les poèmes que tu préfères. Tu peux les classer par thèmes en créant des sections ayant pour titre des sujets qui te touchent.

À toi de jouer!

Maintenant que tu connais bien les clowneries verbales de Marc Favreau et que tu sais comment écrire un poème, tu peux, à ton tour, donner libre cours à ton imagination et te livrer à des jeux de langage.

Écris un poème drôle et fantaisiste en t'inspirant de l'univers de Marc Favreau et en te servant des procédés stylistiques qu'il utilise dans ses textes.
Tu réciteras ton poème aux élèves de ta classe dans le cadre d'une journée organisée en l'honneur de Marc Favreau.

Tout le long de ta rédaction, assure-toi de respecter les consignes suivantes.

TÂCHE	Écrire un poème à la manière de Marc Favreau.
SUJET	Choisir un thème lié à la vie quotidienne des jeunes.
DESTINATAIRES	Les élèves de la classe.
CONTEXTE DE RÉALISATION	Écrire un poème individuellement. Lire ce poème dans le cadre d'une journée organisée par les élèves de la classe pour rendre hommage à l'auteur Marc Favreau.

Préparation

Comme le comédien ou la comédienne qui décortique son rôle avant de jouer dans une pièce, détermine les principaux éléments que tu utiliseras dans ton poème.

Planifier sa production

a) Préciser le contenu du texte.

➊ Choisir un thème lié à la vie des jeunes qui sera développé dans le texte. Voici quelques exemples de thèmes qui pourraient être exploités :

- la pauvreté
- l'école
- la solitude
- les médias
- l'environnement
- la mode

➋ Construire un champ lexical relatif au thème choisi afin d'obtenir une banque de mots à utiliser dans le texte.

➌ Préciser la valeur qui sera défendue dans le texte. Cette valeur déterminera le point de vue sur le thème choisi.

b) Relire attentivement les trois poèmes de Marc Favreau afin de s'en inspirer pour écrire le poème.

c) Réviser les caractéristiques du poème.

d) Choisir les procédés stylistiques qui seront utilisés dans le texte parmi ceux employés par Marc Favreau dans ses poèmes :

- la répétition de mots
- l'onomatopée
- l'inversion
- le mot-valise
- le mot composé
- la répétition de sons

e) Préciser le nombre de strophes et le nombre de vers par strophe que comptera le texte.

f) Résumer en une ligne l'idée présentée dans chacune des strophes.

Réalisation

Maintenant que tu connais bien ton rôle, tu peux te mettre dans la peau de ton personnage et te lancer dans l'écriture de ton texte.

Rédiger un brouillon

a) Relire le texte régulièrement au cours de la rédaction.

b) Établir des liens entre le thème choisi et les procédés stylistiques utilisés.

c) Diviser le texte en strophes en s'assurant que, dans chacune d'elles, on ne développe qu'une seule idée.

d) Utiliser un vocabulaire précis dans les jeux de langage, de même que des adverbes et des adjectifs pour enrichir les vers.

e) Assurer la cohérence du texte en employant les mots qui appartiennent au champ lexical du thème.

f) Trouver un titre original et drôle qui évoque le thème abordé dans le texte.

Calepin

L'apostrophe est utilisée pour remplacer la voyelle *a, e* ou *i* à la fin d'un mot placé devant un mot commençant par une voyelle ou par un *h* muet. Ce procédé s'appelle l'**élision**.

❯ *s'il, lorsqu'il, jusqu'à, parce qu'elle, l'hiver,* etc.

Fais comme les critiques qui évaluent la performance d'un comédien ou d'une comédienne et reviens sur le texte que tu as écrit pour le peaufiner.

Réviser, améliorer et corriger le brouillon

a) Relire le texte afin de s'assurer que la réponse est « oui » à chacune des questions suivantes.

① Le texte est-il écrit à la manière de Marc Favreau?

② Le texte respecte-t-il les caractéristiques du poème?

③ Le texte tient-il compte des caractéristiques des destinataires?

④ Le contenu du texte est-il lié au thème choisi?

⑤ Les idées sont-elles bien regroupées par strophes?

⑥ Les procédés stylistiques choisis ont-ils été utilisés?

b) Lire les poèmes de quelques élèves et observer les différences qui existent entre eux.

c) Soumettre son texte à la critique afin de vérifier l'intérêt qu'il suscite et de recueillir des commentaires pour l'améliorer.

d) Vérifier si les jeux de langage sont pertinents et compréhensibles.

e) Améliorer son texte en ajoutant des précisions, en éliminant les répétitions inutiles, en retravaillant les jeux de langage et en variant son vocabulaire.

f) Au besoin, utiliser le dictionnaire pour vérifier l'orthographe des mots.

g) Vérifier, s'il y a lieu, la finale des participes passés.

h) Vérifier, s'il y a lieu, l'accord du verbe conjugué dans les subordonnées relatives commençant par *qui*.

i) Apporter les corrections nécessaires à la suite des vérifications effectuées.

j) Mettre le texte au propre en prêtant une attention particulière à la qualité de son écriture.

Les jeux sont faits

Voilà! Ton poème existe sur papier, avec tous ses mots bizarres et farfelus qui déclencheront l'hilarité et susciteront la réflexion. Il ne te reste plus qu'à relire ton texte plus d'une fois pour t'assurer de l'avoir transcrit sans faire d'erreurs.

Organise avec les autres élèves de ta classe une journée spéciale pour rendre hommage à Marc Favreau et à son personnage, Sol. Pour préparer cette journée, vous pourrez trouver d'autres textes de cet auteur, des photographies ou des affiches de son personnage, et vous les échanger. Vous pourrez décorer votre classe avec le matériel trouvé.

À l'occasion de cette journée, vous pourrez aussi monter un spectacle dans lequel chaque élève lira son poème écrit à la manière de Marc Favreau.

Bilan

Afin de faire le bilan de ton parcours, réponds aux questions ci-dessous.

a) As-tu aimé aborder un thème à l'aide d'un texte fantaisiste?

b) Quelles sont les difficultés que tu as éprouvées au cours de la rédaction de ton poème?

c) De quelle façon les commentaires d'autres élèves t'ont-ils réellement permis d'améliorer ton texte?

d) Selon toi, quel procédé stylistique maîtrises-tu le mieux? Explique ta réponse.

e) Penses-tu que ton poème a plu aux autres élèves de ta classe? Justifie ta réponse.

f) Si tu avais à écrire un autre texte poétique, quels seraient les éléments que tu devrais améliorer?

Coffret

Table des matières

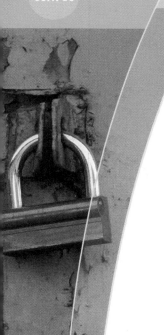

1. La grammaire du texte

Le texte narratif littéraire

Dans un texte narratif littéraire, on raconte une histoire généralement fictive en se servant de la voix d'un narrateur. Ce texte présente un univers construit en fonction :

- d'une époque donnée ;
- d'un ou de plusieurs lieux donnés ;
- de personnages ;
- d'une intrigue.

Les événements racontés sont :

- réels (vrais) ou fictifs (inventés) ;
- vraisemblables (possibles) ou invraisemblables (impossibles).

Le narrateur peut faire ou non partie du récit. Il peut être :

- omniscient ;
- témoin ;
- participant.

Les personnages présentés dans ce texte n'ont pas tous la même importance. Il y a :

- un personnage principal, qui joue le rôle du héros ou de l'héroïne ;
- des personnages secondaires, qui sont les adjuvants (alliés) ou les opposants (adversaires) du personnage principal ;
- des personnages figurants, qui ajoutent de la vraisemblance au récit.

Dans ce texte, la séquence narrative est dominante ; elle sert à organiser le texte dans son ensemble. Toutefois, ce texte contient également des séquences descriptives qui permettent aux lecteurs et aux lectrices de bien s'imaginer ce qui est raconté, ainsi que des séquences de parole qui permettent aux personnages de s'exprimer sans avoir recours au narrateur.

Généralement, l'organisation du texte narratif respecte le schéma narratif suivant.

SCHÉMA NARRATIF

SITUATION INITIALE (ÉTAT D'ÉQUILIBRE)	• Il s'agit de la situation de départ. • On y présente l'état initial d'équilibre avant que l'événement perturbateur survienne. • On y présente habituellement les lieux (où?), les personnages (qui?), ce qu'ils font (quoi?) et l'époque (quand?).
ÉLÉMENT PERTURBATEUR (ÉTAT DE DÉSÉQUILIBRE)	• Il s'agit de l'événement qui perturbe la situation initiale, qui provoque un déséquilibre en changeant les choses. • Cet événement qui atteint le personnage principal peut prendre la forme d'un problème à résoudre, d'un projet à réaliser ou d'un désir à combler.
DÉROULEMENT (QUÊTE D'ÉQUILIBRE)	• Cette partie est composée d'une série d'actions et de péripéties qui font progresser le récit et qui font vivre des événements au personnage principal. • On y raconte la façon dont ce personnage s'y prend pour résoudre son problème, réaliser son projet ou combler son désir.
DÉNOUEMENT (FIN DU DÉSÉQUILIBRE)	• Il s'agit de l'événement qui vient régler la situation de déséquilibre provoquée par l'élément perturbateur. • On y raconte comment le personnage a réussi ou non à résoudre son problème, à réaliser son projet ou à combler son désir.
SITUATION FINALE	• Il s'agit de l'état dans lequel se trouve le personnage principal après les événements qui se sont produits tout le long du récit. • On y raconte ce qu'est devenu le personnage principal à la suite des événements qu'il a vécus.

Le cadeau de la sirène

Situation initiale

qui?   où?   quoi?

Un (homme) marchait [sur la plage] pour y ramasser du bois. Apercevant un objet d'allure massive, il pensa avoir trouvé un tronc d'arbre échoué. Peut-être même une épave de bateau !

Élément perturbateur

Certain de faire une bonne trouvaille, il pressa le pas. Mais plus il s'en approchait, plus il était troublé. À deux reprises, il lui sembla que la chose avait bougé. Il poursuivit quand même tout en restant sur ses gardes.

Quand il découvrit la forme allongée sur le sable, l'homme se figea de stupeur. Il se trouvait en présence d'un être mi-humain, mi-poisson. Partagé entre la curiosité et la peur, il songea à aller avertir les gens du village.

Élément qui perturbe l'état d'équilibre

Déroulement

Il s'apprêtait à faire demi-tour lorsque l'étrange créature s'adressa à lui. Incapable, disait-elle, de retourner dans l'eau, elle avait besoin de son aide. Sinon elle allait mourir là.

L'homme hésita. Et si c'était un piège pour s'emparer de lui plus facilement ? Finalement, il oublia sa crainte et décida de venir en aide à la créature. Elle ne semblait pas méchante.

Il eut à peine le temps d'avancer vers elle de quelques pas qu'elle le mit en garde :

— Surtout ne me touche pas !

— Mais comment pourrais-je te remettre à l'eau sans te toucher ?

La créature lui expliqua alors qu'elle était une sirène :

— Tout humain qui touche une sirène se voit condamné à la suivre jusqu'au fond des mers !

1re péripétie

Peu rassuré par de tels propos, l'homme se mit tout de même en quête d'un solide morceau de bois. Remettre la sirène à l'eau ne fut pas une mince tâche. Plusieurs fois les pièces de bois se brisèrent sous son poids.

2ᵉ péripétie

Ce n'est qu'à force de patience et d'habileté que l'homme y parvint. Une fois dans l'eau, la sirène s'adressa de nouveau à lui :

— Pour te remercier de ton geste, je vais te faire un cadeau. Demande-moi ce que tu aimerais avoir et je te le donnerai. J'en ai le pouvoir.

Déroulement (suite)

L'homme trouva la proposition étonnante. À vrai dire, il n'y croyait guère. Il avoua cependant à la sirène qu'un fusil, une machine à coudre et un tourne-disque pareils à ceux du magasin de l'homme blanc feraient bien son bonheur. Depuis le temps qu'il en rêvait !

3ᵉ péripétie

— Reviens demain, ici même, au lever du jour, lui lança-t-elle avant de disparaître vers le large.

Le lendemain, à l'heure dite, l'homme retourna à l'endroit où il avait découvert la sirène. Elle n'était plus là, mais sur la plage se trouvaient un fusil, une machine à coudre et un tourne-disque.

Son précieux trésor dans les bras, l'homme rentra fièrement au village raconter aux siens son étonnante aventure.

Dénouement

Ce jour-là, les gens comprirent pourquoi l'homme blanc possédait tant de choses dans son magasin. Il avait sûrement rencontré beaucoup de sirènes !

Situation finale

Quant à moi le conteur, je vous le dis, c'est ainsi que ça s'est passé à cette époque où les sirènes possédaient beaucoup. Et si on ne les voit plus de nos jours, c'est qu'elles ont tout donné et n'ont plus rien !

Jacques PASQUET, *L'esprit de la lune*, Montréal, Québec/Amérique, 1992, p. 99-102 (Coll. Clip).

Le texte descriptif

Le texte descriptif présente les traits caractéristiques d'une personne, d'un animal, d'un objet, d'un événement, d'un phénomène, etc., sous différents aspects (idées importantes). La séquence descriptive est dominante dans ce genre de texte. Généralement, l'organisation du texte descriptif respecte le plan du texte courant.

PLAN DU TEXTE COURANT

INTRODUCTION	• L'introduction est habituellement constituée d'un paragraphe de quelques lignes. Dans cette partie, on fait d'abord une mise en contexte du sujet (sujet amené), on annonce ensuite le sujet (sujet posé), puis on révèle parfois les aspects dont il sera question dans le développement (sujet divisé).
DÉVELOPPEMENT	• Le développement compte souvent plusieurs paragraphes. Dans cette partie, on divise le sujet en différents aspects. Les aspects sont les idées importantes développées. Généralement, chaque paragraphe présente un aspect. Souvent, les paragraphes du développement sont précédés d'un intertitre qui annonce l'aspect développé.
CONCLUSION	• La conclusion est habituellement constituée d'un seul paragraphe. Dans cette partie, on rappelle le sujet du texte et les principaux aspects qui ont été traités (fermeture). Ensuite, on formule un souhait, un conseil ou une recommandation, on donne son opinion ou on parle de l'avenir (ouverture).

La Terre

Introduction

Connais-tu vraiment la planète que tu habites? → *Sujet amené*

Les études menées par les scientifiques nous ont permis d'en apprendre davantage à propos de la Terre. → *Sujet posé*

Au cours de ce texte, tu découvriras l'origine de la Terre, tu identifieras certaines de ses caractéristiques et tu te familiariseras avec ses mouvements de rotation. → *Sujet divisé*

Développement

La Terre s'est formée dans un nuage de poussière il y a 4,5 milliards d'années, en même temps que les autres planètes de notre système solaire. On a longtemps cru qu'elle était le centre de l'Univers. Les découvertes de scientifiques ont permis de confirmer que le Soleil est le centre de notre système et que cet astre ne représente qu'une infime partie de l'Univers.

1er aspect: l'origine de la Terre

La Terre est la planète que nous connaissons le mieux. Elle abrite des millions d'espèces vivantes et regorge de richesses de toutes sortes qui ont permis à l'humain de vivre et d'évoluer. La Terre est la troisième planète à partir du Soleil et elle est située à 149 millions de kilomètres de ce dernier. La température moyenne sur cette planète est d'environ 16 degrés Celsius. Son diamètre est de 12 756 kilomètres. Les trois quarts de la Terre sont recouverts d'eau.

2e aspect: les caractéristiques de la Terre

La Terre tourne autour du Soleil. Une translation prend 365,25 jours. Au bout de quatre ans, quatre quarts de jours, soit une journée complète, sont accumulés. Voilà pourquoi il y a un 29 février tous les quatre ans. Notre planète tourne aussi sur elle-même. Chaque rotation dure 23 heures 56 minutes. C'est ce mouvement de rotation qui explique le jour et la nuit, puisqu'un seul côté de la Terre est éclairé pendant qu'elle tourne. Ainsi, pour les gens qui habitent la portion éclairée de la planète, c'est le jour ; pour les autres, c'est la nuit.

3e aspect: les mouvements de la Terre

Conclusion

Son origine, ses caractéristiques et ses mouvements font de notre Terre une planète unique. → *Fermeture*

Nous devons en prendre soin pour la garder longtemps. Évitons donc de la polluer! → *Ouverture*

Les marqueurs de relation

Les marqueurs de relation sont des mots invariables (conjonctions ou adverbes) qui servent à organiser les éléments d'un texte. Ils permettent de faire progresser le texte puisqu'on les utilise pour intégrer de nouveaux éléments. Ils jouent le rôle de coordonnants ou de subordonnants en reliant les idées d'un texte pour marquer la relation de sens qui les unit. p. 311

Voici les principaux sens des marqueurs de relation.

PRINCIPAUX SENS DES MARQUEURS DE RELATION		
SENS	MARQUEURS DE RELATION	*EXEMPLES*
Addition	*et, de plus, aussi, ni… ni, etc.*	❯ **Ni** Judith **ni** Étienne ne sont venus.
Alternative	*ou, soit… soit, etc.*	❯ Samantha ira au cinéma **ou** à la danse.
Opposition	*mais, cependant, toutefois, alors que, tandis que, etc.*	❯ Mathieu adore la musique **mais** déteste la danse.
Cause ou justification	*car, parce que, puisque, en effet, etc.*	❯ Marika doit étudier ce soir **parce qu'**elle a un examen demain.
Conséquence	*donc, ainsi, si bien que, etc.*	❯ Jean-François rata l'autobus, **donc** il dut se rendre à l'école en marchant.
Explication	*c'est-à-dire, c'est pourquoi, etc.*	❯ Vanessa avait mal à la jambe, **c'est pourquoi** elle boitait.
Temps	*quand, lorsque, alors que, jusqu'à ce que, avant que, dès que, etc.*	❯ Antoine partit **dès que** la nuit fut tombée.
But	*afin que, pour que, etc.*	❯ La foule scandait le nom du groupe **afin qu'**il revienne sur scène.

Les organisateurs textuels

Les organisateurs textuels sont des mots, des groupes de mots ou des phrases qui révèlent les articulations du texte. Ils permettent de faire progresser l'information en indiquant, entre autres, l'ordre des événements et en les situant dans le temps et dans l'espace. Certains organisateurs textuels sont des marqueurs de relation. Voici quelques organisateurs textuels classés selon le sens qu'ils expriment.

PRINCIPAUX SENS DES ORGANISATEURS TEXTUELS	
SENS	**ORGANISATEURS TEXTUELS**
Temps	*depuis octobre 2004, ce matin, quelques années auparavant, hier, lorsque, en 1974, il était une fois, à la fin de son discours, tantôt, bientôt, pendant quelques secondes, jusqu'à 15 h, etc.*
Lieu	*ici, là-bas, à l'intérieur, sur une route de campagne, de l'autre côté, derrière, à l'est, droit devant, dans cette maison, chez lui, etc.*
Séquence	*d'abord, ensuite, puis, premièrement, en second lieu, pour poursuivre, de plus, pour conclure, en conclusion, enfin, finalement, en premier lieu, pour débuter, pour commencer, deuxièmement, en terminant, dans un premier temps, d'une part... d'autre part, etc.*

2. Les manipulations syntaxiques

Les manipulations syntaxiques sont des transformations que l'on fait dans une phrase. Ces transformations peuvent toucher un mot, un groupe de mots ou une phrase complète.

Les manipulations syntaxiques servent principalement à :

- reconnaître les constituants de la phrase ;
- reconnaître les classes de mots et les fonctions dans les groupes ;
- vérifier les accords grammaticaux ;
- enrichir une phrase ou à préciser sa pensée ;
- corriger un texte.

Il existe plusieurs manipulations syntaxiques. Les six les plus utilisées sont l'addition, l'effacement, le déplacement, le remplacement, le détachement et le dédoublement.

⚒ L'addition

Cette manipulation consiste à **ajouter un mot ou un groupe de mots** dans une phrase. On l'utilise pour :

- enrichir différents groupes de mots ou toute une phrase ;
    > Élisabeth adore lire.

    Élisabeth, **ma meilleure amie,** adore lire.

    Élisabeth adore lire **des romans fantastiques.**

    Depuis son tout jeune âge, Élisabeth adore lire.

- transformer le type ou la forme d'une phrase.
    > Jade déteste faire ses devoirs.

    Est-ce que Jade déteste faire ses devoirs ?

    Jade déteste**-t-elle** faire ses devoirs ?

    Jade **ne** déteste **pas** faire ses devoirs.

🔧 L'effacement

L'effacement consiste à **supprimer ou à enlever un mot ou un groupe de mots.** Cette manipulation permet:

- de distinguer les groupes obligatoires des groupes facultatifs dans une phrase;

  > ⊘ ~~Nous~~ avons visité la France l'année dernière.
  > <u>obligatoire</u>

  > ⊘ Nous ~~avons visité la France~~ l'année dernière.
  > <u>obligatoire</u>

  > Nous avons visité la France ~~l'année dernière~~.
  > <u>facultatif</u>

- de repérer le noyau du groupe nominal (GN) pour déterminer l'accord du verbe avec son sujet (GS).

  > ⊘ ~~Les passagers~~ de cet autobus **ont manifesté** bruyamment.

  > Les passagers ~~de cet autobus~~ **ont manifesté** bruyamment.

L'effacement du groupe « de cet autobus » est possible. L'accord doit donc être fait avec le noyau du GS, soit le nom commun « passagers », qui n'est pas effaçable.

🔧 Le déplacement

Le déplacement consiste à **changer la position d'un mot ou d'un groupe de mots** dans une phrase. Cette manipulation syntaxique est utilisée pour :

- différencier un groupe complément de phrase (GCP) d'un complément de verbe en tentant de déplacer le complément au début, au milieu ou à la fin d'une phrase ;

  › Alex rêve de son voyage chaque soir.

    Chaque soir, Alex rêve de son voyage.
    ‾‾‾‾‾‾‾
    GCP

    ⊘ **De son voyage** Alex rêve chaque soir.
    ‾‾‾‾‾‾‾‾‾
    compl. de verbe

- transformer une phrase déclarative en une phrase interrogative en déplaçant le groupe sujet (GS) après le verbe ;

  › Tu pars en train demain matin.

    Pars-tu en train demain matin ?

- mettre en évidence un élément en le déplaçant au début d'une phrase.

  › Aïcha présenta son billet d'avion toute souriante et avec un regard serein.

    Toute souriante et avec un regard serein, Aïcha présenta son billet d'avion.

⚒ Le remplacement

Cette manipulation consiste à **remplacer,** dans une phrase, **un mot, un groupe de mots ou un signe de ponctuation** par un autre mot, un autre groupe de mots ou un autre signe de ponctuation. Le remplacement sert à:

- trouver la classe d'un mot en remplaçant ce mot par un autre mot dont on connaît la classe;

  > **Plusieurs** observaient le fleuve. **Ils** observaient le fleuve.

  Ils est un pronom, donc *Plusieurs* est un pronom.

- déterminer la fonction d'un mot ou d'un groupe de mots en le remplaçant par un pronom;

  > **Les filles de ma classe** organisent un voyage.

  Elles organisent un voyage.
  <ins>GS</ins>

  > Mon enseignant accompagnera **ces voyageuses.**

  Mon enseignant **les** accompagnera.
  <ins>CD</ins>

  > Avant leur départ, le directeur parlera **à ces élèves.**

  Avant leur départ, le directeur **leur** parlera.
  <ins>CI</ins>

- déterminer la personne et le nombre d'un groupe sujet (GS) formé de plusieurs groupes du nom (GN) en le remplaçant par les pronoms *il, elle, nous, vous, ils* ou *elles*;

  > **Audrey, Catherine et eux** sont allés en Asie.

  Ils sont allés en Asie.
  <ins>3e pers. pl.</ins>

- transformer le type d'une phrase en remplaçant un mot exclamatif ou interrogatif et le signe de ponctuation.

  > **Est-ce que** ce garçon est un bon guide touristique**?**

  Comme ce garçon est un bon guide touristique**!**

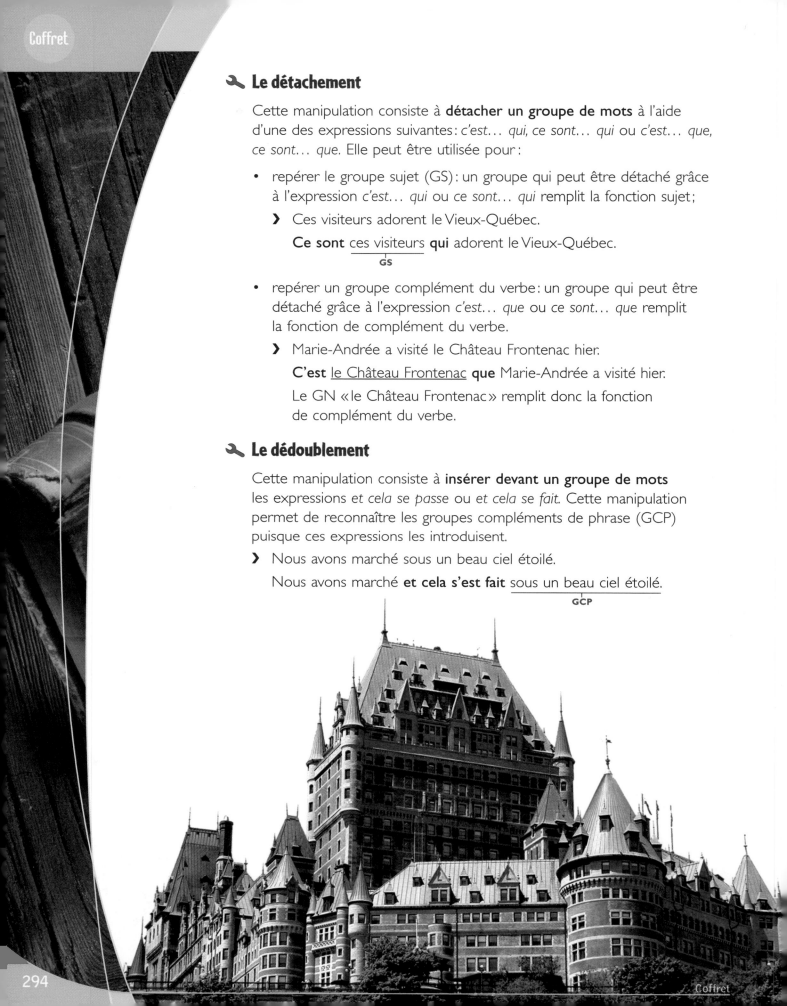

⚒ Le détachement

Cette manipulation consiste à **détacher un groupe de mots** à l'aide d'une des expressions suivantes : *c'est… qui, ce sont… qui* ou *c'est… que, ce sont… que*. Elle peut être utilisée pour :

- repérer le groupe sujet (GS) : un groupe qui peut être détaché grâce à l'expression *c'est… qui* ou *ce sont… qui* remplit la fonction sujet ;

  > Ces visiteurs adorent le Vieux-Québec.

  Ce sont <u>ces visiteurs</u> **qui** adorent le Vieux-Québec.

GS

- repérer un groupe complément du verbe : un groupe qui peut être détaché grâce à l'expression *c'est… que* ou *ce sont… que* remplit la fonction de complément du verbe.

  > Marie-Andrée a visité le Château Frontenac hier.

  C'est <u>le Château Frontenac</u> **que** Marie-Andrée a visité hier.

  Le GN « le Château Frontenac » remplit donc la fonction de complément du verbe.

⚒ Le dédoublement

Cette manipulation consiste à **insérer devant un groupe de mots** les expressions *et cela se passe* ou *et cela se fait*. Cette manipulation permet de reconnaître les groupes compléments de phrase (GCP) puisque ces expressions les introduisent.

> Nous avons marché sous un beau ciel étoilé.

Nous avons marché **et cela s'est fait** <u>sous un beau ciel étoilé</u>.

GCP

3. La grammaire de la phrase

La phrase de base

La phrase de base sert de modèle pour l'analyse des phrases. Il s'agit d'une phrase de type déclaratif, de forme positive, active et neutre, et dans laquelle les constituants obligatoires et facultatifs sont placés dans l'ordre suivant : groupe sujet (GS), groupe verbal (GV), groupe complément de phrase (GCP).

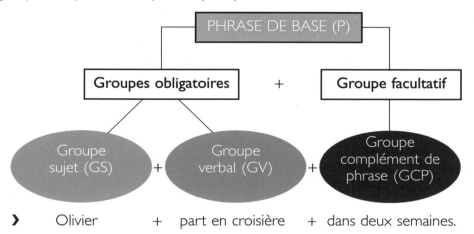

> Olivier + part en croisière + dans deux semaines.

Les types de phrases

TYPES DE PHRASES	
TYPES	*EXEMPLES*
Déclaratif	❯ Mélanie a visité ce musée pendant ses vacances.
Interrogatif	❯ Est-ce que Mélanie a visité ce musée pendant ses vacances ?
Exclamatif	❯ Ah ! Mélanie a visité ce musée pendant ses vacances !
Impératif	❯ Visite ce musée pendant tes vacances.

Les formes de phrases

FORMES DE PHRASES	
FORMES	*EXEMPLES*
Positive / négative	❯ Léandre a visité ce musée pendant ses vacances. ❯ Léandre **n'a pas** visité ce musée pendant ses vacances.
Active / passive	❯ Des milliers de gens ont visité ce musée. ❯ Ce musée **a été visité par** des milliers de gens.
Neutre / emphatique	❯ Des milliers de gens ont visité ce musée. ❯ **Ce musée,** des milliers de gens **l'**ont visité.

Les fonctions syntaxiques

Une **phrase** contient **deux groupes obligatoires**: un **groupe sujet (GS)** et un **groupe verbal (GV)**. Elle peut aussi contenir un ou des **groupes facultatifs**, qui sont alors des **compléments de phrase (GCP)**.

Le groupe sujet (GS):

- exerce la **fonction de sujet** en précisant **de qui** ou **de quoi on parle** dans la phrase.

- peut être un pronom ou un groupe de mots pouvant être remplacé par les pronoms *il, elle, ils, elles, nous, vous, cela*;

- peut être détaché du reste de la phrase par l'expression *c'est… qui* ou *ce sont… qui*;

- ne peut pas être effacé.

GROUPES DE MOTS EXERÇANT LA FONCTION DE SUJET	
GROUPES	*EXEMPLES*
Groupe nominal (GN)	❯ <u>Les **gens** qui vont à Québec</u> doivent prendre cet autobus.
Groupe verbal infinitif (GVinf)	❯ <u>**Visiter** de nouveaux endroits</u> me plaît beaucoup.
Phrase subordonnée	❯ <u>**Que vous partiez tout de suite**</u> est malheureux.

Le groupe verbal (GV):

- exerce la **fonction de prédicat** en précisant **ce qui est dit à propos du sujet** de la phrase;

- contient un verbe conjugué qui est seul ou accompagné d'un ou de plusieurs compléments, ou d'un attribut;

- ne peut pas être effacé.

DIVERSES CONSTRUCTIONS DU GV EXERÇANT LA FONCTION DE PRÉDICAT	
CONSTRUCTIONS	*EXEMPLES*
Verbe seul	❯ Patrick <u>**dort**</u>.
Verbe + complément direct (CD)	❯ Anne-Marie <u>**lit** un livre</u>.
Verbe + complément indirect (CI)	❯ Ces deux amis <u>**vont** en Gaspésie</u>.
Verbe + CD + CI	❯ Le chauffeur d'autobus <u>**a remis** une carte de la région aux touristes</u>.
Verbe + CI + CI	❯ Anne-Marie et Patrick <u>lui **ont parlé** de leur voyage</u>.
Verbe attributif + attribut	❯ Nos deux voyageurs <u>**semblent** fatigués</u>.

Le groupe complément de phrase (GCP) :

* exerce la **fonction complément de phrase** en apportant une précision facultative de **temps, de lieu, de but, de cause,** etc. ;

* peut être déplacé dans la phrase et effacé de la phrase sans nuire à son sens ou à sa construction ;

* peut être introduit par l'expression *et cela se passe* ou *et cela se fait* ;

* est souvent isolé par une ou des virgules lorsqu'il est placé au début ou au milieu de la phrase.

GROUPES DE MOTS EXERÇANT LA FONCTION DE COMPLÉMENT DE PHRASE	
GROUPES	*EXEMPLES*
Groupe prépositionnel (GPrép)	Béatrice consulte ce guide <u>**pour** mieux connaître la région</u>.
Groupe nominal (GN)	<u>Cette **année**</u>, elle ira en Italie.
Groupe adverbial (GAdv)	Elle a acheté, <u>**aujourd'hui**</u>, ses billets d'avion.
Phrase subordonnée	Nous prendrons soin de son chat <u>**pendant qu'elle sera partie**</u>.

Les classes et les groupes de mots

La langue française compte **huit classes de mots** dont certains sont variables et d'autres, invariables.

MOTS DE LA LANGUE FRANÇAISE

Variables	**Invariables**
• noms	• conjonctions
• déterminants	• adverbes
• adjectifs	• prépositions
• pronoms	
• verbes	

Dans une phrase, on peut trouver **cinq groupes de mots** différents. Ces groupes sont formés d'un noyau qui est accompagné ou non d'une expansion. Il y a :

*   le **groupe nominal** (**GN**), qui a pour noyau un nom ou un pronom ;
*   le **groupe verbal** (**GV**), qui a pour noyau un verbe conjugué ;
*   le **groupe adjectival** (**GAdj**), qui a pour noyau un adjectif ;
*   le **groupe adverbial** (**GAdv**), qui a pour noyau un adverbe ;
*   le **groupe prépositionnel** (**GPrép**), qui a pour noyau une préposition.

Au groupe verbal de base (GV), on peut ajouter :

*   le **groupe verbal participe** (**GVpart**), qui a pour noyau un participe présent ;
*   le **groupe verbal infinitif** (**GVinf**), qui a pour noyau un verbe infinitif.

Voici les différentes constructions de ces groupes.

GROUPE NOMINAL (GN)	
CONSTRUCTIONS	*EXEMPLES*
Nom ou pronom seul	❯ <u>Pascal</u> réfléchit. **<u>Il</u>** s'est perdu dans la ville.
Déterminant (dét.) + nom	❯ <u>Ce **taxi**</u> file à vive allure.
Dét. + nom + GAdj	❯ Les gens sont attirés par <u>les **climats** chauds</u>.
Dét. + nom + GPrép	❯ <u>Le **sable** de cette plage</u> est magnifique.
Dét. + nom + subordonnée relative	❯ J'ai vu <u>cette **rivière** qui coule au sud de la ville</u>.
Dét. + nom + GN	❯ <u>Ma **cousine** Josée</u> fait de la plongée sous-marine.
Dét. + nom + GVpart	❯ <u>L'**aubergiste**, étant très accueillant</u>, nous invita chez lui.

GROUPE VERBAL (GV)

CONSTRUCTIONS	EXEMPLES
Verbe seul	❯ Emma **danse**.
Verbe + GN	❯ Cet homme **est** musicien. Il **a composé** une chanson.
Verbe + GPrép	❯ Ces gens **semblent** en vacances. Ils **vont** à la plage.
Verbe + GN + GPrép	❯ Ils **racontent** leur excursion à leur voisin.
Verbe + GVinf	❯ Ce groupe **veut** pêcher le saumon.
Verbe + phrase subordonnée	❯ Je **souhaite** que tu reviennes bientôt.
Verbe + GAdv	❯ Luc et Mia **marchent** lentement. Ils **sont** là-bas.
Verbe + GAdj	❯ Le ciel **reste** dégagé.

GROUPE ADJECTIVAL (GAdj)

CONSTRUCTIONS	EXEMPLES
Adjectif seul	❯ Quelle **belle** journée!
GAdv + Adjectif	❯ C'est une très **belle** journée!
Adjectif + GPrép	❯ Nous sommes **heureux** de partir en camping.
Adjectif + phrase subordonnée	❯ Léane est **ravie** que tu sois là.

GROUPE ADVERBIAL (GAdv)

CONSTRUCTIONS	EXEMPLES
Adverbe seul	❯ **Heureusement,** tu n'es pas en retard.
GAdv + adverbe	❯ Tu t'es très **bien** sorti de cette situation.

GROUPE PRÉPOSITIONNEL (GPrép)

CONSTRUCTIONS	EXEMPLES
Préposition + GN	❯ Rosalie dit au revoir **à** sa mère.
Préposition + GVinf	❯ Elle lui promet **de** l'appeler.
Préposition + GPrép	❯ **Devant** chez elle, un taxi l'attendait.
Préposition + GAdv	❯ Les gens **d'**ici sont très chaleureux.

Le nom

La formation du féminin des noms

Souvent, on forme le féminin d'un nom en ajoutant un **e** au nom masculin.

> un étudiant → une étudiant**e**
> un cousin → une cousin**e**

La formation du féminin de plusieurs noms suit des règles particulières.

FORMATION DU FÉMININ DES NOMS		
TERMINAISONS AU MASCULIN	**TERMINAISONS AU FÉMININ**	*EXEMPLES*
e	e	un peintr**e**, une peintr**e**; un artist**e**, une artist**e**
e	esse	un maîtr**e**, une maîtr**esse**; un tigr**e**, une tigr**esse**
er	ère	un polici**er**, une polici**ère**; un caissi**er**, une caissi**ère**
el	elle	un professionn**el**, une professionn**elle**
eau	elle	un jum**eau**, une jum**elle**; un cham**eau**, une cham**elle**
et	ette	un mu**et**, une mu**ette**
et	ète	un indiscr**et**, une indiscr**ète**
ot	otte	un s**ot**, une s**otte**
ot	ote	un idi**ot**, une idi**ote**; un dév**ot**, une dév**ote**
en	enne	un chi**en**, une chi**enne**; un musici**en**, une musici**enne**
on	onne	un li**on**, une li**onne**; un espi**on**, une espi**onne**
an	anne	un pays**an**, une pays**anne**
an	ane	un artis**an**, une artis**ane**
f	ve	un veu**f**, une veu**ve**; un sporti**f**, une sporti**ve**
x	se	un épou**x**, une épou**se**; un amoureu**x**, une amoureu**se**
eur	euse	un dans**eur**, une dans**euse**; un golf**eur**, une golf**euse**
eur	eure	un aut**eur**, une aut**eure**; un doct**eur**, une doct**eure**
teur	teuse	un con**teur**, une con**teuse**; un ache**teur**, une ache**teuse**
teur	trice	un édi**teur**, une édi**trice**; un direc**teur**, une direc**trice**

La formation du pluriel des noms

La plupart du temps, on forme le pluriel du nom en ajoutant un **s** au nom singulier.

> le village ⟶ les village**s**
> un jeune ⟶ des jeune**s**

La formation du pluriel de plusieurs noms suit des règles particulières.

FORMATION DU PLURIEL DES NOMS		
TERMINAISONS AU SINGULIER	**TERMINAISONS AU PLURIEL**	*EXEMPLES*
s, x, z	**s, x, z**	un autobu**s**, des autobu**s** ; une voi**x**, des voi**x** ; un ne**z**, des ne**z**
eau, au, eu	**eaux, aux, eux**	un jum**eau**, des jum**eaux** ; un boy**au**, des boy**aux** ; un li**eu**, des li**eux**
	Exceptions **aus, eus**	un land**au**, des land**aus** ; un sarr**au**, des sarr**aus** ; un pn**eu**, des pn**eus**
al	**aux**	un chev**al**, des chev**aux** ; un anim**al**, des anim**aux**
	Exception **als**	un b**al**, des b**als** ; un festiv**al**, des festiv**als** ; un carnav**al**, des carnav**als**
ail	**aux**	un trav**ail**, des trav**aux** ; un vitr**ail**, des vitr**aux**
ail	**ails**	un chand**ail**, des chand**ails** ; un épouvant**ail**, des épouvant**ails**
ou	**ous**	un s**ou**, des s**ous** ; un tr**ou**, des tr**ous**
	Exception **oux**	un bij**ou**, des bij**oux** ; un caill**ou**, des caill**oux** ; un ch**ou**, des ch**oux** ; un gen**ou**, des gen**oux** ; un hib**ou**, des hib**oux** ; un jouj**ou**, des jouj**oux** ; un p**ou**, des p**oux**

L'accord dans le groupe nominal (GN)

Dans un groupe nominal (GN), les déterminants, les adjectifs et les adjectifs participes (les participes passés employés sans auxiliaire) reçoivent le genre et le nombre du noyau de ce GN.

> De grosses **vagues** formées par la **mer** agitée déferlent sur la rive.

GN — fém. pl.   GN — fém. sing.

L'adjectif

La formation du pluriel des adjectifs

Souvent, on forme le pluriel de l'adjectif en ajoutant un **s** à l'adjectif singulier.

> un œil brun → des yeux brun**s**
> ce livre brisé → ces livres brisé**s**

La formation du pluriel de plusieurs adjectifs suit des règles particulières.

FORMATION DU PLURIEL DES ADJECTIFS		
TERMINAISONS AU SINGULIER	**TERMINAISONS AU PLURIEL**	*EXEMPLES*
s, x	**s, x**	mauvai**s**, mauvai**s**; délicieu**x**, délicieu**x**
al	**aux**	spéci**al**, spéci**aux**; médic**al**, médic**aux**
	Exception **als**	ban**al**, ban**als**; glaci**al**, glaci**als**
eau	**eaux**	nouv**eau**, nouv**eaux**; jum**eau**, jum**eaux**
eu	*Exception* **eus**	bl**eu**, bl**eus**

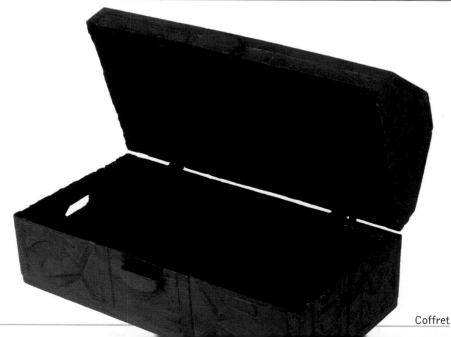

La formation du féminin des adjectifs

Souvent, on forme le féminin de l'adjectif en ajoutant un **e** à l'adjectif masculin.

> un soulier vert ⟶ une sandale vert**e**
>
> cet homme souriant ⟶ cette femme souriant**e**
>
> le rendez-vous oublié ⟶ la rencontre oubli**ée**

La formation du féminin de plusieurs adjectifs suit des règles particulières.

	FORMATION DU PLURIEL DES NOMS	
TERMINAISONS AU MASCULIN	**TERMINAISONS AU FÉMININ**	*EXEMPLES*
e	e	fragil**e**, fragil**e**; extraordinair**e**, extraordinair**e**
er	ère	ch**er**, ch**ère**; famili**er**, famili**ère**
el	elle	exceptionn**el**, exceptionn**elle**; nouv**el**, nouv**elle**
eau	elle	nouv**eau**, nouv**elle**; b**eau**, b**elle**
et	ette	mu**et**, mu**ette**; cad**et**, cad**ette**
et	ète	discr**et**, discr**ète**; secr**et**, secr**ète**
ot	otte	s**ot**, s**otte**; vieill**ot**, vieill**otte**
ot	ote	idi**ot**, idi**ote**
en	enne	moy**en**, moy**enne**; anci**en**, anci**enne**
on	onne	b**on**, b**onne**; bouff**on**, bouff**onne**
eil	eille	vi**eil**, vi**eille**; par**eil**, par**eille**
s	sse	la**s**, la**sse**; gro**s**, gro**sse**
x	se	génér**eux**, génér**euse**; harmoni**eux**, harmoni**euse**
eur	euse	vol**eur**, vol**euse**; ment**eur**, ment**euse**
eur	eure	supéri**eur**, supéri**eure**; intéri**eur**, intéri**eure**
teur	trice	protec**teur**, protec**trice**
f	ve	neu**f**, neu**ve**; naï**f**, naï**ve**
c	che	se**c**, sè**che**; fran**c**, fran**che**

Les déterminants

CATÉGORIES DE DÉTERMINANTS				
	SINGULIER		PLURIEL	
CATÉGORIES	MASCULIN	FÉMININ	MASCULIN	FÉMININ
Défini	le l' .	la l'	les	
Indéfini	un	une	des, de, d'	
Contracté	au (à + le) du (de + le)		aux (à + les) des (de + les)	
Possessif	mon ton son notre votre leur	ma ta sa notre votre leur	mes tes ses nos vos leurs	
Démonstratif	ce cet	cette	ces	
Numéral	un	une	deux, trois, quatre… dix, onze, douze… vingt, trente, quarante… cent, cinq cents, mille…	
Partitif	du de l'	de la de l'	des	
Indéfini de quantité	aucun pas un certain chaque quelque plus d'un nul	aucune pas une certaine chaque quelque plus d'une nulle	plusieurs divers certains différents quelques beaucoup de tous les	plusieurs diverses certaines différentes quelques beaucoup de toutes les
Interrogatif	quel combien de	quelle combien de	quels combien de	quelles combien de
Exclamatif	quel	quelle	quels	quelles

Les pronoms

CATÉGORIES DE PRONOMS				
	SINGULIER		**PLURIEL**	
CATÉGORIES	**MASCULIN**	**FÉMININ**	**MASCULIN**	**FÉMININ**
Personnel	*je, me, moi, m'* *tu, te, toi, t'* *il, se, soi, s', on* *le, l', lui, en, y*	*je, me, moi, m'* *tu, te, toi, t'* *elle, se, soi, s', on* *la, l', lui, en, y*	*nous* *vous* *ils, eux, se, soi, s'* *les, leur, en, y*	*nous* *vous* *elles, se, soi, s'* *les, leur, en, y*
Possessif	*le mien* *le tien* *le sien* *le nôtre* *le vôtre* *le leur*	*la mienne* *la tienne* *la sienne* *la nôtre* *la vôtre* *la leur*	*les miens* *les tiens* *les siens* *les nôtres* *les vôtres* *les leurs*	*les miennes* *les tiennes* *les siennes* *les nôtres* *les vôtres* *les leurs*
Démonstratif	*ce, c', ça, ceci cela* *celui* *celui-ci* *celui-là*	*ce, c', ça, ceci cela* *celle* *celle-ci* *celle-là*	*ceux* *ceux-ci* *ceux-là*	*celles* *celles-ci* *celles-là*
Indéfini	*aucun* *pas un* *chacun* *personne* *nul*	*aucune* *pas une* *chacune* *nulle*	*plusieurs* *beaucoup* *certains* *différents* *quelques-uns*	*plusieurs* *beaucoup* *certaines* *différentes* *quelques-unes*
Interrogatif	*qui, que, quoi* *lequel* *auquel* *duquel*	*qui, que, quoi* *laquelle* *à laquelle* *de laquelle*	*lesquels* *auxquels* *desquels*	*lesquelles* *auxquelles* *desquelles*
Numéral	*un*	*une*	*deux, trois, dix, vingt, trente, cent, mille, etc.*	
Relatif	*qui, que, quoi,* *dont* *où* *lequel* *auquel* *duquel*	*qui, que, quoi,* *dont* *où* *laquelle* *à laquelle* *de laquelle*	*qui, que, quoi,* *dont* *où* *lesquels* *auxquels* *desquels*	*qui, que, quoi,* *dont* *où* *lesquelles* *auxquelles* *desquelles*

Le verbe

L'accord du verbe avec son groupe sujet (GS)

Le verbe conjugué reçoit la personne et le nombre du noyau du groupe qui exerce la fonction de sujet (GS). Habituellement, le GS est un groupe nominal (GN). La plupart du temps, le verbe conjugué s'accorde donc en personne et en nombre avec le nom ou le pronom noyau du GS.

❯ Les nombreux **touristes envahissent** les rues de ce quartier.
                  GS

L'accord du verbe avec des GS particuliers

- Dans une phrase, le groupe sujet (GS) peut être composé de plusieurs groupes nominaux (GN). Dans ce cas, il faut d'abord déterminer la personne et le nombre que représente l'ensemble des GN qui composent le GS. Pour ce faire, il suffit de remplacer le GS par un pronom de conjugaison. Le verbe recevra donc le nombre et la personne de ce pronom.

  - Si les GN sont **tous de la 3e personne,** on les remplacera par un pronom de la 3e personne du pluriel (*ils* ou *elles*).
    Le verbe s'accordera donc à la 3e personne du pluriel.

    ❯ Mathilde, Thomas et elle **préparent** leurs valises.
           Ils

  - Si les GN sont **de la 2e et de la 3e personne,** on les remplacera par un pronom de la 2e personne du pluriel (*vous*).
    Le verbe s'accordera donc à la 2e personne du pluriel.

    ❯ Simon et toi **partirez** à 10 heures.
           Vous

– Si l'un des GN est **de la 1re personne,** on remplacera les GS
par un pronom de la 1re personne du pluriel (*nous*).
Le verbe s'accordera donc à la 1re personne du pluriel.

> David, eux et moi **sommes montés** dans l'autobus les premiers.
> **Nous**

- Dans une phrase, le groupe sujet (GS) peut avoir pour noyau un **nom
collectif.** Si ce nom collectif est au **singulier,** le verbe s'accordera
à la 3e personne du singulier même si ce nom désigne un ensemble
de personnes ou d'objets.

> Cette **troupe** de théâtre se **produira** dans plusieurs festivals
> **3e pers. sing.**
de la province.

- Dans une phrase, le groupe sujet (GS) peut être **séparé du verbe
conjugué par un pronom** faisant partie du groupe verbal (GV).
Ce pronom, qui est un mot écran, ne modifie pas l'accord du verbe
avec son sujet.

> **William** les **remercie** de l'avoir invité.
> **3e pers. sing.**

- Dans une phrase subordonnée introduite par le **pronom relatif *qui,***
le groupe sujet (GS) du verbe conjugué est ce pronom *qui.* Le verbe
s'accorde donc en **nombre** et en **personne** avec ce pronom qui prend
le nombre et la personne de son antécédent.

> **1re pers. pl.**
> C'est lui et moi qui **déciderons** où nous irons manger.
> **antécédent**

L'accord du participe passé employé avec l'auxiliaire *être*

Les **participes passés** employés avec l'auxiliaire *être* s'accordent en **genre** et en **nombre** avec le noyau du groupe qui exerce la fonction de **sujet** (**GS**). Habituellement, le GS est un groupe nominal (GN) dont le noyau est un nom ou un pronom.

GS ⟶ fém. pl.

❯ Annabelle et Sophie sont **parties** en Australie.

L'accord du participe passé employé avec l'auxiliaire *avoir*

Les **participes passés** employés avec l'auxiliaire *avoir* s'accordent en **genre** et en **nombre** avec le noyau du groupe de mots qui exerce la fonction de **complément direct du verbe (CD)** si ce groupe est placé **avant le verbe**. Habituellement, le complément direct est un GN dont le noyau est un nom ou un pronom.

CD ⟶ masc. pl.

❯ Elles ont pris des photographies des endroits qu' elles ont **visités**.

Si le complément direct est placé **après le verbe** ou s'il n'y a **pas de complément direct** dans la phrase, le participe passé est **invariable**.

CD

❯ Elles **ont adoré** cette randonnée à cheval . Pendant tout le trajet, elles **ont bavardé**.   **Pas de CD**

L'accord de l'attribut du sujet

Lorsque la fonction d'attribut du sujet est exercée par un groupe adjectival (GAdj), le noyau de ce groupe s'accorde en **genre** et en **nombre** avec le noyau du **groupe sujet (GS),** qui est habituellement un nom ou un pronom.

GS ⟶ fém. sing.

❯ Cette **ville** est **merveilleuse** à découvrir.

Les prépositions

Les prépositions sont des mots invariables qui servent à introduire un groupe de mots exerçant la fonction de complément.

VALEUR DES PRÉPOSITIONS	
L'addition	*outre*
Le temps	*à, avant, après, dans, de, depuis, dès, durant, en, entre, jusque, jusqu'à, pendant, pour, sous*
Le lieu	*à, au-dessus de, au-dessous de, dessus, dessous, auprès de, chez, contre, dans, de, derrière, devant, en, entre, hors, par, parmi, pour, sous, sur, vers, à côté de, à l'abri de, au pied de, autour de, de chez, de derrière, de dessous, de dessus, en dehors de, en face de, loin de, par delà, par-dessous, par-dessus, par-devant, par-derrière, près de*
Le but	*à, pour, afin de, de façon à, de manière à, dans le but de*
La cause	*à cause de*
La conformité	*selon, conformément à*
L'exclusion	*sauf*
La manière	*à, de, par, avec, sans, selon*
La matière	*en, de*
Le moyen	*à, avec, par*
L'opposition	*malgré, à l'encontre de*
La privation	*sans*

Les adverbes

Les adverbes sont des mots invariables qui exercent la fonction de modificateur, de complément, de coordonnant ou de marqueur du type ou de la forme de la phrase. De nombreux adverbes se terminent par -ment. Voici une liste d'adverbes qui ne contiennent pas ce suffixe.

- bien
- peut-être
- ainsi
- alors
- assez
- davantage
- environ
- ici
- bientôt
- donc
- aujourd'hui
- demain
- hier
- d'ailleurs
- cependant
- pourtant
- toutefois
- ne... pas
- jamais
- aussi
- d'accord
- beaucoup
- moins
- tout à fait
- à peu près
- sans doute

Les conjonctions

Les conjonctions sont des mots invariables qui expriment la relation existant entre des groupes de mots ou des phrases. Ce sont des marqueurs de relation qui agissent en tant que coordonnant ou subordonnant.

CONJONCTIONS	
COORDONNANTS	**SUBORDONNANTS**
mais	*lorsque*
ou	*dès que*
et	*aussitôt que*
donc	*quand*
car	*afin que*
ni	*parce que*
or	*puisque*
soit… soit…	*tandis que*
	comme
	que
	à ce que

- Les conjonctions exerçant le rôle de coordonnant servent à unir des groupes de mots ou des phrases simples. Les phrases simples réunies forment alors une phrase complexe obtenue grâce à la coordination.

  ❯ <u>Le skieur était blessé</u>, **mais** <u>il a remporté la course malgré tout</u>.

  ❯ <u>Jade</u> **et** <u>Éric ont le même âge</u>.

- Les conjonctions exerçant le rôle de subordonnant servent à introduire une phrase subordonnée qui complète un nom, un verbe, un adjectif ou une phrase. Ces conjonctions servent à former des phrases complexes obtenues grâce à la subordination.

  ❯ <u>Le temps s'est couvert</u> **dès que** <u>nous avons mis le pied dehors</u>.

  ❯ <u>Anaïs jouait au tennis</u>, **alors que** <u>Benoit faisait de la bicyclette</u>

Les coordonnants

Les coordonnants servent à unir des groupes de mots ou des phrases simples. Cette forme de jonction est la coordination.

> **Ni** <u>les enfants</u> **ni** <u>les parents</u> ne veulent partir de cet endroit magnifique.

> <u>Ils sont allés dîner</u>, **puis** <u>tous sont revenus à la plage</u>.

Les coordonnants sont des conjonctions ou des adverbes.

COORDONNANTS	
CONJONCTIONS . . . . 📦 p. 310	ADVERBES . . . . 📦 p. 309
et, mais, ou, car, or, ni, soit… soit…	puis, enfin, donc, alors, cependant, pourtant, d'abord

Les coordonnants sont des marqueurs de relation. . . . . 📦 p. 288

Les subordonnants

Les subordonnants servent à introduire une phrase subordonnée qui complète un nom, un verbe, un adjectif ou une phrase. Ils servent à former des phrases complexes grâce à la subordination.

> La dame **<u>qui t'a ouvert la porte</u>** est une chanteuse célèbre.

> J'espère **<u>que tu n'oublieras pas de venir me chercher</u>**.

> Béatrice est contente **<u>que tu sois là</u>**.

> Il était 19 heures **<u>quand l'avion décolla</u>**.

Les subordonnants sont généralement des conjonctions ou des pronoms relatifs.

SUBORDONNANTS	
CONJONCTIONS . . . . . . 📦 p. 310	PRONOMS RELATIFS . . . . . 📦 p. 305
que, à ce que, quand, parce que, comme, puisque, tandis que	qui, que, où, lequel, dont, à laquelle, par lesquelles

Les subordonnants sont des marqueurs de relation. . . . . 📦 p. 288

Les fonctions dans les groupes

La langue française compte cinq groupes de mots de base : le groupe nominal (GN), le groupe verbal (GV), le groupe adjectival (GAdj), le groupe prépositionnel (GPrép) et le groupe adverbial (GAdv). Ces groupes de mots exercent des fonctions à l'intérieur d'une phrase. Au groupe verbal (GV), on peut ajouter le groupe verbal infinitif (GVinf) et le groupe verbal participe (GVpart).

- **La fonction de complément du nom**

  L'**expansion** qui accompagne le **noyau d'un GN** exerce la fonction de complément du nom. Le groupe complément du nom est généralement :

  - un **GAdj** ;
    - ❯ C'est une merveilleuse **exposition** !
  - un **GN** ;
    - ❯ J'adore les poèmes du **poète** Émile Nelligan.
  - un **GPrép** ;
    - ❯ As-tu lu ce **roman** de science-fiction ?
  - un **GVpart** ;
    - ❯ Les **gens** participant à ce concours sont des amateurs.
  - une **subordonnée relative** (sub. relat.).
    - ❯ Les **gens** qui participent à ce concours sont des amateurs.

- **La fonction de complément de l'adjectif**

  L'**expansion** qui accompagne le **noyau d'un GAdj** exerce la fonction de complément de l'adjectif. Le groupe complément de l'adjectif est souvent un **GPrép.**

  - ❯ Sandrine est **heureuse** de pouvoir rencontrer cet écrivain.

- **La fonction de complément du verbe**

  L'**expansion** qui accompagne le **noyau d'un GV non attributif** exerce la fonction de complément du verbe. Le groupe complément du verbe peut être un complément **direct** (**CD**) ou un complément **indirect** (**CI**).

  Les principaux groupes de mots qui peuvent exercer la **fonction de CD** sont le **GN,** le **GVinf** et la **phrase subordonnée.**

  – Ces groupes peuvent être remplacés par un pronom. S'il s'agit des pronoms *le, la, l', les* et *en*, ceux-ci sont placés devant le verbe.

  – Le groupe de mots qui exerce la fonction de CD peut être remplacé par *quelqu'un* ou *quelque chose.*

    ❯ Alexandra **a choisi** ce livre.

    🔧 Alexandra l'**a choisi.**

    🔧 Alexandra **a choisi** quelque chose.

  Les principaux groupes de mots qui peuvent exercer la **fonction de CI** sont le **GPrép,** la **phrase subordonnée** et le **GAdv.**

  – Ces groupes peuvent être remplacés par un pronom. S'il s'agit des pronoms *lui, leur, en* et *y*, ceux-ci se déplacent devant le verbe.

  – Le groupe de mots qui exerce la fonction de CI peut être remplacé par un GPrép contenant les mots *quelqu'un* ou *quelque chose* ou par l'expression *quelque part.*

    ❯ Martin **discute** avec ses parents.

    🔧 Martin **discute** avec eux.

    🔧 Martin **discute** avec quelqu'un.

- **La fonction d'attribut du sujet**

  L'**expansion** qui accompagne le **noyau d'un GV attributif** exerce la fonction d'attribut du sujet. Le groupe attribut du sujet peut être un **GAdj,** un **GN,** un **GPrép** ou un **GAdv.**

    ❯ Éliot **semble** fatigué par son voyage.

  Ces groupes peuvent être remplacés par les pronoms *le, l',* ou *en*, qui sont placés devant le verbe.

La virgule

- **La phrase incise,** qui accompagne souvent les paroles rapportées, est isolée par **une virgule** ou encadrée **de virgules.**

  > J'arrive, **lui dit-elle.**

  > Dépêche-toi, **cria Léo,** je ne veux pas être en retard.

- La virgule est également utilisée pour **séparer les éléments d'une énumération.**

  > **Antoine, Camille, Jade et Émile** escaladeront le mont Albert.

- La virgule permet d'**isoler** ou d'**encadrer** un **groupe de mots** formant:

  – un complément de phrase (GCP) qui n'occupe pas sa position habituelle dans la phrase;

    > **Pour ne rien oublier,** j'ai fait cette liste.

  – un groupe du nom (GN) agissant comme complément du nom détaché;

    > Annie, **mon enseignante,** m'a fait découvrir cet auteur.

  – une apostrophe.

    > Est-ce toi, **Michel,** qui a gagné?

Avoir

On utilise l'**auxiliaire de conjugaison** *avoir* avec les participes passés
pour former les temps composés de la majorité des verbes actifs.

Indicatif

Présent

j'	ai
tu	as
il, elle	a
nous	avons
vous	avez
ils, elles	ont

Passé composé

j'	ai	eu
tu	as	eu
il, elle	a	eu
nous	avons	eu
vous	avez	eu
ils, elles	ont	eu

Imparfait

j'	avais
tu	avais
il, elle	avait
nous	avions
vous	aviez
ils, elles	avaient

Plus-que parfait

j'	avais	eu
tu	avais	eu
il, elle	avait	eu
nous	avions	eu
vous	aviez	eu
ils, elles	avaient	eu

Passé simple

j'	eus
tu	eus
il, elle	eut
nous	eûmes
vous	eûtes
ils, elles	eurent

Passé antérieur

j'	eus	eu
tu	eus	eu
il, elle	eut	eu
nous	eûmes	eu
vous	eûtes	eu
ils, elles	eurent	eu

Futur

j'	aurai
tu	auras
il, elle	aura
nous	aurons
vous	aurez
ils, elles	auront

Futur antérieur

j'	aurai	eu
tu	auras	eu
il, elle	aura	eu
nous	aurons	eu
vous	aurez	eu
ils, elles	auront	eu

Conditionnel présent

j'	aurais
tu	aurais
il, elle	aurait
nous	aurions
vous	auriez
ils, elles	auraient

Conditionnel passé

j'	aurais	eu
tu	aurais	eu
il, elle	aurait	eu
nous	aurions	eu
vous	auriez	eu
ils, elles	auraient	eu

Subjonctif

Présent

il faut...

que	j'	aie
que	tu	aies
qu'	il, elle	ait
que	nous	ayons
que	vous	ayez
qu'	ils, elles	aient

Passé

il faut...

que	j'	aie	eu
que	tu	aies	eu
qu'	il, elle	ait	eu
que	nous	ayons	eu
que	vous	ayez	eu
qu'	ils, elles	aient	eu

Imparfait

il fallait...

que	j'	eusse
que	tu	eusses
qu'	il, elle	eût
que	nous	eussions
que	vous	eussiez
qu'	ils, elles	eussent

Plus-que-parfait

il fallait...

que	j'	eusse	eu
que	tu	eusses	eu
qu'	il, elle	eût	eu
que	nous	eussions	eu
que	vous	eussiez	eu
qu'	ils, elles	eussent	eu

Impératif

Présent

aie
ayons
ayez

Passé

aie	eu
ayons	eu
ayez	eu

Infinitif

Présent

avoir

Passé

avoir eu

Participe

Présent

ayant

Passé

eu, eue, eus, eues
ayant eu

Être

- Le **verbe** *être* est un **verbe attributif**:
  > Je **suis** satisfait de mon travail.

- On emploie l'**auxiliaire de conjugaison** *être* pour conjuguer certains verbes actifs, les verbes pronominaux et les verbes des phrases passives.

Indicatif

Présent

je	suis
tu	es
il, elle	est
nous	sommes
vous	êtes
ils, elles	sont

Passé composé

j'	ai	été
tu	as	été
il, elle	a	été
nous	avons	été
vous	avez	été
ils, elles	ont	été

Imparfait

j'	étais
tu	étais
il, elle	était
nous	étions
vous	étiez
ils, elles	étaient

Plus-que-parfait

j'	avais	été
tu	avais	été
il, elle	avait	été
nous	avions	été
vous	aviez	été
ils, elles	avaient	été

Passé simple

je	fus
tu	fus
il, elle	fut
nous	fûmes
vous	fûtes
ils, elles	furent

Passé antérieur

j'	eus	été
tu	eus	été
il, elle	eut	été
nous	eûmes	été
vous	eûtes	été
ils, elles	eurent	été

Futur

je	serai
tu	seras
il, elle	sera
nous	serons
vous	serez
ils, elles	seront

Futur antérieur

j'	aurai	été
tu	auras	été
il, elle	aura	été
nous	aurons	été
vous	aurez	été
ils, elles	auront	été

Conditionnel présent

je	serais
tu	serais
il, elle	serait
nous	serions
vous	seriez
ils, elles	seraier

Conditionnel passé

j'	aurais	été
tu	aurais	été
il, elle	aurait	été
nous	aurions	été
vous	auriez	été
ils, elles	auraient	été

Subjonctif

Présent

il faut...

que	je	sois
que	tu	sois
qu'	il, elle	soit
que	nous	soyons
que	vous	soyez
qu'	ils, elles	soient

Passé

il faut...

que	j'	aie	été
que	tu	aies	été
qu'	il, elle	ait	été
que	nous	ayons	été
que	vous	ayez	été
qu'	ils, elles	aient	été

Imparfait

il fallait...

que	je	fusse
que	tu	fusses
qu'	il, elle	fût
que	nous	fussions
que	vous	fussiez
qu'	ils, elles	fussent

Plus-que-parfait

il fallait...

que	j'	eusse	été
que	tu	eusses	été
qu'	il, elle	eût	été
que	nous	eussions	été
que	vous	eussiez	été
qu'	ils, elles	eussent	été

Impératif

Présent

sois
soyons
soyez

Passé

aie	été
ayons	été
ayez	été

Infinitif

Présent

être

Passé

avoir été

Participe

Présent

étant

Passé

été (invariable)
ayant été

Aimer

Les verbes se terminant par **-er** ont les mêmes terminaisons que celles du verbe modèle *aimer*, à l'exception de celles du verbe *aller*.

Indicatif

Présent

j'	aime
tu	aimes
il, elle	aime
nous	aimons
vous	aimez
ils, elles	aiment

Passé composé

j'	ai	aimé
tu	as	aimé
il, elle	a	aimé
nous	avons	aimé
vous	avez	aimé
ils, elles	ont	aimé

Imparfait

j'	aimais
tu	aimais
il, elle	aimait
nous	aimions
vous	aimiez
ils, elles	aimaient

Plus-que-parfait

j'	avais	aimé
tu	avais	aimé
il, elle	avait	aimé
nous	avions	aimé
vous	aviez	aimé
ils, elles	avaient	aimé

Passé simple

j'	aimai
tu	aimas
il, elle	aima
nous	aimâmes
vous	aimâtes
ils, elles	aimèrent

Passé antérieur

j'	eus	aimé
tu	eus	aimé
il, elle	eut	aimé
nous	eûmes	aimé
vous	eûtes	aimé
ils, elles	eurent	aimé

Futur

j'	aimerai
tu	aimeras
il, elle	aimera
nous	aimerons
vous	aimerez
ils, elles	aimeront

Futur antérieur

j'	aurai	aimé
tu	auras	aimé
il, elle	aura	aimé
nous	aurons	aimé
vous	aurez	aimé
ils, elles	auront	aimé

Conditionnel présent

j'	aimerais
tu	aimerais
il, elle	aimerait
nous	aimerions
vous	aimeriez
ils, elles	aimeraient

Conditionnel passé

j'	aurais	aimé
tu	aurais	aimé
il, elle	aurait	aimé
nous	aurions	aimé
vous	auriez	aimé
ils, elles	auraient	aimé

Subjonctif

Présent

il faut...

que	j'	aime
que	tu	aimes
qu'	il, elle	aime
que	nous	aimions
que	vous	aimiez
qu'	ils, elles	aiment

Passé

il faut...

que	j'	aie	aimé
que	tu	aies	aimé
qu'	il, elle	ait	aimé
que	nous	ayons	aimé
que	vous	ayez	aimé
qu'	ils, elles	aient	aimé

Imparfait

il fallait...

que	j'	aimasse
que	tu	aimasses
qu'	il, elle	aimât
que	nous	aimassions
que	vous	aimassiez
qu'	ils, elles	aimassent

Plus-que-parfait

il fallait...

que	j'	eusse	aimé
que	tu	eusses	aimé
qu'	il, elle	eût	aimé
que	nous	eussions	aimé
que	vous	eussiez	aimé
qu'	ils, elles	eussent	aimé

Impératif

Présent

aime
aimons
aimez

Passé

aie	aimé
ayons	aimé
ayez	aimé

Infinitif

Présent

aimer

Passé

avoir aimé

Participe

Présent

aimant

Passé

aimé, ée, és, ées
ayant aimé

finir

- Les verbes se terminant par *-ir* avec un participe présent en *-issant* ont les mêmes terminaisons que celles du verbe modèle *finir*.

- La 1re personne du pluriel du présent de l'indicatif se termine par *-issons*.

Indicatif

Présent

je	finis
tu	finis
il, elle	finit
nous	finissons
vous	finissez
ils, elles	finissent

Passé composé

j'	ai	fini
tu	as	fini
il, elle	a	fini
nous	avons	fini
vous	avez	fini
ils, elles	ont	fini

Imparfait

je	finissais
tu	finissais
il, elle	finissait
nous	finissions
vous	finissiez
ils, elles	finissaient

Plus-que-parfait

j'	avais	fini
tu	avais	fini
il, elle	avait	fini
nous	avions	fini
vous	aviez	fini
ils, elles	avaient	fini

Passé simple

je	finis
tu	finis
il, elle	finit
nous	finîmes
vous	finîtes
ils, elles	finirent

Passé antérieur

j'	eus	fini
tu	eus	fini
il, elle	eut	fini
nous	eûmes	fini
vous	eûtes	fini
ils, elles	eurent	fini

Futur

je	finirai
tu	finiras
il, elle	finira
nous	finirons
vous	finirez
ils, elles	finiront

Futur antérieur

j'	aurai	fini
tu	auras	fini
il, elle	aura	fini
nous	aurons	fini
vous	aurez	fini
ils, elles	auront	fini

Conditionnel présent

je	finirais
tu	finirais
il, elle	finirait
nous	finirions
vous	finiriez
ils, elles	finiraient

Conditionnel passé

j'	aurais	fini
tu	aurais	fini
il, elle	aurait	fini
nous	aurions	fini
vous	auriez	fini
ils, elles	auraient	fini

Subjonctif

Présent

il faut...

que	je	finisse
que	tu	finisses
qu'	il, elle	finisse
que	nous	finissions
que	vous	finissiez
qu'	ils, elles	finissent

Passé

il faut...

que	j'	aie	fini
que	tu	aies	fini
qu'	il, elle	ait	fini
que	nous	ayons	fini
que	vous	ayez	fini
qu'	ils, elles	aient	fini

Imparfait

il fallait...

que	je	finisse
que	tu	finisses
qu'	il, elle	finît
que	nous	finissions
que	vous	finissiez
qu'	ils, elles	finissent

Plus-que-parfait

il fallait...

que	j'	eusse	fini
que	tu	eusses	fini
qu'	il, elle	eût	fini
que	nous	eussions	fini
que	vous	eussiez	fini
qu'	ils, elles	eussent	fini

Impératif

Présent

finis
finissons
finissez

Passé

aie fini
ayons fini
ayez fini

Infinitif

Présent

finir

Passé

avoir fini

Participe

Présent

finissant

Passé

fini, ie, is, ies
ayant fini

Partir 📝

Les verbes se terminant par *-ir* et n'ayant pas de participe présent
en *-issant* ont souvent les mêmes terminaisons que celles du verbe *partir*.

Indicatif

Présent

je	pars
tu	pars
il, elle	part
nous	partons
vous	partez
ils, elles	partent

Passé composé

je	suis	parti, ie
tu	es	parti, ie
il, elle	est	parti, ie
nous	sommes	partis, ies
vous	êtes	partis, ies
ils, elles	sont	partis, ies

Imparfait

je	partais
tu	partais
il, elle	partait
nous	partions
vous	partiez
ils, elles	partaient

Plus-que-parfait

j'	étais	parti, ie
tu	étais	parti, ie
il, elle	était	parti, ie
nous	étions	partis, ies
vous	étiez	partis, ies
ils, elles	étaient	partis, ies

Passé simple

je	partis
tu	partis
il, elle	partit
nous	partîmes
vous	partîtes
ils, elles	partirent

Passé antérieur

je	fus	parti, ie
tu	fus	parti, ie
il, elle	fut	parti, ie
nous	fûmes	partis, ies
vous	fûtes	partis, ies
ils, elles	furent	partis, ies

Futur

je	partirai
tu	partiras
il, elle	partira
nous	partirons
vous	partirez
ils, elles	partiront

Futur antérieur

je	serai	parti, ie
tu	seras	parti, ie
il, elle	sera	parti, ie
nous	serons	partis, ies
vous	serez	partis, ies
ils, elles	seront	partis, ies

Conditionnel présent

je	partirais
tu	partirais
il, elle	partirait
nous	partirions
vous	partiriez
ils, elles	partiraient

Conditionnel passé

je	serais	parti, ie
tu	serais	parti, ie
il, elle	serait	parti, ie
nous	serions	partis, ies
vous	seriez	partis, ies
ils, elles	seraient	partis, ies

Subjonctif

Présent

il faut...

que	je	parte
que	tu	partes
qu'	il, elle	parte
que	nous	partions
que	vous	partiez
qu'	ils, elles	partent

Passé

il faut...

que	je	sois	parti, ie
que	tu	sois	parti, ie
qu'	il, elle	soit	parti, ie
que	nous	soyons	partis, ies
que	vous	soyez	partis, ies
qu'	ils, elles	soient	partis, ies

Imparfait

il fallait...

que	je	partisse
que	tu	partisses
qu'	il, elle	partît
que	nous	partissions
que	vous	partissiez
qu'	ils, elles	partissent

Plus-que-parfait

il fallait...

que	je	fusse	parti, ie
que	tu	fusses	parti, ie
qu'	il, elle	fût	parti, ie
que	nous	fussions	partis, ies
que	vous	fussiez	partis, ies
qu'	ils, elles	fussent	partis, ies

Impératif

Présent

| pars |
| partons |
| partez |

Passé

sois	parti, ie
soyons	partis, ies
soyez	partis, ies

Infinitif

Présent

partir

Passé

être parti, ie, is, ies

Participe

Présent

partant

Passé

parti, ie, is, ies
étant parti, ie, is, ies

voir 🗐

- Le futur simple et le conditionnel présent comportent « **rr** ».
- On conserve les terminaisons *-ions* et *-iez* malgré la prononciation du « **y** ». Les verbes *revoir* et *entrevoir* se conjuguent selon ce modèle.

Indicatif

Présent

je	vois
tu	vois
il, elle	voit
nous	voyons
vous	voyez
ils, elles	voient

Passé composé

j'	ai	vu
tu	as	vu
il, elle	a	vu
nous	avons	vu
vous	avez	vu
ils, elles	ont	vu

Imparfait

je	voyais
tu	voyais
il, elle	voyait
nous	voyions
vous	voyiez
ils, elles	voyaient

Plus-que-parfait

j'	avais	vu
tu	avais	vu
il, elle	avait	vu
nous	avions	vu
vous	aviez	vu
ils, elles	avaient	vu

Passé simple

je	vis
tu	vis
il, elle	vit
nous	vîmes
vous	vîtes
ils, elles	virent

Passé antérieur

j'	eus	vu
tu	eus	vu
il, elle	eut	vu
nous	eûmes	vu
vous	eûtes	vu
ils, elles	eurent	vu

Futur

je	verrai
tu	verras
il, elle	verra
nous	verrons
vous	verrez
ils, elles	verront

Futur antérieur

j'	aurai	vu
tu	auras	vu
il, elle	aura	vu
nous	aurons	vu
vous	aurez	vu
ils, elles	auront	vu

Conditionnel présent

je	verrais
tu	verrais
il, elle	verrait
nous	verrions
vous	verriez
ils, elles	verraient

Conditionnel passé

j'	aurais	vu
tu	aurais	vu
il, elle	aurait	vu
nous	aurions	vu
vous	auriez	vu
ils, elles	auraient	vu

Subjonctif

Présent

il faut...

que	je	voie
que	tu	voies
qu'	il, elle	voie
que	nous	voyions
que	vous	voyiez
qu'	ils, elles	voient

Passé

il faut...

que	j'	aie	vu
que	tu	aies	vu
qu'	il, elle	ait	vu
que	nous	ayons	vu
que	vous	ayez	vu
qu'	ils, elles	aient	vu

Imparfait

il fallait...

que	je	visse
que	tu	visses
qu'	il, elle	vît
que	nous	vissions
que	vous	vissiez
qu'	ils, elles	vissent

Plus-que-parfait

il fallait...

que	j'	eusse	vu
que	tu	eusses	vu
qu'	il, elle	eût	vu
que	nous	eussions	vu
que	vous	eussiez	vu
qu'	ils, elles	eussent	vu

Impératif

Présent

vois
voyons
voyez

Passé

aie	vu
ayons	vu
ayez	vu

Infinitif

Présent

voir

Passé

avoir vu

Participe

Présent

voyant

Passé

vu, vue, vus, vues

ayant vu

Boire

Indicatif

Présent

je	bois
tu	bois
il, elle	boit
nous	buvons
vous	buvez
ils, elles	boivent

Passé composé

j'	ai	bu
tu	as	bu
il, elle	a	bu
nous	avons	bu
vous	avez	bu
ils, elles	ont	bu

Imparfait

je	buvais
tu	buvais
il, elle	buvait
nous	buvions
vous	buviez
ils, elles	buvaient

Plus-que-parfait

j'	avais	bu
tu	avais	bu
il, elle	avait	bu
nous	avions	bu
vous	aviez	bu
ils, elles	avaient	bu

Passé simple

je	bus
tu	bus
il, elle	but
nous	bûmes
vous	bûtes
ils, elles	burent

Passé antérieur

j'	eus	bu
tu	eus	bu
il, elle	eut	bu
nous	eûmes	bu
vous	eûtes	bu
ils, elles	eurent	bu

Futur

je	boirai
tu	boiras
il, elle	boira
nous	boirons
vous	boirez
ils, elles	boiront

Futur antérieur

j'	aurai	bu
tu	auras	bu
il, elle	aura	bu
nous	aurons	bu
vous	aurez	bu
ils, elles	auront	bu

Conditionnel présent

je	boirais
tu	boirais
il, elle	boirait
nous	boirions
vous	boiriez
ils, elles	boiraient

Conditionnel passé

j'	aurais	bu
tu	aurais	bu
il, elle	aurait	bu
nous	aurions	bu
vous	auriez	bu
ils, elles	auraient	bu

Subjonctif

Présent

il faut...

que	je	boive
que	tu	boives
qu'	il, elle	boive
que	nous	buvions
que	vous	buviez
qu'	ils, elles	boivent

Passé

il faut...

que	j'	aie	bu
que	tu	aies	bu
qu'	il, elle	ait	bu
que	nous	ayons	bu
que	vous	ayez	bu
qu'	ils, elles	aient	bu

Imparfait

il fallait...

que	je	busse
que	tu	busses
qu'	il, elle	bût
que	nous	bussions
que	vous	bussiez
qu'	ils, elles	bussent

Plus-que-parfait

il fallait...

que	j'	eusse	bu
que	tu	eusses	bu
qu'	il, elle	eût	bu
que	nous	eussions	bu
que	vous	eussiez	bu
qu'	ils, elles	eussent	bu

Impératif

Présent

bois
buvons
buvez

Passé

aie	bu
ayons	bu
ayez	bu

Infinitif

Présent

boire

Passé

avoir bu

Participe

Présent

buvant

Passé

bu, bue, bus, bues
ayant bu

Prendre 🗎

- Au présent de l'indicatif, la 3e personne du singulier se termine par un « d » : *il, elle* pren**d**.

- Les verbes *apprendre, comprendre, se déprendre, désapprendre, entreprendre, s'éprendre, se méprendre, rapprendre, réapprendre, reprendre* et *surprendre* se conjuguent selon ce modèle.

Indicatif

Présent

je	prends
tu	prends
il, elle	pren**d**
nous	prenons
vous	prenez
ils, elles	prennent

Passé composé

j'	ai	pris
tu	as	pris
il, elle	a	pris
nous	avons	pris
vous	avez	pris
ils, elles	ont	pris

Imparfait

je	prenais
tu	prenais
il, elle	prenait
nous	prenions
vous	preniez
ils, elles	prenaient

Plus-que-parfait

j'	avais	pris
tu	avais	pris
il, elle	avait	pris
nous	avions	pris
vous	aviez	pris
ils, elles	avaient	pris

Passé simple

je	pris
tu	pris
il, elle	prit
nous	prîmes
vous	prîtes
ils, elles	prirent

Passé antérieur

j'	eus	pris
tu	eus	pris
il, elle	eut	pris
nous	eûmes	pris
vous	eûtes	pris
ils, elles	eurent	pris

Futur

je	prendrai
tu	prendras
il, elle	prendra
nous	prendrons
vous	prendrez
ils, elles	prendront

Futur antérieur

j'	aurai	pris
tu	auras	pris
il, elle	aura	pris
nous	aurons	pris
vous	aurez	pris
ils, elles	auront	pris

Conditionnel présent

je	prendrais
tu	prendrais
il, elle	prendrait
nous	prendrions
vous	prendriez
ils, elles	prendraient

Conditionnel passé

j'	aurais	pris
tu	aurais	pris
il, elle	aurait	pris
nous	aurions	pris
vous	auriez	pris
ils, elles	auraient	pris

Subjonctif

Présent

il faut…

que	je	prenne
que	tu	prennes
qu'	il, elle	prenne
que	nous	prenions
que	vous	preniez
qu'	ils, elles	prennent

Passé

il faut…

que	j'	aie	pris
que	tu	aies	pris
qu'	il, elle	ait	pris
que	nous	ayons	pris
que	vous	ayez	pris
qu'	ils, elles	aient	pris

Imparfait

il fallait…

que	je	prisse
que	tu	prisses
qu'	il, elle	prît
que	nous	prissions
que	vous	prissiez
qu'	ils, elles	prissent

Plus-que-parfait

il fallait…

que	j'	eusse	pris
que	tu	eusses	pris
qu'	il, elle	eût	pris
que	nous	eussions	pris
que	vous	eussiez	pris
qu'	ils, elles	eussent	pris

Impératif

Présent

prends
prenons
prenez

Passé

aie	pris
ayons	pris
ayez	pris

Infinitif

Présent

prendre

Passé

avoir pris

Participe

Présent

prenant

Passé

pris, prise, pris, prises
ayant pris

Craindre

- On conserve les terminaisons *-ions* et *-iez* malgré la prononciation du «gn».
- Les verbes *contraindre* et *plaindre* se conjuguent selon ce modèle.

Indicatif

Présent

je	crains
tu	crains
il, elle	craint
nous	craignons
vous	craignez
ils, elles	craignent

Passé composé

j'	ai	craint
tu	as	craint
il, elle	a	craint
nous	avons	craint
vous	avez	craint
ils, elles	ont	craint

Imparfait

je	craignais
tu	craignais
il, elle	craignait
nous	craignions
vous	craigniez
ils, elles	craignaient

Plus-que-parfait

j'	avais	craint
tu	avais	craint
il, elle	avait	craint
nous	avions	craint
vous	aviez	craint
ils, elles	avaient	craint

Passé simple

je	craignis
tu	craignis
il, elle	craignit
nous	craignîmes
vous	craignîtes
ils, elles	craignirent

Passé antérieur

j'	eus	craint
tu	eus	craint
il, elle	eut	craint
nous	eûmes	craint
vous	eûtes	craint
ils, elles	eurent	craint

Futur

je	craindrai
tu	craindras
il, elle	craindra
nous	craindrons
vous	craindrez
ils, elles	craindront

Futur antérieur

j'	aurai	craint
tu	auras	craint
il, elle	aura	craint
nous	aurons	craint
vous	aurez	craint
ils, elles	auront	craint

Conditionnel présent

je	craindrais
tu	craindrais
il, elle	craindrait
nous	craindrions
vous	craindriez
ils, elles	craindraient

Conditionnel passé

j'	aurais	craint
tu	aurais	craint
il, elle	aurait	craint
nous	aurions	craint
vous	auriez	craint
ils, elles	auraient	craint

Subjonctif

Présent

il faut...

que je	craigne
que tu	craignes
qu' il, elle	craigne
que nous	craignions
que vous	craigniez
qu' ils, elles	craignent

Passé

il faut...

que j'	aie	craint
que tu	aies	craint
qu' il, elle	ait	craint
que nous	ayons	craint
que vous	ayez	craint
qu' ils, elles	aient	craint

Imparfait

il fallait...

que je	craignisse
que tu	craignisses
qu' il, elle	craignît
que nous	craignissions
que vous	craignissiez
qu' ils, elles	craignissent

Plus-que-parfait

il fallait...

que j'	eusse	craint
que tu	eusses	craint
qu' il, elle	eût	craint
que nous	eussions	craint
que vous	eussiez	craint
qu' ils, elles	eussent	craint

Impératif

Présent

crains
craignons
craignez

Passé

aie craint
ayons craint
ayez craint

Infinitif

Présent

craindre

Passé

avoir craint

Participe

Présent

craignant

Passé

craint, crainte,
craints, craintes
ayant craint

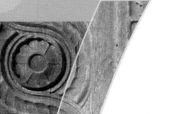

4. Le lexique

Les préfixes

Préfixes
Suffixes

PRÉFIXES		

PRÉFIXES	SENS	*EXEMPLES*	PRÉFIXES	SENS	*EXEMPLES*
aéro-	air	*aéroport*	**juxta-**	auprès de	*juxtaposer*
agro-	champ	*agroalimentaire*	**kilo-**	mille	*kilogramme, kilomètre*
allo-	autre	*allophone*	**mi-**	moitié	*mi-temps*
anglo-	anglais	*anglophone*	**micro-**	petit	*micro-ondes, microfilm*
anté-	avant, devant	*antérieur, antécédent*	**milli-**	millième	*millimètre*
anti-	contre	*antigel, antivol*	**multi-**	plusieurs	*multicolore, multiethnique*
aqua-	eau	*aquatique*	**octo-**	huit	*octogone*
auto-	de soi-même	*automobile, autobiographie*	**para-, pare-**	à côté de	*parascolaire*
biblio-	livre	*bibliothèque*	**penta-**	cinq	*pentagone*
bio-	vie	*biologie, biographie*	**péri-**	autour	*périmètre, périphérie*
bi(s)-	deux fois	*bilingue, bimoteur*	**poly-**	plusieurs, nombreux	*polyvalence, polytechnique*
cardi(o)-	cœur	*cardiaque, cardiologue*	**post-**	après	*postérieur*
centi-	centième	*centimètre*	**pré-**	avant	*préhistoire, préretraite*
chrono-	temps	*chronomètre, chronologie*	**quadr(i)-**	quatre	*quadrimoteur*
co-	avec	*colocataire, copropriétaire*	**radio-**	rayon	*radiographie, radiologie*
déca-	dix	*décamètre*	**re-**	de nouveau	*rouvrir*
déci-	dixième	*décimal, décimètre*	**rétro-**	en arrière	*rétroviseur, rétrograder*
dis-	séparation	*dissocier*	**simili-**	semblable	*similicuir*
ex-	hors de qui a cessé d'être	*exporter, extérieur* *ex-mari, ex-professeur*	**super-**	au-dessus de	*superposer,* *superstructure*
extra-	hors de	*extraordinaire*	**sur-**	au-dessus	*surdoué*
franco-	français	*francophone*	**télé-**	à distance	*télécommande, télévision*
hémi-	moitié	*hémisphère*	**thermo-**	chaleur	*thermomètre*
hyper-	au-dessus, au-delà de	*hyperactif, hypertension*	**tri-**	trois	*triangle, tricycle*
inter-	entre	*international, interurbain*	**uni-**	un	*unilingue, uniforme*
intra-	en dedans	*intramusculaire*	**zoo-**	animal	*zoologie*

SUFFIXES

SUFFIXES	SENS	EXEMPLES	SUFFIXES	SENS	EXEMPLES
-able	possibilité	aimable, ouvrable	-graphe	qui écrit	biographe, télégraphe
-age	action	affichage, décodage	-graphie	écriture	sténographie, biographie
-aie	plantation de végétaux	roseraie	-iatre	qui soigne	pédiatre, psychiatre
-aine	collectif	dizaine, centaine	-ible	possibilité	lisible
-ain, -aine	origine	romain, roumaine	-ien, -ienne	origine	abitibien, gaspésienne
-ais, -aise	origine	français, antillaise	-if, -ive	caractéristique	actif, chétive
-aison	action	livraison	-ir	pour former des verbes	finir, agir
-al, -ale	qualité	idéal, royale	-iser	pour former des verbes	informatiser
-ation	action	augmentation	-ite	maladie	otite, bronchite
-âtre	péjoratif	bellâtre, rougeâtre	-ité	qualité	rapidité
-cide	qui tue	herbicide, insecticide	-logie	science	biologie, psychologie
-cole	relatif à la culture	agricole, horticole	-logue	qui étudie	géologue, psychologue
-culteur, -cultrice	qui cultive	horticulteur, agricultrice	-ment	pour former des adverbes	joyeusement, rapidement
-culture	cultiver	horticulture	-mètre	mesure	kilomètre
-ée	contenu	maisonnée	-ois, -oise	origine	québécois, chinoise
-el, -elle	qui cause	accidentel, mortelle	-on	diminutif	chaton, ourson
-émie	sang	leucémie	-onyme	nom	toponyme, pseudonyme
-er	pour former les verbes	aimer, danser	-oyer	devenir	rougeoyer, nettoyer
-er, -ier, -ière	qui fait une action	plombier, policière	-phile	qui aime	francophile, cinéphile
-erie	local	animalerie, boucherie	-phobe	avoir peur, craindre	agoraphobe, claustrophobe
-ette	diminutif	fillette, fourgonnette	-phone	voix, son	téléphone, microphone
-eur, -eure, -ateur, -atrice	qui fait une action	rêveur, dessinatrice	-ptère	aile	hélicoptère
-eux, euse	adjectif dérivé du nom	malheureux, peureuse	-scope	vision	microscope, magnétoscope
-forme	qui a la forme de	cruciforme, filiforme	-teur, -trice	qui fait une action	inspecteur, actrice
-gone	angle	polygone	-thèque	armoire	bibliothèque, discothèque
-grade	qui marche	plantigrade	-thérapie	traitement	chimiothérapie
			-vore	qui se nourrit de	herbivore, carnivore

Les homophones fréquents

		HOMOPHONES		
HOMOPHONES	CLASSES DE MOTS	PEUVENT ÊTRE REMPLACÉS PAR	PHRASES DE DÉPART	PHRASES MODIFIÉES
a	verbe ou auxiliaire	avait	Elle **a** nagé durant cinq heures.	Elle **avait** nagé durant cinq heures.
à	préposition		Elle aime **à** nager.	⊘ Elle aime **avait** nagé.
ma	déterminant possessif	une	J'ai **ma** montre.	J'ai **une** montre.
m'a	pronom personnel + verbe ou auxiliaire	m'avait	Elle **m'a** parlé.	Elle **m'avait** parlé.
sa	déterminant possessif	une	Lise prend **sa** tasse.	Lise prend **une** tasse.
ça	pronom démonstratif	cela	**Ça** va bien. Prenez cela.	**Cela** va bien. Prenez cela.
çà	adverbe		Elle se promène **çà** et là.	⊘ Elle se promène **cela** et là.
la	déterminant	une	Je pars pour **la** journée.	Je pars pour **une** journée.
la	pronom personnel		Je **la** vois partir.	⊘ Je **une** vois partir.
l'a	pronom personnel + verbe ou auxiliaire	l'avait	Elle **l'a** jeté à la porte.	Elle **l'avait** jeté à la porte.
là	adverbe	à l'endroit	Je vais **là** où tu es allé.	Je vais **à l'endroit** où tu es allé.
son	déterminant possessif	un, une	Elle appelle **son** amie.	Elle appelle **une** amie.
sont	verbe ou auxiliaire	étaient	Les amies **sont** parties.	Les amies **étaient** parties.
ont	verbe ou auxiliaire	avaient	Elles **ont** fini à 17 heures.	Elles **avaient** fini à 17 heures.
on	pronom personnel	il	Mais, **on** a fini!	Mais, **il** a fini!
on n'	pronom personnel + adverbe de négation	il n'	Mais, **on n'**a pas fini!	Mais, **il n'**a pas fini!
ou	conjonction	ou bien	Elle vit cinq **ou** six loups.	Elle vit cinq **ou bien** six loups.
où	pronom relatif (lieu)	(à l') endroit où	Éva va à Hull **où** elle demeure.	Éva va **à l'endroit où** elle demeure.
où	pronom interrogatif	à quel endroit	**Où** vas-tu?	**À quel endroit** vas-tu?
peux	verbe (1re ou 2e pers. sing.)	pouvais	**Peux**-tu commencer?	**Pouvais**-tu commencer?
peut	verbe (3e pers. sing.)	pouvait	Julie **peut** être malade.	Julie **pouvait** être malade.

	HOMOPHONES (SUITE)			
HOMOPHONES	CLASSES DE MOTS	PEUVENT ÊTRE REMPLACÉS PAR	PHRASES DE DÉPART	PHRASES MODIFIÉES
peut-	adverbe (peut-être)	probablement	Lise a **peut**-être tort.	Lise a **probablement** tort.
peu	déterminant (peu de)	(ne, n') pas beaucoup	Elle a **peu de** chance.	Elle **n'**a **pas beaucoup** de chance.
peu	adverbe	(ne, n') pas beaucoup	Elles travaillent **peu**.	Elles **ne** travaillent **pas beaucoup**.
ce	déterminant démonstratif	un	Josée a reçu **ce** cadeau.	Josée a reçu **un** cadeau.
ce	pronom démonstratif		**Ce** sont de bonnes choses.	⊘ **Une** sont de bonnes choses.
se	pronom personnel	nous **nous**…	Elles **se** sont disputées.	Nous **nous** sommes disputées.
c'	pronom démonstratif	lui, eux, ceci	**C'**était un petit garçon.	**Ceci** était un petit garçon.
s'	pronom personnel	nous **nous**…	Elles **s'**étaient enfuies.	Nous **nous** étions enfuies.
ses	déterminant possessif	+ à lui, à elle	Elle a terminé **ses** devoirs.	Elle a terminé **ses** devoirs **à elle**.
ces	déterminant démonstratif	+ -là	Elle voit **ces** montagnes.	Elle voit **ces** montagnes-**là**.
c'est	pronom démonstratif + verbe	ceci + est	**C'est** fini pour aujourd'hui.	**Ceci est** fini pour aujourd'hui.
s'est	pronom personnel + auxiliaire	se + verbe au présent	Elle **s'est** blessée.	Elle **se blesse**.
sais	verbe (1re ou 2e pers. sing.)	savais	Tu **sais** jouer aux échecs.	Tu **savais** jouer aux échecs.
sait	verbe (3e pers. sing.)	savait	Mona **sait** jouer aux échecs.	Mona **savait** jouer aux échecs.
mes	déterminant possessif	nos	Voici **mes** amis.	Voici **nos** amis.
mais	conjonction	cependant	Il fait froid, **mais** le soleil brille.	Il fait froid, **cependant** le soleil brille.
mets	verbe (1re ou 2e pers. sing.)	mettais	Tu **mets** ce chandail.	Tu **mettais** ce chandail.
met	verbe (3e pers. sing.)	mettait	Il **met** ses souliers.	Il **mettait** ses souliers.
m'est	pronom personnel + auxiliaire	t'est	Il **m'est** arrivé d'être en retard.	Il **t'est** arrivé d'être en retard.

Le vocabulaire exprimant la cause, la conséquence et la comparaison

	VOCABULAIRE		
CLASSE DE MOTS	CAUSE	CONSÉQUENCE	COMPARAISON
Conjonctions	*parce que, comme, car, puisque, vu que, du fait que, attendu que, étant donné que, etc.*	*de sorte que, donc, au point que, de façon que, de sorte que, si bien que, à tel point que, ainsi, alors, c'est pourquoi, d'où, etc.*	*comme, ainsi que, autant que, de même que, plutôt que, à mesure que, moins que, plus que, etc.*
Adjectifs			*tel, pareil, semblable, comparable, etc.*
Verbes	*provenir de, résulter de, découler de, être à l'origine de, et tous les verbes qui introduisent la conséquence lorsqu'ils sont utilisés à la forme passive.*	*causer, entraîner, provoquer, engendrer, influencer, générer, amener, occasionner, arriver, résulter, suivre, s'ensuivre, résulter, découler, venir, dériver, etc.*	*ressembler, paraître, sembler, comparer, faire penser à, etc.*
Noms	*cause, motif, origine, mobile, raison, source, facteur, etc.*	*résultat, effet, conséquence, répercussion, réaction, séquelle, retombée, etc.*	*comparaison*
Adverbes	*effectivement*	*conséquemment*	*comparativement à, contrairement à*
Prépositions	*à cause de, grâce à, étant donné, en raison de, compte tenu de, en effet, etc.*	*au point de, jusqu'à, en conséquence, par conséquent, etc.*	*en comparaison, à côté de, par rapport à, à titre de comparaison, à la manière de, etc.*

Les procédés stylistiques

Les procédés stylistiques permettent de varier et de nuancer l'expression de la pensée et des sentiments, à l'écrit comme à l'oral. En voici quelques-uns.

- ## La comparaison

  Elle **met en relation deux éléments** qui ont un point commun **à l'aide d'un ou de plusieurs mots permettant l'expression de la comparaison.** Pour être un procédé stylistique, la comparaison entre les éléments doit être **inattendue** et doit produire une **image dans l'imaginaire** du lecteur ou de la lectrice.

  > Sa voix fracassa le silence de la foule **comme** un coup de tonnerre.
  1er élément   point commun   mot de comparaison   2e élément

- ## La métaphore

  Ce procédé **met en relation deux éléments** qui ont un point commun, parfois implicite, **sans l'aide de mot permettant l'expression de la comparaison.** Il y a métaphore lorsque la **relation** entre les éléments est **inhabituelle** et qu'elle produit une **image dans l'imaginaire** du lecteur ou de la lectrice.

  > Une voix de tonnerre se fit entendre dans la foule.
  1er élément   2e élément

  (Point commun implicite : la force du son ou du bruit)

- ## La répétition

  Ce procédé consiste à **reprendre un même mot** ou **un même groupe de mots** pour insister sur **une émotion** ou **une idée importante** et pour créer un **effet poétique, musical.**

  > Il faisait **froid,** si **froid** que son corps refusait d'avancer davantage.

- ## L'inversion

  Ce procédé consiste à **modifier l'ordre habituel** de la phrase (GS + GV + GCP) par le déplacement d'un groupe de mots dans le but de créer un **effet poétique.**

  > **Pour toi,** j'ai écrit un joli poème.

5. La langue orale

Les éléments prosodiques

Voici quelques éléments dont il faut tenir compte lorsqu'on communique oralement.

- **L'intonation**

  Il s'agit du **ton que l'on prend en parlant ou en lisant.** Les intonations doivent varier selon les propos et les types de phrases employés. Un discours sans intonation peut sembler très monotone et sans intérêt malgré la pertinence des propos émis.

- **Le rythme**

  Il s'agit du **mouvement général de la phrase,** qui résulte de l'agencement des mots, des pauses, des accents toniques. Il est souhaitable de prendre des pauses de même longueur à la fin des phrases et de prendre le temps de bien respirer lorsqu'on parle afin de conserver un rythme régulier. Un discours dit à un rythme saccadé est plus difficile à suivre.

- **Le débit**

  Il s'agit de la **vitesse à laquelle on parle.** Le recours à une vitesse d'élocution modérée est souhaitable afin de bien se faire comprendre.

- **Le volume**

  Il s'agit de l'**intensité de la voix.** Le volume doit être adapté à la situation de communication.

- **La prononciation**

  Il s'agit de la **manière dont les mots sont prononcés.** Les marques des variétés de langue peuvent être révélées par la prononciation.

6. Guide de révision et de correction des phrases d'un texte 📋

Voici les principales étapes à suivre pour réviser et corriger grammaticalement un texte. Numérote chacune des erreurs repérées dans tes phrases en te servant du numéro de l'étape qui t'a permis de les identifier.

La révision d'un texte

La syntaxe

1. Vérifie si chacune des phrases contient les deux groupes obligatoires.

    a) Encercle tous les verbes conjugués.

    b) Repère les groupes verbaux (GV) dont ils font partie et encadre-les.

    c) Repère les groupes sujets (GS) et encadre-les.

    d) Vérifie si les mots non encadrés exercent la fonction de complément de phrase (GCP).

2. Vérifie si chacune des phrases de forme négative contient le *ne* de négation.

3. Vérifie si le choix des temps verbaux est adéquat.

    a) Dans un récit rédigé au passé, le passé simple devrait être utilisé pour raconter l'histoire, l'imparfait devrait servir dans les descriptions et le présent devrait être employé dans les dialogues.

    b) Le temps de conjugaison employé au début d'un texte devrait rester le même jusqu'à la fin.

4. Vérifie si le choix de l'auxiliaire de conjugaison dans un temps composé est adéquat.

    a) L'auxiliaire *être* s'emploie avec les verbes pronominaux (verbes qui sont précédés du pronom *se* à l'infinitif) et avec certains verbes qui expriment un déplacement ou une transformation (*aller, arriver, naître,* etc.). Il s'emploie également dans les phrases de forme passive. Cet auxiliaire permet d'insister sur le résultat de l'action.

    b) L'auxiliaire *avoir* s'emploie avec les autres verbes. Cet auxiliaire permet d'insister sur l'action elle-même.

La ponctuation

5. Vérifie si les GCP placés au début ou au milieu des phrases sont bien isolés par une ou des virgules.

6. Vérifie si les organisateurs textuels placés au début des phrases sont suivis d'une virgule.

7. Vérifie si les éléments d'une énumération sont bien séparés par des virgules, à l'exception des deux derniers éléments, qui doivent être unis par *et* ou *ou*.

8. Vérifie si les coordonnants et les subordonnants (*car, mais, parce que, puisque,* etc.) sont précédés d'une virgule.

9. Vérifie si les phrases incises dans les dialogues (phrases précisant qui parle) sont bien isolées par une ou des virgules lorsque les paroles rapportées ne se terminent pas par un point d'exclamation ou un point d'interrogation.

10. Vérifie si les deux-points, les tirets et les guillemets sont bien employés dans les dialogues.

11. Vérifie si la ponctuation à la fin des phrases est adéquate.

Les homophones

12. Vérifie si tes phrases contiennent des mots homophones.

a) Consulte un tableau qui regroupe des homophones fréquents.

b) Si des homophones sont présents dans tes phrases, vérifie s'ils sont bien employés.

L'orthographe d'usage

13. Vérifie dans un dictionnaire les mots dont l'orthographe te cause des difficultés.

Les accords

14. Vérifie les accords dans les groupes nominaux (GN).

   a) Souligne tous les noms et pronoms dans les phrases.

   b) Repère les déterminants, les adjectifs ainsi que les adjectifs participes qui se rapportent à ces noms et pronoms.

   c) Vérifie si ces déterminants, ces adjectifs et ces adjectifs participes sont bien accordés en genre et en nombre avec les noms et les pronoms auxquels ils se rapportent.

15. Vérifie l'accord des verbes avec leur groupe sujet (GS).

   a) Repère tous les verbes conjugués dans les phrases.

   b) Repère leur GS.

   c) Vérifie si les verbes sont bien accordés en personne et en nombre avec le noyau de leur GS.

16. Vérifie l'accord des adjectifs attributs du sujet.

   a) Repère tous les verbes attributifs accompagnés d'un groupe adjectival (GAdj).

   b) Repère le GS de ces verbes attributifs.

   c) Vérifie si le noyau du GAdj est bien accordé en genre et en nombre avec le noyau du GS.

17. Vérifie l'accord des participes passés employés avec les auxiliaires *avoir* et *être*.

   a) Repère tous les participes passés employés avec les auxiliaires *avoir* et *être*.

   b) S'il s'agit d'un participe passé employé avec l'auxiliaire *avoir*:

      ❶ repère le complément direct (CD) du verbe;

      ❷ si le CD est placé devant le verbe, vérifie si le participe passé est bien accordé en genre et en nombre avec ce CD.

   c) S'il s'agit d'un participe passé employé avec l'auxiliaire *être*:

      ❶ repère le GS;

      ❷ vérifie si le participe passé est bien accordé en genre et en nombre avec le noyau du GS.

La correction d'un texte

Corrige tes erreurs et analyse-les en te servant d'un tableau semblable à celui ci-dessous.

a) Écris, dans la première colonne, le segment dans lequel se retrouve ton erreur et souligne-la.

b) Dans la deuxième colonne, précise le numéro de l'étape correspondant à cette erreur.

c) Dans la troisième colonne, formule la règle qui justifie la correction à apporter.

d) Inscris la correction exigée dans la quatrième colonne.

e) Corrige tes erreurs dans ton texte.

GRILLE D'ANALYSE ET DE CORRECTION DES ERREURS GRAMMATICALES DANS UN TEXTE

SEGMENT CONTENANT L'ERREUR	ÉTAPE DE RÉVISION LIÉE À L'ERREUR	RÈGLE QUI JUSTIFIE LA CORRECTION	CORRECTION
❯ Tout le monde <u>veulent</u> venir à cette fête.	15	Le verbe s'accorde avec son GS. Si le noyau du GS est un nom collectif au singulier, le verbe sera au singulier.	*veut*, 3e personne du singulier.

Tout le monde

veut

~~veulent~~ venir

à cette fête.

Journal
DE BORD

Table des matières

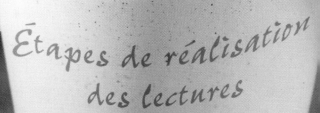

*Étapes de réalisation
des lectures*

La présentation du journal de bord

Au cours du premier cycle du secondaire, tu laisseras des traces de tes lectures, de tes expériences culturelles, de tes productions écrites et de tes apprentissages en tenant un journal de bord. Ces traces te permettront de te donner des repères culturels, de réfléchir à ta pratique de lecteur ou de lectrice et de scripteur ou de scriptrice, et de suivre la progression de tes apprentissages.

Ton journal de bord sera divisé en trois sections :

- *Mon répertoire*
- *Mes productions écrites*
- *Mes apprentissages*

Mon répertoire

Dans cette section, tu inséreras des fiches critiques, des comptes rendus de lecture et d'expériences culturelles, des résumés et des extraits de livres qui t'auront apparu marquants. Tu y inséreras aussi des textes qui exprimeront tes réactions et tes appréciations après que tu auras lu, entendu ou vu une œuvre, ou vécu une expérience culturelle. Enfin, cette section comprendra les références bibliographiques des livres que tu auras appréciés. Des outils te sont proposés dans les pages suivantes pour t'aider à constituer ton répertoire.

Les expériences culturelles que tu peux vivre sont variées. Il peut s'agir de la visite d'un lieu culturel, de ta participation à un événement culturel ou d'une rencontre avec une personne travaillant dans le monde de la culture.

Mes productions écrites

Dans cette section, tu inséreras les documents sur lesquels se trouvent des traces de la préparation, de la réalisation et de l'évaluation de tes productions écrites particulièrement signifiantes. Tu pourras réfléchir à ta pratique de scripteur ou de scriptrice en faisant le bilan de tes acquis, de tes progrès et des points à améliorer grâce à ces productions.

Mes apprentissages

Dans cette dernière section, tu inséreras tes autoévaluations, tes grilles de correction grammaticale d'un texte, des fiches qui te permettront de te remémorer facilement les notions et les concepts étudiés, et des notes personnelles liées à des connaissances sur la langue, les textes et la culture.

Les étapes de réalisation des lectures et des expériences culturelles

Il est important que tu suives les étapes ci-dessous afin de donner un sens à ce que tu fais.

Avant la lecture ou la réalisation d'une expérience culturelle

1. Oriente ta lecture, ta visite, ta participation ou ta rencontre en fonction d'intentions et de besoins liés au développement culturel.

2. Écris ce que tu sais à propos de l'œuvre que tu liras (histoire, genre de texte, univers particulier, auteur ou auteure, collection, maison d'édition, date de parution, etc.), du lieu que tu visiteras, de l'événement auquel tu participeras ou de la personne que tu rencontreras.

3. a) S'il s'agit d'une lecture, prévois le contenu à l'aide d'indices tels que le titre, la quatrième de couverture, la table des chapitres, les illustrations, etc.

   b) S'il s'agit d'une expérience culturelle, écris des questions que tu te poses à propos de la visite que tu feras, de l'événement auquel tu participeras ou de la personne que tu rencontreras.

Pendant la lecture ou la réalisation d'une expérience culturelle

1. a) S'il s'agit d'une lecture, cerne le contenu et l'organisation du texte en mettant en évidence des éléments caractéristiques de l'œuvre, en reconnaissant des similitudes entre cette œuvre et d'autres œuvres, ou en observant la conformité et l'écart entre l'œuvre et sa version transposée, si tel est le cas.

   b) S'il s'agit d'une expérience culturelle, vérifie si tu trouves les réponses aux questions que tu te posais. Sinon, pose tes questions à une personne-ressource ou à la personne rencontrée.

2. a) S'il s'agit d'une lecture, compare ton interprétation avec celle d'une personne qui lit ou qui a lu l'œuvre que tu lis.

   b) S'il s'agit d'une expérience culturelle, écoute les commentaires des gens qui t'entourent afin de comparer tes perceptions avec la leur.

3. Prends des notes pour laisser des traces de ce que tu auras lu, vu ou entendu.

Après la lecture ou la réalisation d'une expérience culturelle

1. Vérifie si cette lecture ou cette expérience culturelle s'est déroulée selon tes intentions et a répondu à tes besoins.

2. Écris tes réactions et partage-les avec d'autres personnes.

3. Remplis une fiche critique et fais un compte rendu de ta lecture ou de ton expérience culturelle.

Les caractéristiques des lectures de la section *Mon répertoire*

Dans la section *Mon répertoire,* tu laisseras des traces des différentes lectures que tu fais, qu'il s'agisse de littérature pour les jeunes ou de littérature pour le grand public. En fonction d'œuvres reconnues pour leur qualité et majoritairement contemporaines, tu construiras tes propres repères culturels.

Pendant le premier cycle, des tableaux semblables à ceux ci-dessous pourront te servir à enregistrer les caractéristiques des œuvres lues.

ŒUVRES LITTÉRAIRES NARRATIVES COMPLÈTES

N°	TITRE	AUTEUR OU AUTEURE	GENRE[1]	UNIVERS[2]	DU QUÉBEC	DE LA FRANCO-PHONIE
❶	*Un cadavre stupéfiant*	Robert Soulières	Roman	Récit policier	✔	
❷	*Solos*	Régine Detambel	Recueil de nouvelles	Récits fantastiques		✔
❸	*Allegro*	Félix Leclerc	Recueil de fables	Récits d'apprentissage	✔	
Total	Au moins cinq pour chaque année du cycle	Au moins trois différents		Au moins trois différents	Au moins cinq pour le cycle	Au moins cinq pour le cycle

ŒUVRES COMPLÉMENTAIRES

N°	TITRE	AUTEUR OU AUTEURE	GENRE[3]	REPÈRE CULTUREL[4]
❶	*L'esprit de la lune*	Jacques Pasquet	Recueil de nouvelles	› Comparaison d'œuvres du même genre (*L'esprit de la lune / Solos*)
❷	*Andante*	Félix Leclerc	Recueil de poèmes	› Comparaison d'œuvres d'un même auteur ou d'une même auteure (*Allegro / Andante*)
Total	Environ dix pour le cycle			

1. Un roman, un recueil de nouvelles, de contes, de légendes ou de fables.

2. Un récit policier, historique, fantastique, d'amour, d'anticipation, d'apprentissage, d'aventures, de science-fiction.

3. Un roman, un recueil de nouvelles, de contes, de légendes ou de fables, des chansons, des poèmes et des monologues.

4. Des transpositions d'œuvres littéraires au cinéma, à la télévision ou à la scène ; des comparaisons faites entre des romans et des recueils d'un même auteur ou d'une même auteure, d'un même genre ou d'une même époque ; des œuvres diverses y compris des œuvres illustrées.

La prise de notes de lecture

Pendant ou immédiatement après ta lecture, il est bon que tu prennes des notes afin de soutenir la progression de ta compréhension. Ces traces te permettront de résumer ou d'apprécier un texte sans avoir à le relire en totalité.

Il existe plusieurs façons de noter les éléments significatifs d'un texte. Tu peux annoter le texte en soulignant, en surlignant ou en écrivant dans les marges, si cela est possible, tu peux prendre des notes sur une feuille ou une fiche, ou tu peux construire des tableaux et des schémas.

Voici les principaux éléments à noter lorsque tu lis un texte littéraire.

Lorsque tu lis un texte narratif, tu notes :

- les indices de temps (quand?) et de lieux (où?) qui sont importants dans le récit; 📖 p. 27-28

- les caractéristiques, l'importance et le rôle des principaux personnages (qui?); 📖 p. 120 et 160-161

- les parties du schéma narratif; 🧰 p. 283

- les événements du déroulement qui font progresser le récit (quoi?).

Lorsque tu lis un texte poétique, tu notes :

- le thème; 📖 p. 253-254

- la séquence textuelle dominante (narrative, descriptive ou de parole); 📖 p. 29

- les mots évocateurs qui génèrent des images;

- les procédés stylistiques; 🧰 p. 329

- les rimes;

- les émotions et les sentiments exprimés.

« Monsieur Scalzo »

Situation initiale
qui? personnage principal + caractéristiques

Il s'appelait Scalzo. C'était un Italien, musicien et jardinier comme il devait l'être dans son pays. Il jouait l'accordéon et gardait des fleurs sur son toit. Petit, figure rouge, cheveux gris très épais, une voix chaude, des « r » sonores, beaucoup de gestes, un grand sourire : c'était lui.

quand?

Élément perturbateur
qui? personnages secondaires + actions

Quand cinq heures criait à l'usine, en vitesse, nous les enfants, sautions sur le bout de la galerie et, jambes pendantes, regardions les hommes en habit de travail défiler près de nous sur le trottoir, deux par deux, leur boîte à dîner sous le bras. Monsieur Scalzo en passant nous faisait le bonjour avec le « r » et ça nous amusait.

Il tournait à droite dans la ruelle. Un escalier montait au fond. Lentement, sans passer de marche, parce qu'il était fatigué, il grimpait puis disparaissait derrière un mur et réapparaissait en haut sur le toit, chez lui avec les fleurs. Alors il enlevait sa blouse d'usine, son chapeau

où?

mou, ses bottines et, les manches relevées, il aspirait plusieurs grandes bouffées d'air en se frottant les bras, puis il se plongeait la face dans un bassin d'eau que sa femme posait là chaque soir.

À travers les tiges vertes, les bouquets rouges, les fleurs jaunes qui ne poussaient que chez lui, on le voyait commencer sa visite de botaniste,

quoi?

s'arrêter à chaque pot, inspecter les pousses, le canif à la main, glisser les doigts sur des boutons roses, ou rester des longs moments le nez enfoui dans une corolle. Quelquefois, il nous lançait une feuille ou une fleur. Nous courions la ramasser avidement, comme une pièce d'argent que l'on trouve.

Déroulement

Puis, il arrosait son jardin et nous le guettions ; il savait pourquoi et, volontairement, nous faisait languir. Nous lui faisions des signes et des gestes, et lui se contentait de rire. Quand tout était fini, il secouait ses

quand?

mains, donnait un coup d'épaule en arrière pour déplier son dos qui courbait, et rentrait chez lui à reculons. Alors, nous cessions subitement de nous amuser. Quelque chose de beau se préparait. Nous nous

quoi?

assoyions dans les herbes, l'un près de l'autre, le dos sur la clôture

où?

de bois, et chut... le cœur nous battait.

Dans le soir, c'était d'abord loin, incertain comme une rumeur, puis

quand?

nos oreilles distinguaient une note, une autre, d'autres, enfin tout un accord parfait. Alors la porte s'ouvrait et, sous le soleil tombant, apparaissait, avec un sourire large comme son beau clavier d'ivoire, Monsieur Scalzo, radieux parmi les fleurs, attelé dans

quoi?   *quoi?*

son accordéon blanc. L'instrument s'étirait, se pliait, se dépliait en rampant comme une danseuse et, à chaque mouvement, les accords se précipitaient l'un sur l'autre, montaient : le ciel en était plein.

    Marches, tarentelles, romances, mazurkas, pasodoble, et soudain un long accord soutenu comme une page que l'on tourne nous immobilisait, attentifs, comme à la veille de découvrir une belle histoire ; et sur un thème langoureux, mineur, nouveau, nous nous sentions emportés ; les oiseaux rapides effleuraient nos têtes, accourant au concert ; tout l'univers recueilli, immobile, écoutait

où?   *quoi?*

le jardinier semer des mélodies dans nos cœurs.

    Et Monsieur Scalzo se balançait comme un dompteur qui aurait commandé aux gammes de séduire. Combien de temps durait cette magie ? Souvent, elle cessait en même temps que le jour.

quoi?   *quand?*

Comme quelqu'un qui se sent toucher sur l'épaule, nous nous retournions ; il faisait brun. Nous ne voyions plus Monsieur Scalzo, c'était la nuit déjà. Nous passions par le trou où manquait une planche, serrant dans nos doigts un bout de tige épineuse ou un pétale de fleur rare que nous allions cacher entre les pages de nos contes de fées.

Déroulement (suite)

Dénouement

Situation finale

Félix LECLERC, « Monsieur Scalzo », *Adagio,* Montréal, Les Éditions Fides, 1991, p. 70-71. (Coll. du Goéland). Reproduction autorisée par Copibec.

« Bozo »

Dans un marais
De joncs mauvais   — *Rime*
Y avait

Un vieux château
Aux longs rideaux
Dans l'eau

Dans le château
Y avait Bozo   *Tristesse*
Le fils du matelot
Maître céans
De ce palais branlant

Par le hublot
De son château
Bozo
Voyait entrer
Ses invités
Poudrés

Thème : solitude
Séquence textuelle dominante : narrative

De vieilles rosses
Traînant carrosse
Et la fée Carabosse

Tous y étaient
Moins celle qu'il voulait

Vous devinez que cette histoire
Est triste à boire
Puisque Bozo le fou du lieu
Est amoureux
Celle qu'il aime n'est pas venue
C'est tout entendu
Comprenez ça
Elle n'existe pas...

Ni le château
Aux longs rideaux
Dans l'eau
Ni musiciens
Vêtus de lin
Très fin

Y a que Bozo
Vêtu de peau   — *Métaphore*
Solitude — Le fils du matelot
Qui joue dans l'eau
Avec un vieux radeau

Si vous passez
Par ce pays
La nuit
Y a un fanal
Comme un signal   *Comparaison*
De bal
Dansez chantez
Bras enlacés
Tristesse — Afin de consoler
Pauvre Bozo
Pleurant sur son radeau...

Félix LECLERC, « Bozo », *Félix Leclerc en chansons*, Montréal, Les Éditions Fides, 1991, p. 70-71. (Coll. du Goéland). Reproduit avec l'autorisation des Éditions Raoul Breton.

Le résumé

Résumer une œuvre narrative ou une expérience culturelle, c'est formuler dans tes mots les éléments essentiels que tu as lus, vus ou entendus.

Pour résumer une œuvre narrative, tu dois t'assurer d'avoir bien compris l'histoire racontée. Une bonne prise de notes faite pendant ou après la lecture, le visionnement ou l'écoute te permettra de faire un bon résumé. Voici ce que tu dois faire.

1. Rédige ton résumé au présent en employant la troisième personne.

2. Relève les éléments essentiels qui caractérisent cette œuvre narrative.

   • **Qui ?** Principaux personnages.
   • **Quoi ?** Intrigue, dénouement de l'intrigue.
   • **Où ?** Endroit où se déroule cette histoire.
   • **Quand ?** Époque où se déroule cette histoire.

3. Formule dans tes mots ces éléments essentiels. Respecte l'ordre chronologique des événements résumés.

4. Évite les répétitions, les imprécisions et les énumérations détaillées. Utilise plutôt des pronoms, des synonymes, des termes précis et des mots génériques.

5. Conserve les liens logiques qui existent entre les actions ou les événements présentés dans le texte original afin d'assurer la continuité et la progression de ton résumé. Pour mettre ces liens en évidence, utilise des organisateurs textuels et des marqueurs de relation.

Pour résumer une expérience culturelle, tu dois t'assurer de bien noter l'information qui t'a été transmise. Une bonne prise de notes te permettra de faire un bon résumé. Voici ce que tu dois faire.

1. Rédige ton résumé au présent en employant la troisième personne.

2. Relève les éléments d'information essentiels qui caractérisent ton expérience culturelle.

3. Regroupe ces éléments sous différents aspects et formule des phrases qui décrivent chacun de ces aspects.

4. Évite les répétitions, les imprécisions et les énumérations détaillées. Utilise plutôt des pronoms, des synonymes, des termes précis et des mots génériques.

5. Utilise des organisateurs textuels et des marqueurs de relation pour assurer la continuité et la progression de ton résumé.

Qui ?
Quoi ?
Où ?
Quand ?

Résumé d'un texte littéraire

« Monsieur Scalzo »

Monsieur Scalzo est un Italien, musicien et jardinier. Il travaille dans une usine. Chaque après-midi, quand cinq heures arrive, les enfants le regardent sortir du travail et rentrer chez lui pour prendre soin de ses fleurs sur le toit de sa demeure. Ils l'observent et attendent impatiemment parce qu'ils savent que quelque chose de beau se prépare. Une fois la visite du jardinier terminée, les enfants s'assoient dans l'herbe, l'un près de l'autre, le dos contre la clôture. Dans le soir, Monsieur Scalzo joue alors différents airs d'accordéon qui font rêver les enfants. Ceux-ci ne voient plus le temps passer. L'Italien emplit le ciel de ses accords. Quand la musique s'arrête, souvent, il fait déjà nuit.

Résumé d'une expérience culturelle

Visite à l'Espace Félix-Leclerc

L'Espace Félix-Leclerc est un endroit magnifique situé sur l'île d'Orléans, dans la région de Québec. Ce lieu permet aux visiteurs et visiteuses de mieux connaître et d'apprécier l'œuvre de Félix Leclerc et la culture québécoise. C'est dans le grenier d'une grange se trouvant à l'entrée de l'île qu'est gardée bien vivante la mémoire de cet homme qui a vécu sur l'île d'Orléans. À l'intérieur du bâtiment, une exposition permanente retrace la vie et l'œuvre de l'artiste. Cette exposition est complétée par des archives sonores, des livres et des films. Entre ces quatre murs, on trouve également la reconstitution du bureau de travail de Félix Leclerc, une boîte à chansons ainsi qu'une exposition sur l'histoire de ce type de salle de spectacle, une exposition sur un ou une artiste francophone d'ici ou d'ailleurs, et une boutique où l'on vend, entre autres, des disques, des livres et des affiches. À l'extérieur, une terre de 50 hectares traversée de nombreux sentiers permettent aux visiteurs et visiteuses d'admirer les beautés de l'île et le fleuve Saint-Laurent.

La critique d'une œuvre littéraire

Utilise une fiche semblable à celle ci-dessous pour apprécier une œuvre littéraire. Cette fiche critique t'aidera à rédiger un compte rendu de lecture.

CRITIQUE D'UNE ŒUVRE LITTÉRAIRE

DESCRIPTION

- Œuvre: ☐ lue ☐ vue ☐ entendue
- Genre: ☐ roman ☐ nouvelle ☐ conte ☐ fable ☐ bande dessinée
  ☐ poème ☐ chanson ☐ théâtre ☐ monologue ☐ légende
- Forme: ☐ livre ☐ journal ☐ revue/magazine ☐ Internet
  ☐ DC ☐ DVD ☐ cassette ☐ spectacle
  ☐ émission télévisuelle ☐ émission radiophonique
- Titre de l'œuvre: _____
- Auteur ou auteure: _____

RÉACTION ET APPRÉCIATION

1. a) Selon toi, quel est le niveau de complexité de cette œuvre dans son ensemble?
☐ Facile ☐ Difficile

b) Justifie ton opinion en cochant les causes de ce niveau de complexité.
☐ Vocabulaire ☐ Phrases ☐ Nombre de personnages
☐ Nombre de lieux ☐ Thème ☐ Univers
☐ Narration des événements (ordre chronologique ou autre ordre)
☐ Organisation du texte ☐ Procédés stylistiques ☐ Autres (précise)
_____
_____

2. a) Quel est le thème de cette œuvre? _____

b) Ce thème te plaît-il? ☐ Oui ☐ Non

3. a) Quel est l'univers de cette œuvre? ☐ Policier ☐ Fantastique ☐ Historique
☐ Amour ☐ Anticipation ☐ Apprentissage
☐ Aventures ☐ Science-fiction

b) Cet univers te plaît-il? ☐ Oui ☐ Non

4. a) S'il s'agit d'une œuvre narrative, de quel type sont les événements racontés?
☐ Vraisemblables ☐ Invraisemblables

b) Cela te plaît-il? ☐ Oui ☐ Non

DESCRIPTION

5. a) Selon toi, la personne à l'origine de cette œuvre a-t-elle fait preuve d'originalité?

☐ Oui   ☐ Non

b) Justifie ton opinion en cochant les raisons qui la motivent.

☐ Personnages ☐ Lieux ☐ Époque

☐ Intrigue ☐ Fin (prévisible ou inattendue) ☐ Autres (précise) ▬▬▬▬▬▬

6. a) S'il s'agit d'une œuvre narrative, coche, parmi les caractéristiques ci-dessous, celle qui s'applique au narrateur.

☐ Il raconte l'histoire et influence son déroulement, puisqu'il est participant.

☐ Il raconte l'histoire et permet aux lecteurs et lectrices de mieux connaître les personnages en dévoilant leurs sentiments et leurs motivations, puisqu'il est omniscient.

☐ Il raconte l'histoire en se limitant aux faits qu'il a pu observer, puisqu'il est témoin.

b) Pendant ta lecture, le narrateur a-t-il influencé ta vision des personnages et des événements racontés? ☐ Oui   ☐ Non

c) Si oui, comment? ▬▬▬▬▬▬▬▬▬

7. a) Coche les émotions et les sentiments que tu as vécus en découvrant cette œuvre.

☐ Sympathie ☐ Ennui ☐ Colère ☐ Dégoût

☐ Indifférence ☐ Plaisir ☐ Joie ☐ Peur

☐ Suspense ☐ Tristesse ☐ Admiration ☐ Autres (précise) ▬▬▬▬▬

b) Coche les éléments de cette œuvre qui ont contribué à faire naître ces émotions et ces sentiments chez toi.

☐ Personnages ☐ Lieux ☐ Intrigue ☐ Dénouement

☐ Thème ☐ Vocabulaire ☐ Procédés stylistiques ☐ Autres (précise) ▬▬▬▬▬

8. Qu'as-tu le plus aimé dans cette œuvre? Justifie ta réponse. ▬▬▬▬▬▬▬▬▬▬▬▬▬▬▬▬▬▬▬▬▬▬▬▬▬▬▬▬▬▬▬▬▬▬▬▬▬

9. Qu'as-tu le moins aimé dans cette œuvre? Justifie ta réponse. ▬▬▬▬▬▬▬▬▬▬▬▬▬▬▬▬▬▬▬▬▬▬▬▬▬▬▬▬▬▬▬▬▬▬▬▬▬▬▬

10. Recommanderais-tu cette œuvre? Justifie ta réponse. ▬▬▬▬▬

Le compte rendu de lecture

Un compte rendu de lecture sert à faire connaître une œuvre, tout comme ta critique personnelle de cette œuvre. Il peut t'être utile pour te constituer des repères culturels ou pour conseiller un lecteur ou une lectrice faisant partie d'un cercle de lecture.

Construis ou utilise une fiche semblable à celle ci-dessous pour faire un compte rendu de lecture. Respecte les consignes ; elles te guideront dans la rédaction de ta fiche.

 COMPTE RENDU DE LECTURE

RÉFÉRENCE BIBLIOGRAPHIQUE

Note les renseignements ci-dessous dans l'ordre où ils sont présentés.

Nom et prénom de l'auteur ou de l'auteure, *titre du roman ou du recueil,*

lieu de publication, maison d'édition, année de publication, pages, (collection).

Genre

Détermine le genre de l'œuvre (roman, recueil de nouvelles, de contes, de légendes ou de fables, chanson, poème, monologue).

Univers

Détermine l'univers de l'œuvre (récit policier, historique, fantastique, d'amour, d'anticipation, d'apprentissage, d'aventures, de science-fiction).

RÉSUMÉ

Résume l'œuvre en un paragraphe en suivant les conseils qui sont présentés à la page 342. La séquence dominante de ton paragraphe doit être narrative.

Attention ! Puisque ton résumé peut servir à d'autres lecteurs et lectrices, **ne dévoile pas le dénouement de l'intrigue ni la situation finale,** c'est-à-dire la fin du récit. Ton résumé doit susciter la curiosité des lecteurs et des lectrices quant à la suite de cette œuvre afin de leur donner le goût de la découvrir.

NOTE CRITIQUE

Utilise le « je » pour faire connaître ta critique. Sers-toi de la fiche présentée aux pages 344 et 345 pour la rédiger. Les différents points que contient cette fiche t'aideront à justifier ton opinion, favorable ou défavorable, sur l'œuvre. Il peut s'agir d'une note critique qui concerne une seule œuvre ou d'une comparaison faite entre des œuvres.

COMPTE RENDU DE LECTURE

RÉFÉRENCE BIBLIOGRAPHIQUE

Félix LECLERC, «Monsieur Scalzo», *Adagio,* Montréal, Les Éditions Fides, 1991, p. 70-71 (Coll. du Goéland). Reproduction autorisée par Copibec.

Genre : conte

Univers : récit d'apprentissage

RÉSUMÉ

Monsieur Scalzo est un Italien, musicien et jardinier. Il travaille dans une usine. Chaque après-midi, quand cinq heures arrive, les enfants le regardent sortir du travail et rentrer chez lui pour prendre soin de ses fleurs sur le toit de sa demeure. Ils l'observent et attendent impatiemment, parce qu'ils savent que quelque chose de beau se prépare. Une fois la visite du jardinier terminée, les enfants s'assoient dans l'herbe, l'un près de l'autre, le dos contre la clôture. Que fait Monsieur Scalzo jusqu'au soir? La lecture de ce conte vous le fera découvrir.

NOTE CRITIQUE

J'ai beaucoup aimé lire le conte «Monsieur Scalzo» de Félix Leclerc. Même si le vocabulaire et la longueur des phrases rendent cette œuvre un peu complexe, l'organisation du texte et la narration des événements, tous vraisemblables, sont faciles à saisir. Cela équilibre le tout pour en faire un texte accessible à tous et à toutes. Les principaux thèmes de ce conte sont la musique et les fleurs. Ce que j'ai le plus apprécié dans ce texte, ce sont les descriptions, qui m'ont presque permis de sentir et de voir le jardin de Monsieur Scalzo et d'entendre ses airs d'accordéon. Félix Leclerc réussit également à faire ressentir tout le plaisir qu'a cet homme à jouer de son instrument et toute l'admiration et le respect qu'ont les enfants pour lui et sa musique. Je recommande donc la lecture de ce conte de même que la lecture du recueil d'où il est tiré. J'ai préféré cette œuvre au texte poétique «Bozo». Ce dernier aborde le thème de la solitude, et son personnage, le pauvre Bozo, m'a fait ressentir de la tristesse et de la sympathie. L'atmosphère de ce texte poétique n'est pas gaie comme celle du conte. J'ai tout de même apprécié les rimes et le fait qu'il s'agisse d'une séquence narrative.

La critique d'une expérience culturelle

Utilise une fiche semblable à celle ci-dessous pour apprécier une expérience culturelle. Cette fiche critique t'aidera à rédiger un compte rendu de cette expérience.

CRITIQUE D'UNE EXPÉRIENCE CULTURELLE

DESCRIPTION

Expérience culturelle: ☐ visite d'un lieu ☐ participation à un événement
☐ rencontre d'une personne

Nom: ▧

RÉACTION ET APPRÉCIATION

1. a) Coche ce qui qualifierait le mieux cette expérience culturelle.
☐ Pas intéressante ☐ Peu intéressante ☐ Intéressante ☐ Très intéressante

b) Énumère des éléments qui justifient ton niveau d'intérêt pour cette expérience culturelle. ▧

2. Qu'as-tu appris ou découvert au cours de cette expérience culturelle? ▧

3. Quel aspect de cette expérience culturelle a été le plus marquant pour toi? Explique ta réponse. ▧

4. a) Coche les émotions et les sentiments que tu as vécus en réalisant cette expérience culturelle.
☐ Sympathie ☐ Ennui ☐ Colère ☐ Dégoût
☐ Indifférence ☐ Plaisir ☐ Joie ☐ Peur
☐ Suspense ☐ Tristesse ☐ Admiration ☐ Autres (précise)

b) Énumère des éléments qui ont contribué à faire naître ces émotions et ces sentiments. ▧

5. Qu'as-tu le plus aimé dans cette expérience culturelle? Justifie ta réponse.

6. Qu'as-tu le moins aimé dans cette expérience culturelle? Justifie ta réponse.

7. Recommanderais-tu la réalisation de cette expérience culturelle? Justifie ta réponse.

Le compte rendu d'une expérience culturelle

Le compte rendu d'une expérience culturelle sert à faire connaître une expérience culturelle vécue et la critique personnelle que tu en fais. Il peut t'être utile pour te constituer des repères culturels ou pour conseiller une personne.

Construis ou utilise une fiche semblable à celle ci-dessous pour faire le compte rendu d'une expérience culturelle. Respecte les consignes ; elles te guideront dans la rédaction de ta fiche.

 COMPTE RENDU D'UNE EXPÉRIENCE CULTURELLE

PRÉSENTATION DE L'EXPÉRIENCE CULTURELLE

Précise ce que tu as visité, nomme l'événement auquel tu as participé ou la personne que tu as rencontrée. Indique l'endroit et le moment où tu as vécu cette expérience culturelle.

RÉSUMÉ

Résume ton expérience culturelle en un paragraphe en suivant les conseils qui sont présentés à la page 342. La séquence dominante de ton résumé doit être descriptive.

NOTE CRITIQUE

Utilise le «je» pour faire connaître ta critique. Sers-toi de la fiche présentée à la page 348 pour la rédiger. Les différents points que contient cette fiche t'aideront à justifier ton opinion, favorable ou défavorable, sur ce que tu as vécu. Il peut s'agir d'une note critique qui concerne une seule expérience culturelle ou d'une comparaison faite entre des expériences culturelles.

Exemple

COMPTE RENDU D'UNE EXPÉRIENCE CULTURELLE

PRÉSENTATION DE L'EXPÉRIENCE CULTURELLE

En juin dernier, j'ai visité, avec les autres élèves de ma classe, l'Espace Félix-Leclerc à l'île d'Orléans. Ce lieu m'a permis de découvrir la vie et l'œuvre du poète, chansonnier et conteur Félix Leclerc.

RÉSUMÉ

C'est dans le grenier d'une grange se trouvant à l'entrée de l'île qu'est gardée bien vivante la mémoire de cet homme qui a vécu sur l'île d'Orléans. À l'intérieur du bâtiment, une exposition permanente retrace la vie et l'œuvre de l'artiste. Cette exposition est complétée par des archives sonores, des livres et des films. Entre ces quatre murs, on trouve également la reconstitution du bureau de travail de Félix Leclerc, une boîte à chansons ainsi qu'une exposition sur l'histoire de ce type de salle de spectacle, une exposition sur un ou une artiste francophone d'ici ou d'ailleurs, et une boutique où l'on vend, entre autres, des disques, des livres et des affiches. À l'extérieur, une terre de 50 hectares traversée de nombreux sentiers permettent aux visiteurs et visiteuses d'admirer les beautés de l'île et le fleuve Saint-Laurent.

NOTE CRITIQUE

Cette visite a été très intéressante. Elle m'a permis de mieux connaître un grand artiste québécois, qui a apporté beaucoup à notre culture. J'ai bien aimé la présentation d'extraits sonores et visuels et la reconstitution de son bureau de travail, qui m'ont permis de mieux m'imaginer l'époque à laquelle il a écrit une grande part de son œuvre. Tout le long de cette visite, j'ai eu du plaisir à connaître davantage et à apprécier l'œuvre de Félix Leclerc. J'ai ressenti beaucoup d'admiration pour cet homme. Ce qui m'a paru le plus marquant au cours de cette expérience culturelle, c'est le bâtiment qui abrite l'Espace Félix-Leclerc. Il est à l'image de l'homme à qui on rend hommage: modeste, noble et poétique. Outre des renseignements sur la vie et l'œuvre de cet artiste, j'ai pu découvrir une peintre québécoise grâce à une exposition. Je recommande cette visite à tous et à toutes.

Index

Références iconographiques

Légende – d : droite, g : gauche, h : haut, b : bas, c : centre, e : extrême

Page couverture : Tango photographie (garçon) • Search 4 Stock (crayons) • Sea World of California/CORBIS/MAGMA (p. 1 hd, p. 15 hd) • C.Duroseau/Alpha Presse (p. 1 bd, p. 31 bd) • Alan Briere / SuperStock (p. 1 cg) • Marie-Célie Agnant (p. 11 hd) • Steve Cohen/Picture Arts/Firstlight (p. 17 hg) • Mauritius/Megapress (p. 17 hd) • Werner Forman/CORBIS (p. 17 cd) • Pablo Corral V/CORBIS/MAGMA (p. 17 bd) • Dave Bartruff/CORBIS/MAGMA (p. 17 bc) • ThinkStock / SuperStock (p. 17 bg) • Peter Guttman/CORBIS/MAGMA (p. 18) • Jamie Harron ; Papilio/CORBIS/MAGMA (p. 20) • Chris Hellier/CORBIS/MAGMA (p. 23) • T.Vandersar / SuperStock (p. 24 g, p. 25 d) • Sea World of California/CORBIS/MAGMA (p. 26) • ANDANSON JAMES/CORBIS SYGMA/MAGMA (p. 27) • SIMONPIETRI CHRISTIAN/CORBIS SYGMA/MAGMA (p. 29) • Catherine Karnow/CORBIS/MAGMA (p. 30) • Paul A. Souders/CORBIS/MAGMA (p. 32) • Superstock (p. 39) • Pablo Corral V/CORBIS/MAGMA (p. 41) • Steve Vidler / SuperStock • Randy Faris/CORBIS/MAGMA (p. 47 hg) • Michael Pole/CORBIS/MAGMA (p. 47 cg) • Gary Houlder/CORBIS/MAGMA (p. 48) • Alain Gauvin (p. 49 c, p. 52 g, p. 61 (croustille barbecue, macaroni au fromage, jus d'orange, p. 65 bd) • © Reproduit avec permission du Ministre de Travaux publics et Services gouvernementaux Canada, 2005 (p. 54b, p. 55 b) • Isabelle Bertrand (p. 61 (maïs soufflé, noix et fruits séchés, gâteau aux carottes, croustilles de maïs, hamberger, hot dog, boisson gazeuse) • A.G.E. Foto Stock/Firstlight (p. 64 g) • Firstlight (p. 73, p. 82) • Picture Arts/Firstlight (p. 79 cd, p. 81) • David Stoecklein/CORBIS/MAGMA (p. 86) • AUSSET BENEDICTE/CORBIS/SYGMA/MAGMA (p. 91 cd, p. 105 cd) • Duomo/CORBIS/MAGMA (p. 91 d, p. 105 d) • Marco Cauz/CORBIS/MAGMA (p. 92 hg, p. 136 bd) • Arne Hodalic/CORBIS/MAGMA (p. 92 cg) • Galen Rowell/CORBIS/MAGMA (p. 92 c) • Joe McDonald/CORBIS/MAGMA (p. 92 cd) • Superstock (p. 93 hd, p. 110 hg) • Diego Lezama Orezzoli/CORBIS/MAGMA (p. 93 hc, p. 125 hd) • Graem Outerbridge/Superstock (p. 93 hg, p. 125 cd) • PICIMPACT/CORBIS/MAGMA (p. 93 bg) • Jack Novak / SuperStock (p. 95 bd) • Getty Images (p. 114 bg) • Arne Hodalic/CORBIS/MAGMA (p. 125 bd) • Publiphoto (p. 131 hd) • Francisco Cruz / SuperStock (p. 133) • Al Fuchs/NewSport/CORBIS/MAGMA (p. 134 hg) • Jack Affleck/Superstock (p. 135) • Wayrynen/NewSport/CORBIS/MAGMA (p. 136 cd) • Tony Vaccaro/akg-images (p. 137 cg, p. 139 hg) • Bettmann/CORBIS/MAGMA (p. 137 bd, p. 140 b) • Gianni Dagli Orti/CORBIS/MAGMA (p. 138 cg) • Superstock (p. 138 cd, p. 138 bd, p. 138 bg) • Peter Willi / SuperStock/© Succession Picasso / SODRAC (Montréal) 2005 (p. 139 bd) • Superstock/© Succession Picasso / SODRAC (Montréal) 2005 (p. 139 cg, p. 139 bg) • © Kizette Foxhall – Licenced by Victoria de Lempicka/MMI (p. 140 h, p. 141, p. 142 d, p. 142 g) • © Musée Marc-Aurèle Fortin/Sodart, 2005 (p. 143 hd, p. 143 bd, p. 144) • © Musée Marc-Aurèle Fortin (p. 143 hg) • P. McCann/La Presse (p. 145 hd) • © STCUM/Succession Marcelle Ferron/SODRAC 2005 (p. 145 bd) • Photo : François Bastien. © Sucession Marcelle Ferron/SODRAC 2005 (p. 146 h) • © Sucession Marcelle Ferron/SODRAC 2005 (p. 146 bg, p. 147 hd) • Nouvelles Éditions de l'Arc (p. 148 hg) • © Sucession Jean-Paul Riopelle/SODRAC 2005 (p. 148 bg, p. 149 hd, p. 150 hg, p. 152 hg) • Presse canadienne (p. 151 hd) • Superstock (p. 157 bd) • Jean-Denis Boillat (p. 166, p. 167) • Imagemore Co., Ltd/CORBIS/MAGMA (p. 170 bd) • © Miyuki Tanobe (p. 178 cg) • Bettmann/CORBIS/MAGMA (p. 179 hd, p. 180 bg) • CORBIS/MAGMA (p. 183 hd, p. 184 bg) • AP Photo/Burhan Ozbilici/Presse canadienne (p. 185 h, p. 189 b) • Silvio Fiore / SuperStock (p. 186 bg) • Mohammad Berno/CORBIS/MAGMA (p. 186 hd) • La Presse (p. 187 bd) • Shahpari Sohaie/CORBIS/MAGMA (p. 188 b, p. 189 hd, p. 192, p. 195) • AP Photo/Hasan Sarbakhshian/Presse canadienne (p. 190 hd) • Jehad Nga/CORBIS/MAGMA (p. 191) • AP Photo/Jockel Finck/Presse canadienne (p. 194) • Roger Ressmeyer/CORBIS/MAGMA (p. 198 bd) • Owen Franken/CORBIS/MAGMA (p. 206, p. 220) • Picture Press/Firstlight (p. 207 hg, p. 236 bd) • Jehad Nga/CORBIS/MAGMA (p. 214) • AP Photo/Jockel Finck/Presse Canadienne (p. 215) • AP Photo/Jerome Delay/Presse canadienne (p. 223) • Gideon Mendel/CORBIS/MAGMA (p. 225 cd) • AP Photo/Hasan Sarbakhshian/Presse canadienne (p. 226) • Gabe Palmer/CORBIS/MAGMA (p. 233 bd) • Bettmann/CORBIS/MAGMA (p. 234 g, p. 235 d) • LWA-Dann Tardif/CORBIS/MAGMA (p. 236 bg) • Production Sogestalt 2001/Archives Radio-Canada (p. 237 d, p. 250 d) • Léopold Brunet (p. 237 hg, p. 251 d, p. 251 g, p. 251 c, p. 280) • Comstock Images/Getty Images (p. 237 cg) • Firstlight (p. 237 bg) • PC/Journal de Montréal (p. 238, p. 252) • Archives Radio-Canada (p. 240) • CORBIS/Firstlight (p. 248 hg) • Ponopresse (p. 253) • Julie Lemberger/CORBIS/MAGMA (p. 256, p. 257) • Jon Feingersh/CORBIS/MAGMA (p. 258 g, p. 259 d) • Peggy & Ronald Barnett/CORBIS/MAGMA (p. 262 g, p. 263 d) • CORBIS/MAGMA (p. 267 bd) • Firstlight (p. 268) • Adam Woolfitt/CORBIS/MAGMA (p. 275) • Charles Gupton/CORBIS/MAGMA (p. 276) • Ton Stewart/CORBIS/MAGMA (p. 278) • Presse canadienne/Journal de Montréal (p. 350 bd).

Illustrations

Diane Blais • Sophie Casson • Normand Cousineau • Laurence Dechassey • Élisabeth Eudes-Pascal • Sébastien Gagnon • Philippe Germain • François Girard • Stéphan Jorish • Bertrand Lachance • Jérôme Mercier • Sylvie Nadon • Pierre Rousseau • Serge Rousseau • Daniela Zekina